Words That Hurt, Words That Heal

言葉で癒す人になる

ユダヤの知恵に学ぶ 言葉の賢い使い方

ジョーゼフ・テルシュキン 著
松宮克昌 訳

ミルトス

今は亡き父シュロモ・テルシュキンと
叔父バーナード（バニー）・レズニックに本書を捧げる。
素晴らしい舌と素晴らしい心の持ち主の二人の言葉は
彼らを知る人を皆癒してくれた。

古《いにしえ》のユダヤの教えは、言葉を弓矢に例えている。

「なぜ刀など他の武器ではないのか」とあるラビが問う。

「それは、ある男が友人を殺そうと鞘《さや》から刀を抜いたとしても、友人が彼に弁明して慈悲を乞うたなら、男は怒りを静めて刀を鞘に収めるかもしれない。しかしひとたび放たれた矢は、元には戻らないからである」

日本語版への推薦の言葉

フェイクニュース、いじめ、インターネット、ソーシャルメディアが問題になる前から、本書は世に出ていた。現在、ネット世界の凄まじい拡散力は、人類の理想を促進することができる一方で、あらゆる人の自己概念《セルフ・イメージ》を破壊し、人格や評判を毀損《きそん》する潜在能力を無限に拡大させている。私たちは他人と意思の疎通を図る度毎に、鋭い洞察力と驚くべき眼力を発揮することができるはずだ。

テルシュキンは、ユダヤの深遠な英知を良識と共感に融合し、現代社会の不寛容、誹謗中傷、うわさ話および嘘に関する適切な薬を提供している。老若男女を問わず、本書の内容を会得されるすべての読者は、より良い人間となり、亀裂が入った私たちの世界を言葉で癒す人になることだろう。

ラビ・アブラハム・クーパー※1

※1　一九五〇年〜。アメリカ人ラビ、人権問題の活動家、サイモン・ウィーゼンタール・センター副所長。

目次

言葉で癒す人になる——ユダヤの知恵に学ぶ 言葉の賢い使い方

◆凡　例

一、原書にあった注は（　）で数字を付し、原書のとおり巻末にまとめて掲載した。
一、訳者による注釈は本文中に※で数字を付し、見開きの頁毎に左脇に示した。
一、本文で紹介されている文献は、邦訳があればそれのみを記し、ない場合は日本語に訳した上で原書名を（　）で示した。
一、旧約聖書やヘブライ語の文献は原文に当たり、直訳に近い形で訳した。

◆用語解説

トーラー　ヘブライ語で「教え」の意。一般的にモーセ五書（創世記、出エジプト記、レビ記、民数記、申命記）を指すが、広義ではユダヤ教の「教え」全体を意味する。

ミシュナー　ヘブライ語で「反復するもの」の意。紀元三世紀初頭までのユダヤ教の口伝の教えを集成した六巻からなる教典。タルムードはミシュナーをベースに編纂されている。

タルムード　ヘブライ語で「学ぶもの」の意。ラビ・ユダヤ教の教典の一つ。三〜六世紀の間にバビロニアとパレスチナのユダヤ人コミュニティで編纂された。

第一部　傷つける言葉の威力

序章　二十四時間テスト

近年、私は「心を傷つける言葉、心を癒す言葉――あなたの選ぶ言葉がいかに運命を決定するか」と題した講演を全米で行なってきた。その際、いつも聴衆に尋ねることがある。それは、「人について、あるいは人に対して、心ない言葉を言わずに二十四時間を過ごせますか」という問いである。「できる」と挙手する人は常に少数であり、笑い声を立てる人もいる。他方、かなりの数の人が「できない」と答える。私は、「『できる』と答えられない人は、どれほど深刻な問題を抱えているかを意識する必要があります」と応じる。「なぜなら、酒を飲まずに二十四時間過ごせるかを尋ねて、あなたが『できない』と答えたら、『アルコール依存症を意識する必要がある』と言うでしょう。タバコを吸わず、コーヒーを飲まずに二十四時間過ごせるかを尋ね、『できない』と答えたら、ニコチン中毒かカフェイン中毒と見なされるでしょう。同様に、他人に心ない言葉を言わずに二十四時間を過ごせないなら、自分の口が発する言葉を制御できなくなっているということです」

その時、私は常に同じ反論に出くわす。「ちょっとしたうわさ話や若干の不快な言葉による害を、酒やタバコ、あるいはコーヒーで生じる害に例えることが、どうしてできるのですか」と。

私は大げさに話しているわけではない。自らの生活を顧みてほしい。自分や自分にとって大切な人は、ひどい身体的暴力の犠牲者ではなかったかもしれない。けれども残忍な言葉、自我を破壊する批判、度を超した怒り、皮肉、公私にわたる侮辱、中傷的なあだ名、秘密の暴露、うわさ話、悪意の陰口などは、人生最悪の苦しみや痛みをもたらしているのである。

多くの人が不当な発言に傷つけられている。あなたが友人と話していて、話題がその場にいない人のことに及ぶとき、その人のどんな側面を詮索する可能性が高いだろうか。性格上の欠点やつきあい上の事細かな私的な話――正確には、他人には聞かせたくない類いの話ではないだろうか。

あなたがそのような会話に加わらないなら、結構なことである。しかし、こういった話を明確な事実と断じる前に、まずは二十四時間、自分自身をじっくり観察してみよう。その場にいない人についての何か良くないことを言う度に、書き留めてみる（時間の浪費だとは考えずに）。そして他の人のことだけでなく、彼らの話に対する自分の反応も記録しておく。あなたは話者の口を封じようとしたのか、それとも、より詳しい話を求めたのか（正確を期すため、思いやりのある論評も同じく記すこと。とはいえ、このテスト期間中、そういった論評をことさら増やそうとしてはいけない）。

このテストを行なった人の多くが、不快な驚きを感じている。

その場にいない人について私たちが口にする否定的な意見は、言葉で人を傷つける一つの方法に過ぎない。私たちはしばしば話し相手をも傷つけている。(1) 例えば多くの人は、立腹したとき、自分を怒らせた人の悪い言動をひどく大げさに言う（親が子供に腹を立てる際、よくあるように）。相手の過ちを不当に誇張すれば、その言い方は不公平で、大きな傷や危害を及ぼす。それは倫理的な応対ではない。どれほど多くの人が他人の過剰なほどの怒りに耐えてきただろうか。

同様に多くの人が、厳しく攻撃的な言葉で他人を批判したり、言い争ったりすること抜きに議論を交わすことができないでいる。中には周りの目もお構いなしに他人をけなし、恥をかかせる癖のある人もいる。人前で侮辱された傷により打ちのめされてしまうこともあるため（後述するように、それは自殺すら招いてきた）、ユダヤ律法は、この罪を犯した者が過ちを認めて完全に悔い改めることができるのかを問うている。もちろん、人を傷つける発言もトーンを落として話すことはできる。あなたはこれまで、相手に恥をかかせたり愚かであると感じさせる皮肉めいた意見をつぶやいたりしたことはあるだろうか。

多くの善良な人でさえ、無責任かつ冷淡にもこうした言葉をしばしば用いてしまうのは、言葉が負わせる傷を形のないものと見なしているからである。そのため、遊び仲間に冷やかされた子供たちは、「棒きれや石ころなら骨を砕くことがあるかも知れないが、言葉では何も傷つけることはない」と何世代にもわたり教えられてきた。(2) 内心では皆、この言葉が真実ではないことを知っている。「棒切れや石ころなら……」と言う当の子供でさえ、言葉やあだ名が友達を傷つけることを知っている。こうした主張は、今にも泣きそうになっている子供が虚勢を張っているだけである。

児童虐待防止全米委員会は、子供に腹を立てた親が使った暴言リストをまとめている。


「お前はダメな奴だ。まともな事が何一つできないんだから」

「お前にはウンザリだ。黙ってろ！」

「なんてバカなんだ。話の聞き方も知らないのか」

「お前がいるだけで面倒なんだ」

「ここから消え失せろ。顔を見るだけでウンザリだ」

「お前なんか生まれてこなければ良かったのに」


このような言葉の虐待を受けて育った子供が、「棒きれや石ころなら骨を砕くことがあるかも知れないが、言葉では何も傷つけることはない」と信じていると、誰が本当に信じるだろうか。

本書冒頭の題辞に関連する古《いにしえ》のユダヤの教えは、言葉を弓矢に例えている。あるラビが[※1]「なぜ刀など他の武器ではないのか」と問うている。それは「ある男が友人を殺そうと鞘《さや》から刀を抜いたとして

※1　ユダヤ教の宗教的指導者に対する呼称。

も、友人が彼に弁明して慈悲を乞うたなら、男は怒りを静めて刀を鞘に収めるかもしれない。しかしひとたび放たれた矢は、元には戻らないからである[3]」

ラビの比較は例えだけではない。言葉は人を途方に暮れさせ、人に取り返しのつかない苦しみを負わせることができる。悔い改めた泥棒は盗んだ金を返すこともできるが、悪意に満ちたうわさ話（「名誉毀損《きそん》」に値する類いのもの）で人の評判を傷つけたり、あるいは公然と人を侮辱した人は、その傷を完全に元通りにすることはできない。

人を傷つける言葉の力は、人を癒やす力と同じくらい強い。中世に著されたユダヤ教の書物『オルホット・ツァディキーム[※2]』（義人たちの道）には、日常会話の中で犯されるこの大悪についての警告に、何頁もの紙面を費やしている。「言葉によって、誰しも強力な数多くの罪を犯すことができる。すなわち告げ口、あざけり、お世辞、嘘《うそ》」。しかし、正しく言葉を用いることによって「誰しも無限の美徳を実行することもできる」と読者を喚起する。

私は、有名な説教家として全米で知られたウィリアム・スタイガー牧師（一八八五〜一九四九年）が、小学校の女性教師に送った感謝の手紙のことを思い出す。数十年前、ウィリアムが彼女の生徒だった小学校低学年のとき、彼女は彼を強く励ましてくれた。

恩師に手紙を送った数日後、彼は震える手で書かれた一通の返書を受け取った。

親愛なるウィリー　あなたの手紙が私にとってどのような意味を持つのか、あなたに知ってもらいたいのです。私は八十代の老婆で、小さな部屋で生活し、一人分の食事を作り、独り寂しく暮らしています。木に残った最後の一葉のようです。ウィリー、私は十五年間教鞭を執りましたが、あなたの手紙は私がこれまで一度も受け取ったことのない初めての感謝の手紙だったのです。あなたはその事実を知って、興味を持たれることでしょう。不安と心配に沈む気持ちになっていましたが、あなたの手紙は孤独で年老いた私の気持ちを元気にしてくれました。こんなに励まされたことは長らくありませんでした。(4)

本書で私は、恐らく今アメリカで最も著名な弁護士アラン・ダーショウィッツ[※3]の逸話を紹介した。それは彼が不安定なティーンエージャーだった頃、サマーキャンプで労働した彼の人生の一コマで、ある演劇カウンセラーが彼に話したわずか五単語の短い言葉が、それ以降の彼の人生を永久に変えてしまった、という話である（二四一～二四二頁参照）。また、「ハロー・ムッダー、ハロー・ファッダー」のコミック・ソングの作詞家アラン・シャーマン[※4]にとって、部屋のドアをバタンと閉め、寝室に

※2　十五世紀にドイツで書かれたユダヤ倫理学の書。著者不明。
※3　一九三九年～。アメリカ人法律学者。弁護士、市民的自由の擁護者として著名。
※4　一九二四～七三年。アメリカ人コメディ作家、テレビ・プロデューサー、俳優。

身を潜める若い頃の屈辱感を癒してくれたのは、祖母の言った六単語の言葉だった（二五五〜二五六頁参照）。さらに、犯罪を犯して家族と疎遠になった薬物中毒経験者のアヴィが、他の薬物中毒者を犯罪や目標のない生活から抜け出させ、彼らが法律を遵守する市民となれたのは、エイブラハム・ツワルスキー博士[※5]が創った言語イメージのお陰であった（二八四〜二八六頁参照）。

私は、読者がいきなり本書の内容に飛び込んでくることを懸念している。まず二十四時間テストの診断をお願いしたい。あなたが身近にいる人について、またその人たちに対して、不必要に批判して傷つけたり、皮肉めいたことをどれほど頻繁に口にしたかを注視してほしい。その結果が不快なものであっても、落胆しないでほしい。自分の話し方は変えることができるからだ。努力する気持ちがあれば、すぐにでも変えることができる。今日からでも。

恐らくあなたは大きな驚きをもって学ぶことだろう。癒しの言葉を語る訓練をすると、自らの発言を制御する能力を身につけられるということを。そして、それがあなたの交流するあらゆる人の生活のみならず、あなた自身の生活もより良いものに変化させることができるということを。私が大げさに言っていると思うかもしれないが、そうではない。癒しの言葉は勇気を生み出してくれる。私たちが相手に向ける言葉、そして相手が自分に向ける言葉、いずれの言葉も勇気を生み出し、勇気は未来を切り開くビジョンを生み出す。ビジョンと勇気を持って、私たちはリスクを恐れずに進み、未来への展望を描いて、それに向かって努力することができる。そして最終的に、それが私たちの運命を形成するのである。

※5　一九三〇年〜。アメリカのハシード派フビ、薬物乱用を専門とする精神医学者。

1章　傷つける言葉の威力についての認識不足

シリアで立ったうわさはローマで人を殺す。
――エルサレム・タルムード、ペアー一・一

言葉の力とは

東ヨーロッパのある小さな村で、一人の男が共同体中にラビに関する中傷を触れ歩いた。ある日、その男は良心の呵責《かしゃく》を感じ、ラビに切々と赦しを乞い、過ちを正すためにいかなる悔い改めにも応じると申し出た。ラビは男に家から羽毛の枕を持ってこさせ、風の吹く中で枕を切り裂いて羽毛をまき散らしてくるように命じた。男は言われたとおりに行ない、ラビのところに戻って「これで私は赦されたのでしょうか」と尋ねた。ラビは「だいたいは」と答えた。「もう一つ、やってもらわないといけないことがある。外に行って風の中を舞っている羽毛をすべて集めてきなさい」

「しかし、それは無理です」と男は抗議した。「もう風が羽毛をまき散らしてしまったのですから」

「そのとおりだ」とラビは答えた。「自分の犯した罪を心から正そうと願っても、まき散らした羽毛を元通りにはできないのと同様、お前がまき散らした風評の傷を元通りにすることはできない」

この有名な説話は言うまでもなく中傷に関する教訓であるが、言葉の威力を証明する話でもある。自分について語られた言葉は、世の中の自分の立場を浮かび上がらせる。ひとたび自分の置かれている「立場」、すなわちある評判が定まってしまうと、とりわけそれが悪いものであるなら、逆転させることは至難の業である。

ユダヤの伝統が、言葉を有形で極めて威力ある物と見なしているのはこのためだろう（ヘブライ語で「言葉」を意味する「デヴァリーム דְּבָרִים」は「物（事物）」をも意味する）。聖書は神が言葉によって世界を創造したと明確に示し、言葉の権威が有効なことを認めている。創世記一章三節には、こう記されている。「神は言われた、『光あれ』。すると光があった」

神と同様に、人類もまた言葉によって創造している。小説を読み、登場人物の運命に愛や憎しみ、怒りを感じ、いたく感動する経験がある。時に読者は、実在しない登場人物の運命に感動して涙を流す。小説の世界で起きたすべては、作家が白紙の原稿用紙を取り出し、あるいはパソコンの空白のディスプレー画面を開き、ただ言葉を駆使して最も深い感動を呼び起こす真に迫る物語を創造したものに過ぎない。

言葉には力があるとはっきり認識したとしても、ほとんどの人は、おおむね言葉を軽率に扱っているのが現実である。私たちは言葉を選ぶことよりも、服を選ぶことにより注意を払っている。他人について、あるいは人に対して発した言葉は、消すことができないと分かっているにもかかわらず、である。他人について公正に、自分については正直に、すべての人に配慮して話すことは極めて重要である。だからこそ倫理的に語る必要がある。言葉の力を意識の最前面に認識するならば、弾《たま》を込めた銃のように、言葉を注意深く取り扱うことだろう。

不公正な発言は、相手を傷つける以上に自らを破壊してしまう。精神医学者アントニオ・ウッドは、人の悪口を言えば、自らを相手から遠ざけることになると指摘している。自分のコメントが否定的であればあるほど、その相手に距離を感じるようになる。こうして、多くの人について不公正に話す人は、一人ひとりから自らを疎外させることになる。ウッド博士が指摘するように、疎外はうつ病発症の主要原因で、うつ病はアメリカで最も蔓延し急速に広がっている心身疾患の一つである。

非倫理的な会話を避けることは、疎外を回避する有益な方法の一つである。うわさ話を最小限に留める人は、総じて人と親密な充実した関係を築くことができる。多くの人にとって、対立する他の人についての情報や意見を交換するのは、別の人と緊密な関係を結ぶための容易な方法である。しかし、うわさ話を思い留まることのできる人は、自分自身と話し相手に集中することを余儀なくされる。こうして築き上げられる関係は、ほぼ必ずといっていいほど、感情的により深いものとなる。

さらに、人に対して公正に話し、怒りを爆発させないように努める人は、社会的な交流がより円滑になる。確かに、あなたがある人に対して腹を立てているとき、その人と良好な関係を維持することは無意味に思えるかもしれない。しかしながら、よく考えてみてほしい（とりわけ短気な人は）。今関係が良好な人について、「彼（彼女）と二度と口を利かなくても、構うものか！」と思ったことがあったかどうか。公正に話すことを身につけている人は、自分が発した冷酷な言葉を悔やまずに済み、無駄に終わらせてしまった友情を悔いる必要もないのである。

言葉は社会、政治、精神風土さえ形成する

より大きな社会においても、私たちは教養ある会話をする必要性に迫られている。歴史を振り返ってみると、不公正に用いられた言葉は憎悪や殺人さえ助長してきた。中世の十字軍は、ある朝目を覚まして突然ユダヤ人を見境なく殺し始めたわけではない。そうではなく、彼らとその祖先たちは何世紀にもわたって、ユダヤ人を「キリスト殺し」、人間以下の存在（あるいはもっと悪い、悪魔の盟友）と考えるように条件づけられてきた。この言葉によるユダヤ人像がひとたび根づいてしまうと、いともたやすく、ユダヤ人を殺せるようになったのだ。[1]

アフリカ系アメリカ人は、「エイプ（サル）」、「ジャングル・バニー（土人）」、「ニッガー（黒んぼ）」と人間以下の表現で長い間烙印を押されてきた。これらの用語を使い始めた人たちは、理由もなく手当たり次第に用いた。こうした言葉により、白人は、黒人を自分とは異なる劣等な存在と見なすこと

が可能になるのを望んだのである。これは重要なポイントだった。なぜならば、白人が黒人を完全な人間だと認識してしまうと、恐らく「まともな」人々は、彼らの居住地から黒人を誘拐し、ムチを打ち、焼き印を入れ、奴隷にすることなど決してできなかったはずだからである。

　不公正かつ残忍な発言は、私たちの社会を汚染し続けている。私が思い出すのは、一九九〇年代の初頭、非常に有名で恐らく最も影響力のあるトーク番組の司会者の言動である。彼は、過激な中絶支持者や過激な擁護者と見なした女権拡大論者《フェミニスト》のことを、何度も「フェミナチス」[※1]と呼んだ。ナチス（及び彼らが設立した政府）は、史上最悪の人々と見なされているため、「ナチ」という言葉はナチス自体、あるいはナチスを自らの手本とする人について語られる場合を除き、語彙から削除されるべきである。このトーク番組の司会者が呼んだように、グロリア・スタイネム[※2]のようなフェミニストを「フェミナチ」と呼ぶのは、巧妙な言い回し《レトリック》である。それは倫理にもとり、理性的な論議を不可能にさせ、実在するナチス犠牲者の苦しみをも無意識に愚弄していると私は考える。[2] 残念ながら、その後数十年にわたって、この司会者は「フェミナチ」という言葉を使い続けた。対立する人々を退けるのに有効だったからだ。

　この類いの無礼な言葉は、保守派に勝るとも劣らず、党派心の強いリベラル派の人たちを特徴づけてきた。ジョージ・H・W・ブッシュ[※3]が一九八八年に大統領に選出された時、ある著名な下院議員はアメリカの国連大使や大都市の市長を歴任した人物と一緒に、「大嘘《うそ》手法によって、これほど慎重に構築された選挙運動は、ヒトラーとゲッベルス以来である」と批評した。[3] 何という皮肉だろうか！

ブッシュの嘘を糾弾するまさにその行為において、彼らはさらに悪質で大きな嘘をついたのである。

アメリカで最も影響力のある上院議員の一人は、同じように感情を高ぶらせて非倫理的な言葉を弄《ろう》し、ロナルド・レーガン大統領が指名した最高裁判事候補の一人に反発して主張した。「ロバート・ボーク[※4]が最高裁判事に任命されたアメリカは、女性が力ずくで闇中絶させられ、黒人は白人と分離された席で食事をし、悪徳警官が真夜中に市民の家の扉を蹴破って強制捜査を行なうことができ、子供たちは学校で進化論について教えてもらえず、作家や芸術家は行政府の気まぐれな検閲を受ける国になってしまう」[(4)]。ボーク判事の見解と裁判記録に詳しい人であれば、この主張が真実の一部を織りまぜた虚構で誤解を招く話であることが分かるはずである。しかしこの上院議員の関心事は、正確性でも公平性でもなかった。ボークが最高裁判事に指名されるのを阻止することだった。

※１　フェミナチス（feminazis）はフェミニスト（feminist）とナチス（Nazis）の合成語。
※２　一九三四年～。アメリカの女権拡大運動の活動家で著述家。
※３　アメリカ第四十一代大統領（一九八九～九三年）。第四十三代大統領ジョージ・W・ブッシュの父。
※４　一九二一年～。保守派の法哲学者。司法次官、司法長官代理を歴任した。

選挙運動の劣化を懸念する

単に政治の候補者だけではなく、私たち全員が、自分と意見の合わない人についての知性や道徳性を中傷することなく、自己の信念に情熱を傾けることができるのを強調することは重要である。残念ながら、多くの人にとってこれを実行するのは難しい。四年毎の大統領選挙期間中、私は講演の場で聴衆にこう尋ねている。投票者の知性あるいは感情に悪影響を与えることなく、自分の反対する候補者に投票する人の唯一の根拠を思いつくかどうか、と。そのようにできる人は、リベラルにも保守にも滅多にいない。

これは極めて不幸なことである。なぜなら、情熱的なリベラルも情熱的な保守も、国民のおよそ半数は、知性か品性いずれかを欠いていると想定されるからである。

さらに、人々はこのように政治上の意見の相違について考えない。信じたことのために力強く闘うことを決して厭《いと》わない一九九六年の共和党の大統領候補ロバート・ドールは、「民主党は我々の対立候補であっても敵ではない」と彼の支持者に気づかせるのに苦心した。二〇〇八年、共和党の大統領候補ジョン・マケインは、人々が彼の対立候補バラク・オバマを「嘘つき」「テロリスト」と責めたてている集会に自分が立たされていることに気づいた時、首を横に振ってマイクを取り、「彼は立派な家庭人であり市民であって、基本的見解でたまたま私と意見が合わないだけだ。それがこの選挙戦のすべてである」と言った。マケインは、オバマとの政治的対立を見くびったり軽視したりはしなかった。彼は、今日のアメリカの政治的分裂で両陣営の多くの人が行なっているように、論敵相手を悪く言う必要性を感じていなかった。「より素晴らしい大統領の一人になりたいと思わないのなら、私は選挙に立候補しなかっただろう」とマケインは言明し、続けてこう述べた。「それでもやはり、私は彼（オバマ）を尊敬する。皆が相手に敬意を表する人になることを、私は望んでいる。それこそが、アメリカの政治であるべきだからだ」

あるいは少なくとも、アメリカであれ他のどの国であれ、選挙戦は候補者の論点や様々な争点に的を絞って論じられるのが筋だろう。しかし総じて選挙戦や政治対話では、論点ではなく個人の確執や対立候補者の人間性を奪うことに、ますます焦点を絞っている。そして残念なことに、対立候補を軽蔑したり、嫌ったり、憎悪したりすると、そうした感情はその候補者に投票した人への軽蔑や憎悪へといともたやすく発展する。こうした感情を持つのは当然のことであろう。非常に下劣な人間だと確信する候補者を支持した人ならば、愛情はおろかそのような人になぜ敬意を払う必要があるのか、と考えるだろう。

その結果、左右両陣営の過去何年にもわたる演説のレベルは、二〇一六年の大統領選で最悪の事態に至るまで悪化し続けてきた。実際の状況を論じる上で、可能な限り、私は実名を挙げたいとは思わない（ただし、様々な理由から必ずしも名前を伏せているわけではない）。私が問題にしている候補者は、対抗者の政策を批判するのではなく、まさに彼らの人間性を叩いている。例えば、ベトナム戦争の最中、捕えられ北ベトナムの捕虜として拷問と虐待に（しばしば週に数回も）耐えてきた前述のジョン・マケインは、長い間リベラル・保守双方の多くのアメリカ人によって英雄視されてきた。しかし最終的に候補者指名を獲得した共和党候補者ドナルド・トランプは、マケインについてこう言った。「彼は捕虜になったから戦争の英雄になった。私は捕虜にならなかった英雄が好きだ」。米国のために戦い、五年半の間、恐ろしい状況の中で拷問と拘束を耐え抜いた人について、とりわけ卑劣な発言であった（彼が捕虜になる以前に捕まった他のアメリカ人捕虜を北ベトナムが解放していないことを理由に、マケインは早期釈放の申し出を拒絶した）。

それ以外にもこの候補者の発言は、憂慮すべき公正さと礼節の欠落を見せつけた。男性が女性の容姿を魅力的ではない、ただ嫌いであると見なして小馬鹿にする長く嘆かわしい歴史があっても、この種の極めて心ない冷やかしは、この候補者が発言するまでは大統領戦で使われることはなかった。共和党予備選挙の彼の対抗馬の一人は、極めて著名な実業家で大企業の元最高経営責任者だった（私が彼女の名を伏せるのは、当然ながら有名人であることと、私が提起しようとしていることに関連付けられたいとは思わないだろうからである）。彼女の対立候補は、候補者である彼女をどう評価したのか。「あの顔を見てくれ。あれに投票したい人がいるかね。次期大統領の顔と想像できるかい」

この女性は選挙戦を始めたとき、彼女の政治的な立場が多少の厳しい批判を受け、叩かれる覚悟をしていたことだろう。しかし、自分の容姿を小馬鹿にされることまで覚悟していたかどうかは疑わしい。男性・女性候補者とも、そこまで覚悟する必要などないはずである。

私はトランプ支持者のうち何人かは（多くではないことを願っているが）あのような発言を面白がっ

ているのではないかと思うが、全く心ない発言だった。格別に容姿が魅力的ではないと公の場で言われても気分を害さず、傷つかない人がいるだろうか。同様に、トランプには主要メディアの大立て者である別の女性の政治的見解を批判する権利があるが、この女性について、彼女は「内面も外見も魅力的ではない。彼女の前夫がある男性のためになぜ彼女と別れたのかを私は完全に理解する。彼は賢い選択をした」と発言したのは、記憶に残るものとなった。明らかに、この発言――この女性の人生における極めて痛みの伴う出来事について――は、聞き手の心に最も深く刺さった。

他人の人生の、悲しく痛みの伴う出来事を、人前で意地悪く笑い物にするのは、他人が同様に感情を持つ人間であることを理解するのを止めたときに、初めてできる話し方である。

情熱的なリベラルの保守陣営に対する応答の中には、しばしばひどく不公平で無礼なものがあった。ロナルド・レーガン大統領は『我が闘争』の中から一字一句違わずに引用したファシストの教訓によって、権利章典[※5]を置き換えようとしている」と主張する一九八〇年のウイリアム・クレイ下院議員[※6]を、他にどう評価できるのか（クレイ下院議員はあまりにも過激で現実を無視した勝手放題の発言をしており、私のでっち上げではないことを示すために、議員の名を明示しておく）。

およそこのような発言をする下院議員がいるとは想像もつかないが、事実いるのである。翻《ひるがえ》って、

※5　一七九一年に実施された米国憲法の一条から十条の人権保障規定を指す。
※6　一九三一年〜。アフリカ系アメリカ人、ミズリー州選出の民主党下院議員。

私たちはドナルド・トランプ大統領政権下の米国の方向性について、ある著名なサウスカロライナ州の下院議員の次の発言を、どのように考えたらいいのか。

「歴史を研究し、歴史を教えてきた私は、今私たちが体験していることを、ある時代の一時期、すなわちアドルフ・ヒトラーが宰相に選ばれた一九三三年の選挙直後の一九三四年頃にドイツで起こっていたことと同じように捉《とら》えることができる」（原書注・ヒトラーが選出されたのは一九三三年一月。）

この下院議員は暗にトランプをヒトラーになぞらえて抗議したが、「トランプ大統領をムッソリーニになぞらえることがより正確である」と若干前言を翻した。換言すれば、彼を最も有名なナチではなく、かつてないほど有名なファシストになぞらえたのである。

自明のように思えるこの類いの発言について最も重要なのは、それらが真実ではないということである。ロナルド・レーガンが、権利章典よりも『我が闘争』を好んだとしたら、糾弾しているこの下院議員は下院に留まれなかったどころか、刑務所に送られるかもっとひどい状態に追い込まれたことだろう（現実にはレーガン大統領は一九八九年に二期目を全うし、クレイ議員も二〇〇一年まで在職していた）。

オバマ大統領の推進する医療制度の全面的見直しに対する共和党の攻撃を、リベラルな下院議員がヨーゼフ・ゲッベルス（ナチの国民啓蒙・宣伝相）のナチのプロパガンダになぞらえることにより、アメリカ国民の談話はますます難しいものになっている。この下院議員は、すぐにこう釈明せざるを得なくなった。「私は、共和党員をナチスと呼んだことは一度たりともないことを明確にしたい。そうではなく、史上最高のプロパガンダの達人と言ったのだ」。しかし、明らかに第二次世界大戦やホロコーストとは無関係の政治問題について、ゲッベルスの名を引き合いに出すのは、もっぱら悪意を生み、政治の敵対者をナチスとかナチスのようなプロパガンダという言うことによって、人々を悪しき連想へと導くだけである。[5]

敵対する相手の人間性を奪うと、必然的な結果が生じる。その他の事例にも事欠かないが、一例を挙げると、二〇一七年十月のラスベガスで起きたカントリー・ミュージックのコンサート客への無差別銃撃事件である。五十八人が殺害され、八百六十一人が負傷した。ＣＢＳ副社長で上級法律顧問——明らかに高評価で誰もが羨望する地位の人物——の反応は、「実際のところ、私は同情しない。カントリー・ミュージックのファンは、しばしば共和党支持の銃乱用者だからだ」というものだった。この法律家の論理は、次のように要約される。「五十八人の死を悼む理由がない。それぞれが誰かの母親、父親、あるいは子であって、彼らは共和党支持者でしかも保守的な人間である。このような人々のいない国家のほうがずっと好ましい」（私は、彼女がこのような冷酷な発言をしたことを恥じていると想定し、名前を伏した）。局の道義的信頼性が危機に晒《さら》されていることを認識したＣＢＳは、この幹部を解雇している。

人間から人間性を奪う「非人間化」という言葉を用いるとき、私はそれを文字通りに受け止める。私がここで引用した発言の一部は、すべてではないにしても、特に冷酷である。こうした発言をする人は、一般の人あるいは嫌悪する人を人間の仲間と見なさないからである。大衆文化における特定層では、こうした非人間化は数十年にわたって続いている。一九八〇年代に先鞭をつけた現代音楽のジャンル「ギャングスタ・ラップ」[※7]は、警官を殺し、女性をレイプすることを美化する歌詞が含まれている。ゲトー・ボーイズ[※8]のアルバム「ザ・ゲトー・ボーイズ」には、おぞましい二行連句の歌詞が入っている。

オレは車のシートの下に手を伸ばし、鉈《なた》を取り出した
女は悲鳴をあげ、俺は彼女のハラワタをスパゲッティ状になるまで薄切りにしたぜ。

同じアルバムに収録された別の歌詞では、「あの娘の胸元をグサリと刺す」必要があり、「彼女をズタズタに裂くだけさ」と語っている。(6)

アフリカ系アメリカ人で、児童の権利擁護基金（CDF）の創設者で代表者のマリアン・ライト・エーデルマン(7)[※9]は、この手の歌詞の冷酷さとひどい女性蔑視について、激しい不快感を表明した。男性が女性のためにドアを開け、座る席が一つしかないとき、男性は自分の席を譲って「女性の心をつかむ」ことが推奨される文化の中で育ったライト・エーデルマンは、激怒した。「スヌープ・ドギー・ドッグ[※10]、ドクター・ドレー[※11]や他のミュージシャンたちが、臆面もなく自分たちの祖先の女性、祖母、母、姉妹、娘らを『ホー』（売春婦の俗語）とか『雌犬』などと呼んで侮辱する、下品で無礼かつ女性を嫌悪する歌詞。この品位を落とす音楽を買う人たちの受ける恥は、それによって多大な利益を得るレ

コード会社とミュージシャンたちと同等、あるいはそれ以上である(8)」

ギャングスタ・ラップは、扇情的な言葉を用いる現代音楽の一つの表現に過ぎない。「お前の心臓を真っ二つに切り裂いて、ベッドに寝かしてやるさ」という歌詞で有名になったガンズ・アンド・ローゼズ※12のリード・ボーカル、アクセル・ローズ※13は、何年か前にインディアナポリスの里帰り公演時、声援を送る彼のファンにこう語った。「今のインディアナのガキどもは、アウシュヴィッツの囚人のようなものさ(9)」。この発言に関して、トーク番組の司会者マイケル・メドベドは次のように論評した。「記者との会話の後半に、ローズがこれらのあきれた発言についての正当性を主張したとき、『親たちがナチの死の収容所の看守のように子供を見張っていると本当に信じているなら、十代の若者が自分たちの自由を得るために親を殺すことが完全に正当化されてしまうのではないか』とローズに問い質す者は誰一人いなかった」

※7　暴力、セックス、銃など、過激なテーマを題材にしたラップのジャンル。
※8　一九八〇年代のヒップホップ・グループ。過激な歌詞の楽曲で知られる。
※9　一九三九年〜。公民権運動に携わり、児童の権利推進の活動家。
※10　一九七一年〜。アフリカ系アメリカ人、ヒップホップ・ミュージシャン、俳優。
※11　一九六五年〜。アフリカ系アメリカ人ラッパー、音楽プロデューサー、俳優。
※12　一九八五年に結成されたヘビーメタル・バンド。
※13　一九六二年〜。ハードロック、ヘビーメタルのバンド歌手。

同様に、エミネム[※14]は多くの歌詞で侮辱し、品位を貶《おとし》め、激怒させるための言葉を使用している。一例を挙げれば（その他の多くの例があるが）、「お前を殺す」という題名の歌詞は次の言葉が含まれている。「尻軽女、オレが売女を窒息させはしないと思ってるんだろう／声帯が彼女の喉で動かなくなるまで⑩」

私がエミネムを引用するのは、彼が決して人気のない歌手ではないからである。彼の歌と関連ビデオは、いつも決まって発売後数日で五千万人以上の視聴者を獲得している。

非倫理的な言葉は暴力、人の評判、名誉を破壊する

十九世紀の小話がある。ある男が「ズボンはここでプレス」という大きな店の看板を見た。彼はプレスしてもらうためにズボンを店に持ち込むと、「ここでズボンのプレスはしていません。手前どもは看板を作っているだけです」と言われた、というものである。

現代の「看板屋」は、政敵や親をナチスになぞらえたり、女性の虐待を美化する人たちである。要するに、情報を伝えるためではなく、人々を煽動するために言葉を用いる人たちである。

しかし、暴力は非倫理的な発言の可能な結果の一つに過ぎない。もう一つの結果は、真っ当な人たちが最も重要視する財産である好評価の破壊である。レーガン大統領の最初の労働長官レイモンド・ドノバン[※15]は、長い間うわさ話とあてこすりの冤罪闘争の被害者となり、最終的に刑事告発にまで至っ

た。自らの弁護のために百万ドルを超える法廷費用をかけた末、彼はすべての容疑で無罪を勝ち取った。彼が法廷から出てきた時、記者たちが彼のコメントを求めてとり囲んだ。ドノバンは、辛辣《しんらつ》な問いを提示した。「自分の評判を取り戻すには、どこに行けばいい？」

まさに、苦悶したレイモンド・ドノバンが体験したように、ひとたび羽毛が空中に散布されてしまうと、それらを元に戻すことはできないのである。

※14　一九七二年〜。デトロイト出身の白人ラップ・アーティスト、プロデューサー、俳優。
※15　一九三〇年〜。民間企業の労務および財務担当の副社長を経て、レーガン政権で労働長官を務めた。

第二部

他人についての話し方

2章　うわさ話が引き起こす取り返しのつかない傷

ラション・ハラア。止まることを知らない中傷運動、打ち消しようもないうわさ、洗い流すことのできない泥を名誉に塗る行為、職業資質を見くびる悪口、あなたのビジネスのごまかしについての愚弄報告とあまのじゃくな逸脱行為、道徳的欠点の非難に憤慨した論駁《ろんばく》、悪事、さらに欠陥のある性格特性――浅はかさ、野卑《やひ》、臆病、貪欲、卑猥《ひわい》、不誠実、身勝手、裏切り。人をけなす情報。名誉毀損《きそん》の発言。侮辱するしゃれ。人をけなす裏話。根も葉もないあざけり。意地の悪いおしゃべり。悪質な荒唐無稽の話。苛立《いらだ》たしい嫌み。とてつもない嘘《うそ》。怖れ、苦痛、病気、精神的孤立など、金銭的損失をもたらすばかりでなく、目を見張るほど著しく命を縮めることが請け合いのこうした次元こそが、ラション・ハラアである。それらはあなたが六十年近くかけて取り組んだ評判をめちゃくちゃにする。これらに煩《わずら》わされず無風状態でいられる人生など、どこにもない。これが誇張であると考えるのであれば、あなたの現実意識はまさに不十分である。

――フイリップ・ロス『シャイロック作戦』

うわさ話は常に人の欠点を探し求める。そうした人は汚い場所で羽を休めるハエのようだ。人におできがあれば、おできのないところを素通りし、おできの上で羽を休める。だから、うわさをする人も同類である。彼は人の良い所を見落とし、悪いことばかりを話すからである。

――『義人たちの道』（オルホット・ツアディキーム）

「良い客人」と「悪い客人」の訓話に学ぶこと

良い客人はこう言うだろう。「私をもてなした主《ホスト》はどれほど骨折ってくれたことか。どれほど肉や、ワイン、菓子を用意してくれたことか。彼は私をもてなすために労を惜しまなかった」。一方、悪い客人は何を言うだろうか。「ホストは何をしてくれたというのか。私は一切れのパン、一片の肉を食べ、一杯のワインを飲んだだけではないか！　ホストがどれほど骨折ったにせよ、妻と子供たちのためにしただけのことだ(1)」

これらの二つの反応は、二千年ほど前のタルムードに記された同じ宴会での受け止め方であり、倫理的発言の核心を端的に突いている。現実に私たちの多くが聞き耳を立てる話といえば、悪い客人の話であり、しばしば不義をした友人の話である。他人の良い資質を褒《ほ》めることよりも、他人の欠点を探すことのほうが無限に興味をそそる。誰それが不倫をしている、能力がないために解雇された、破産の手続きをした等々。どれほど良い伴侶であるか、どれほど忠実な従業員であるか、どれほど金銭面で慎重であるか、どれほど素晴らしい弁舌家になるかといった類いの内容を論ずるよりも、おかしくもないジョークを言って彼らを笑い飛ばして場を盛り上げる。

さらに奇妙なことに、ホストのもてなしに与《あずか》ったディナー・パーティーは、しばしばパーティーの評価をより批判的なものにしているように思える。私の直観では、人々はディナー・パーティーの場を退出した直後、憶測や思いやりに欠けるうわさ話、人物分析の情報を交換し合っている。パーティーの場から帰宅するまでの間、どれほど頻繁にホストの資力、結婚関係、美的センス、食の嗜好、知性、子供の性格などを推察することだろうか。

そうした話をすることは、明らかに不公正である。妻と私がディナーやパーティーに人を招くとき、客人のためにできる限り楽しい夕べを過ごしてもらおうと、何十時間、時には数日をかけ、猛烈に頑張って用意をする。客人たちが暇乞《いとまご》いを告げた帰り道、私たちについてあれこれと批判的な観察を共有しながら車を自宅へと走らせているかも知れない、と想像するのは快いものではない。多くの人の行ないを懸念している私の考え過ぎだ、とは思わない。遺憾ながら、自分自身もこうしたことをしょっちゅうしていたからである。

楽しい夕べを用意しようと努めた人の家から帰る際に、範とすべき最も簡単で公正な原則は、もてなしてくれた人たちを一切けなさないことである。もしこのルールを甘んじて受け容れることができないなら、少なくとも家に帰る道のりで、またはその日が終わるまでは悪口を言わないこと。その後それを口にすることになったとしても、その時までに自分の感想は控え目になっていることだろう。何か話す前に、もてなしてくれた人が楽しい集まりに費やした努力を考え、批判的観察をすることが果たして適切であるのかどうかを自問してみることだ。

他人のもてなしに与っておきながら、感謝するのではなく、彼らの家で入手した情報を活用して彼らを斬り捨てるスパイもどきの行動を取ることほど、不公平なことはないように思える。他人についてのあなたの発言に悪意はないと考えるなら、もてなしてくれたホストに直接同じことを言えるのかどうか、自問してみることだ。その答えが否であるなら、ましてや他人になぜそのような話を伝えるのか（配偶者や親密な関係の人とのうわさ話に関しては、八二〜八三頁参照）。

「悪い客人」になる衝動は、聖書が命じる、「あなたは民のうちを行き巡って、人の悪口を言いふらさないように」（レビ記一九・一六）という命令への違反となる。この命令こそが、倫理的な話し方に関する聖書の基本的な指針である。それが、聖書の最も有名な律法「自分自身を愛するように隣人を愛しなさい」（レビ記一九・一八）のわずか二節前に現れるのは、偶然の一致ではない。

この聖書の戒律は極めて簡潔な表現なので、「人の悪口を言いふらす人」とは具体的にどんな人を指すのか、正確に知ることは容易ではない。他人の生活の様子について話すことが禁じられているということだろうか（例えば、友人に「昨晩、某氏の家のパーティーに行ったんだけど、彼らがキッチンで作ってくれた料理は無条件に素晴らしかったよ」といった話も）。あるいは、この聖書の句はのっぴきならない状況例についてのみ語ることを禁じているのだろうか（例えば、「サムが先月出張で家を留守にしていたとき、彼の妻サリーが豪華なレストランでハンサムな男性と一緒だったのを見たよ。その間、彼らは互いに夢中になっていたので、彼女は私に気づかなかったようだ」といった話だけを）。本当の話を伝えるのは、うわさ話を振りまくことになるのだろうか（例えば、「ベティは、サリーがサムとの離婚を考えていることを聞いて、私に伝えてきたんだ」といった話はどうだろう）。

聖書そのものは、こうした類いの質問に完全には答えていない。しかし紀元一世紀初頭から、ユダヤ教の教師たちは聖書の律法について丹念に練り直し、事の重大さの順に、減少もしくは排除すべき三つのタイプの話し方を考案した。

1. 他人についての中傷ではない事実の情報、論評。
2. 事実であっても好ましくない話（ヘブライ語で「ラション・ハラア לָשׁוֹן הָרָע」）。話の対象になった人の評価を貶《おとし》める情報。無駄口を叩くこと（ヘブライ語の「レヒルート רְכִילוּת」）。
3. 嘘（ヘブライ語で「モッツィ・シェム・ラア מוֹצִיא שֵׁם רָע」）。好ましくない誤った発言。うわさ話は好ましくない上、内容に虚偽のあることが多いためこの範疇に該当する。

中傷ではなく事実に基づいた発言

「昨晩、某氏の家のパーティーに行ったんだけど、彼らがキッチンで作ってくれた料理は無条件に素晴らしかったよ」という発言は、中傷ではなく事実である。褒め言葉とさえ取れるこうした差し障りのない情報の交換を、人々に思い留まらせるのに正当な理由はあるだろうか。

この発言を聞いた人が、その情報を有害と感じるかも知れない一例を挙げてみる。ある人が、いかにパーティーが素晴らしかったかを説明すると、別の人は「なぜ私は招かれなかったの？　私は彼らを一カ月前に家に招いたばかりなのに」とか、「新しいホスピスに寄付するよう私が彼らに頼んだ時、暮らしがたいへんなので寄付する余裕はないと訴えていたのに、キッチンの改装資金があったとは妙だ」といぶかっても、おかしくないかも知れない。

「無害な」うわさ話を思いとどまらせるための重要な理由は、無害な話のままでいられることがほとんどないからである。あなたと友人が互いの知り合いについて、二十分間、話をするとしよう。その間、あなたはどのくらいその人の好ましい性格を語ることができるだろうか。

話す対象がマザー・テレサであれば、好ましい性格を話し続けられるかも知れない。そうでないのなら、たとえ話の対象がとても良い人であっても、会話が否定的な口調を帯びてくる可能性が高くなることだろう。なぜならば、多くの人にとって、人を称賛するよりも批判的評価を言い合うことのほうがより興味深く、楽しめるからである。私があなたに「ジャネットは素敵な女性だ。しかし、彼女について一つだけ同意できないことがある」と言う場合、残りの会話の焦点がジャネットのどんな性格面に絞られる可能性が高くなるだろうか。

批判の方向へ議論が転じないようにしたにせよ、倫理的な話者として、言葉が引き起こすかも知れない不慮の口害を予期しないといけない。例えば、友人を称賛することは見上げた行ないに思われるかも知れないが、彼女を嫌う人がいる場合は、あなたの友人の評判を害する可能性がある。とりわけ、あなたが彼女についての好ましい評価を伝えて間もなくその場を離れるなら、あなたの言葉が彼女の敵対者を誘発し、彼があなたの友人を嫌う理由を表明することになりかねない。

奇妙なことに、聖書には神が敵の面前で義人を称賛し、義人にひどい損害を与える出来事が描かれている。ヨブ記を開いてみると、神がみ使いたちに囲まれていて、その中の一人がサタン[※1]であり、彼は地上を歩き回っていると神に伝える。神はサタンに尋ねる。「お前は私の僕ヨブに気づいていたか。この世に彼ほどの者はいない。潔白で正しく、神を畏れて悪を遠ざける人物だ」

サタンは神の無垢な認識を非難してこう告げる。「ヨブは利益もないのに神を敬うでしょうか。あなたは彼とその一族、全財産を守り、彼の手の業をすべて祝福なさっているではありませんか。お陰で、彼の家畜はその地に溢れるほどです。ひとつこの辺で、御手を伸ばして彼の財産に触れてごらんなさい。面と向かってあなたを呪うに違いありません」（ヨブ記一・九〜一一）

ヨブはどんなに挑発されても神に忠実であると自信を持っていた神は、サタンにヨブから命以外は何でも奪っていいと許可した。サタンはヨブの十人の子供の命を奪い、彼の所有物を台無しにし、ヨブをひどい皮膚病に罹《かか》らせて苦しめた。ヨブ記はハッピーエンドで終わるが、神がサタンの前でヨブを称賛しなかったなら、彼は順風満帆の人生を送れたのではないか、という推測に異論を挟む人はいないであろう。

称賛が害を引き起こす危険性の原点は、聖書の箴言に記されている。

「早起きした朝に大声で隣人を祝福する者は、呪いと見なされる」（二七・一四）

この句の聖書注解によると、隣人から「祝福」（肯定的な文脈）を受けて世間の注目を集めた場合、彼の新たな名声から生じた激しい詮索の目は、結局のところ、その名声を傷つけるか、さらに悪くさせることを意味すると理解している。

ジェラルド・フォード大統領の命を救った元海兵隊員オリバー・シップル[※2]に降りかかった運命は、まさにそのようなものだった。一九七五年、フォード大統領のサンフランシスコ訪問中、シップルは隣に立っていたサラ・ジェーン・ムーアが大統領に直接銃口を向けているのを見て、彼はムーアの腕をつかみ、照準を逸《そ》らせた。それで銃弾は逸れて大統領に命中しなかった。一夜にして彼は全米のヒーローとなった。

※1　サタンは、ヨブ記では神の法廷の告発者として登場する。
※2　一九四一～一九八九年。海兵隊員としてベトナム戦争に従軍した際に負傷し、除隊した。

記者たちがシップルを取材に来たとき、彼は取材陣に一つだけ要請した。「私のことは何も公表しないでください」。不幸にして、彼の嘆願はジャーナリストの好奇心をかき立てた。数日後、『サンフランシスコ・クロニクル』紙と『ロサンゼルス・タイムズ』紙は、シップルがサンフランシスコ地区のゲイ解放運動の活動家だったというニュースを大々的に報道し、その他の十数紙もすぐに追随した。

（原書注・大統領を救った英雄が同性愛者であったと知らせることは、同性愛者のイメージにプラスになると考えた同性愛者仲間のある著名人によっても公にされた。これは事実だったのかも知れないが、シップルが自身について何を伝えたいのかを自ら決めるのが正しいやり方だった。）

もちろん、米国において同性愛者への偏見は今なお存在するが、当時の同性愛者への反感は比べようもなく大きかった。ある記者がデトロイトにいるシップルの母親に同性愛の事実を突きつけ、息子の同性愛について何を知っているのか尋ねた。彼女は何も知らなかったので、見た目にも分かるほどの動揺ぶりだった。

言うまでもなく、シップルが彼の生活について書かないようにと記者に頼んだ理由はそこにあった。それからほどなく、母親は息子に話をしなくなった。四年後、彼女が他界した時、父親はシップルが母親の葬儀に来ることを歓迎しないと伝えた。家族関係の破綻によって精神的に打ちのめされたシップルは、深酒をするようになり、彼の周辺にいた人たちからもますます敬遠されるようになった。数年後、彼は自分のアパートで死体で発見された。享年四十七歳だった。

シップルの同性愛を公表した『ロサンゼルス・タイムズ』紙の記者は、彼の死後にこうコメントした。「私がもう一度あの事件に取り組むことができれば、あのような取材はしないだろう[2]」

それにしても、そもそも彼や他の記者たちは、なぜシップルのその話を伝えなければならなかったのだろうか。シップルは大統領の命を救った。全米は彼の行為に深い恩義を感じていた。この新たに生まれたアメリカ人ヒーローの「実話」を知ろうというマスコミ（そして読者）の飽くなき好奇心は、メディアに新鮮な切り口の調査を求めたとも言える。結局のところ、彼がどうやってムーアの狙撃を失敗に終わらせたかを、何度説明すれば気が済むのだろうか。彼の行動はとても英雄的であったものの、二、三度話を聞けば、いくぶん食傷気味になるというものである[3]。

このシップル事件は、たとえ他人の良いことについての話から出発しても、思いがけない傷を負わせる可能性のあることを実証している。会話がどちらの方向に流れているのかを注意深く意識しない限り、こうした話が無害な会話に終わる可能性はほとんどない（とりわけ、論じられた対象者の立場から見れば）。

好ましくない、たちの悪い真相（ラション・ハラア）

概して、多くの人は情報が真実である限り、他人についての好ましくない情報をばらまくことも道徳的に悪いことではないと考えているようである。ユダヤの律法は全く違う見解を取っている。恐らくそれが、ヘブライ語で「悪い言葉」「悪い舌」を意味するラション・ハラアという言葉に、厳密に対応する英語がない理由である。偽りであるために不道徳と非難される中傷や、真実であるかも知れないうわさ話とは違い、ラション・ハラアは本質的に事実の話である。それは、話題の主の立場を貶める正確な情報の流布を指す。私はそれを「好ましくない真相」と翻訳し、私の友人だったラビ・イスラエル・スタインは、「たちの悪い真相」と訳していた。

好ましくない情報の公正性は特に重要だが、それを広める人々は頻繁にそれを見落としている。私は講演の場で、よく聴衆にこう問いかける。「皆さんの中に、自分の人生の一コマをここで他の人に知られてしまったらひどく気まずいと思う人は、どのくらいおられるでしょうか?」

記憶力の悪い人、非常に退屈な生活を送ってきた人、嘘をついている人以外のほとんどの人は、手を挙げる。挙手をした大半の人は、武装強盗歴といった類いのことを隠しているわけではないだろう。それでも、特に気まずい話が一般に知られるようになったなら、偏《かたよ》った印象を与えてしまう可能性がある。こうした情報は珍しいため、他人がその人に抱く主要なイメージになりかねない。言うまでもなく、それこそが、彼または彼女が秘密にしておきたい理由に他ならない。従って、そのような情報が事実であっても、それをまき散らすのは不公正なことだ。

こうした理由から、ユダヤ律法は、話し相手が必要としない限り、他人についての好ましくない真相をまき散らすことを禁じている（このような情報をいつ誰に公開するべきかについては4章を参照）。二世紀ほど前、スイス人神学者で詩人のヨハン・K・ラヴァーター[※3]は、このような情報をまき散らすことに対し、こう適切に手引きした。「あなたが確実にそれを知らないのなら、人の悪事を決して話してはならない。そして、あなたが確実に知っているのなら、そこで『なぜ私がそれを話す必要があるのか』を自問せよ」

その意図は、好ましくない真相を話すことが禁じられている状況と大いに関係する。発言は、文脈に応じて褒め言葉、非中傷的なうわさ、また深刻な悪意のあるラション・ハラアにもなり得る。例えば、限られた資金しかないことで知られる人が特定の慈善団体に百ドルを寄付したとすれば、この情報は恐らく彼の人物評を高めるだろう。人は彼の気前の良さに好感を持つからである。しかし、ある裕福な人が同じように百ドル寄付したことをあなたが伝えるなら、この情報は彼を欲深い人間と思わせ、彼に対する敬意は損なわれるだろう。つまり、こうした発言がラション・ハラアである。それは事実であるかも知れないが、その人への敬意を低下させ、あなたの話し相手がこの情報を必要とする可能性はないであろう。

残念なことに、たいていの人はしばしば、好ましくない真相を話すのを思いとどまることができない。こうしたうわさ話はとかく興味を惹くため、多くの人は黄金律（「あなたが自分にして欲しいことを、人にも行なえ」[※4]）を破らずにはいられない。多くの人が自分の不面目な情報を公にされたくな

※3　一七四一～一八〇一年。スイスの教会説教師、著作家。
※4　イエスの言葉。マタイによる福音書七・一二、ルカによる福音書六・三一参照。

いと望んでいるにもかかわらず、他人のデリケートな秘密について分別ある行動を取れないでいるのだ。

先に述べたように、この黄金律は別のやり方でも破られる可能性がある。人に気づかれずに入室し、他人があなたについて話しているのを聞いたなら、あなたはその話を少し聞きたくはないだろうか。彼らはあなたの性格の欠点、もしくはあなたの社会生活について根掘り葉掘り話題にしている可能性が最も高い。あなたが他の多くの人のようであれば、他の人のうわさ話をするとき、どんなことを話題にするだろうか。他人の人格的欠点や社会生活についての話題を、根掘り葉掘り話すのではないだろうか。

不公正な話に対するユダヤ倫理の戒《いまし》めは、言葉の使い方だけではなく、言葉を用いない仕草で他人の評判を貶めることにも適用される。誰かの名前を聞いたとき、顔をしかめてあきれたような顔をする、ウィンクをする、「いやいや、ほんとうに彼は天才だよ」と皮肉めいて言う、これらはすべて戒律違反である。私がまだ若かった頃、しばしば他人のことに肯定的なことを言ってから、実際は逆の本音を伝える仕草で咳ばらいをしたものである。他人の立場を低下させるものはラション・ハラアと見なされるため、これを犯すことに使われるやり方は、言葉、言葉以外の仕草、表情によるものかどうかは関係ない。ユダヤの律法は、この行動を「アヴァク・ラション・ハラア אֲבַק לְשׁוֹן הָרַע」（ラション・ハラアの塵《ちり》）と呼ぶ。[4]

このような「塵」の他の例は、「私にポーラの名を言わせるな。彼女について知っていることは言いたくない」といった当てこすりを含む。人の過去を侮辱する示唆（「昔のジョナサンを知る私たちの誰が今の彼の成功を想像できただろうか？」など）も同じく、良くないことだ。

こうした行動は、時に人が具体的な批判を口にしなくても、評判に泥を塗るあらゆる計略を包含している。例えば、あなたが手紙を書いた人を貶めようと、受け取った手紙に綴りの間違いがあると言って人に見せることも、道徳的に間違っている。同様に、見栄えの悪い写真を他人に見せ、見ている二人がその写真を笑い物にすることも、正しくない。

他人の立場を貶めることが目的の場合、言葉、皮肉な笑い、あるいは書き手を冷笑にさらす行為の共有によって、等しく効果的に貶めることができる。これらのやり方のいずれもが傷つける効力のある残忍なもので、間違っている。

誤ったうわさであなたのせいになるとき

あなたがある人について意地悪なことを言ったというううわさが広まり、それが事実でないならば、あなたはうわさを広めた人だけでなく、うわさの渦中の人にもそれを知らせなければならない。そうしないなら、当然ながら中傷された人は傷つき、怒りが収らないであろう。この状況について、二人の公人の対処の仕方を比較してみよう。

英国首相であり、ウィンストン・チャーチルの長年の政敵だったクレメント・アトリー[※5]の伝記『アトリー伝』の中で、著者ケネス・ハリス[※6]は、次の出来事を記している。

先の大戦後、チャーチル自身が発したとされるある辛辣《しんらつ》な軽口が、英国議会の界隈に広まった。「一台の空のタクシーがダウニング街十番地の首相官邸に着いた。ドアが開くとアトリーが降りてきた」。ある友人がこの話をチャーチルに伝えたとき、発信元とされたチャーチルは明らかにアトリーを好いていなかったが、彼の顔つきは険しくなった。いたたまれない沈黙後、チャーチルはこう言った。「アトリー氏は、国家が最も必要としたときに祖国によく奉仕してくれた、尊敬できる勇敢な紳士で忠実な同僚である。そのようなうわさが話題になる度に、私が彼についてそんな論評をする人間では決してないことをあなたが明らかにしてくれるなら、私は大いに感謝しなければならない。また、そのような嫌疑をかけるいかなる人も私は断じて承服しない(5)」

機知《ウィット》に富んではいるが、このチャーチルの皮肉を込めた否定の仕方と、かつてニューヨーク市長を務めたエド・コッチ[※7]に対する著名な元女性下院議員の取った行動とを比べてみよう。アトリーとチャーチルの場合とは違い、コッチはこの女性下院議員と長い間、政治的盟友関係にあった。事実、コッチが市議会に立候補した時には彼女が応援し、同様に彼女が米議会に立候補した時、彼は彼女のために選挙運動をしてきた。

しかし数年後、一九九二年にニューヨーク市で民主党大会を開催するため、この女性がデヴィッド・ディンキンス市長[※8]と一緒に遊説の旅をした時のことである。この遊説についての新聞記事に、「ディンキンスと遊説ができて良かった。コッチと一週間行動を共にすると考えただけで、鬱陶《うっとう》しかった」という彼女の発言が引用されていた。彼女との協力関係の破綻に気づいていなかったコッチは、その記事に激怒し、当惑した。

数カ月後、米国上院議員の出馬に名乗りを上げたこの女性が、コッチの支持を得ようと法律事務所にいる彼に電話したとき、コッチは開いた口がふさがらなかった。彼の回顧録『市民コッチ』（*Citizen Koch*）の中で、彼はその時の会話を記している。

「さて……、君が私に電話してくるなんて変だね。君が応援を一番嫌っている相手が私なんだからね」と私は言った。

※5　英国労働党党首。一九四五～五一年に英国首相となった。
※6　一九一九～二〇〇五年。英国人ジャーナリスト、作家。
※7　一九二四～二〇一三年。アメリカ人政治家。下院議員を経て、ニューヨーク市長を三期（一九七八～八九年）務めた。
※8　一九二七年～。アフリカ系アメリカ人として初のニューヨーク市長。

「どうしてそんなことを言うの、エド」と彼女は言った。「私たちは友人だと思ったのに」

「私もそう思っていたよ」と私は答えた。そして私は数カ月前の自分の発言を彼女に思い出させた。

「そんなこと言ったかしら？」と彼女は言った。

「言ったとも」と私は言った。

「私がそんなことを言ったなんて、思い出せない」

「私の事務所に新聞の切り抜きがあるんだ」と私は説明した。「君の記憶を甦《よみがえ》らせるために、コピーを送ることもできるよ」

「でもね、もし私がそう言ったとしても」と彼女は認め、「それは文脈を無視して都合のいいことだけを抜き出したものよ」と言った。

「君は、文脈を無視して都合のいいことを述べていると、編集者に手紙を書いたのかい？」

「書いてないわ」

「君は、記事の取り消しを求めて記者に電話をしたかい？　それとも、彼に通告したかい？」

「していないわ」

「君は、謝罪かあるいは釈明の電話を私にかけてくれたかい？」

「かけていないわ」

「それじゃ文脈を無視したことにならないじゃないか」と私は言った。[6]

コッチは正しかった。後悔するようなひどいことを言ったなら、直ちにあなたの発言の被害者に電話をし、謝罪することだ。その人がその言葉を確実に聞き、さらにあなたが謝罪をしないなら、その人にはあなたはそのとおりの意図の発言をしたと想定する権利がある。

ピューリッツァー賞受賞作家ブレット・スティーブンス[※9]はコラム「ホワイトハウスがあなたについて嘘をつくとき」の中で、ホワイトハウスの高級官僚が彼について語った有害かつ卑劣な嘘を列挙している[7]。その中で、その官僚が「スティーブンスが秘密のＣＩＡ職員の名を公然と明かした」とツイートした、という話が紹介されている。とりわけスティーブンスの激しい怒りを引き起こしたのは、真実ではない話が誤って流出してしまったことに端を発したこの一件で、それは事実ではないとスティーブンスが繰り返し政府高官に通知した後も、訂正されなかったことである。スティーブンスの議論を要約し、同様にコッチの発言をまとめるならば、あなたが間違いを犯した後にその訂正を拒むならば、それは間違いではなくなるということだ。意図された行為と見なされる。

人は、自分もしくは自分の愛する人に向けられたひどい言葉を、簡単に忘れられるものではない。あなたがこうした言葉を発したと非難を浴びたとき、和解への唯一の道は、それらの言葉が事実でないなら、私的にも公的にも力強く（そして直ちに）それらの言葉を否定することである。もし事実であるなら、同様のやり方で謝罪する必要がある。

※9　一九七三年〜。ジャーナリスト、編集者、政治コメンテーター。

告げ口（レヒルート）

ラション・ハラアと区別されるレヒルートは、他の人がある人について好ましくない話をしていたことを告げ口することである。

数年前、親友の一人であるメアリーがロバートとの婚約を発表したとき、メアリーの最愛の叔父が「メアリーはとても素敵な娘だが、ロバートは彼女よりもずっと洗練されて世知に長けている。彼が彼女に退屈してしまわないか心配だ」と言ったことを、彼女の妹が繰り返し語ったという。

幼少時に父親を失ったメアリーにとって、叔父の批判的な言葉は衝撃的であった。彼らの結婚式では、彼女は叔父のエスコートで回廊を歩くことを拒否した。数年を経た今、彼らのかつての温かい人間関係はほとんど消えかけていた。

偶然メアリーの妹に会った時、私はこの出来事について尋ねた。彼女は、あの発言は口を滑らせただけだった、と私に説明した。メアリーとおしゃべりをしているうちに、叔父が本当に考えていることを姉は知っておくべきだという思いが突然浮かんだのだ、という。

この妹の返答は、有害な論評をする人々がする正当化の見本のようなもので、理屈では議論の余地がないように思える。温かいと思っていた人が、自分のいないときに非常に手厳しいことを言うかどうか、私たちには知る権利がないのだろうか。しかし実際には、うわさ話が伝える「事実」の小さな断片は、しばしば全く誤った印象をもたらす。メアリーは叔父の発言を聞き、それは彼女に対する否定的な意見であると結論づけた。結局のところ、メアリーの妹には、叔父がメアリーについて言ったあらゆる称賛の言葉を繰り返し言う習慣がなかったのである。

この叔父の発言には思いやりがなかったかも知れないが、実際には私たちのほとんど全員が、心から愛する人を傷つける言葉を発している。私たちのうちどれほどの人が、親あるいは子、配偶者、友人がこれまでに言ったあらゆる発言を聞いて、心地よく思えるだろうか。偉大な十七世紀のフランス人哲学者ブレーズ・パスカルは、「誰であれ、人が自分について言っていることすべてを知ったなら、この世に四人の友人すら持てなくなると断言する」と記した。かつてマーク・トウェインが言ったとおりである。「最も深くあなたを傷つける者は、あなたの敵対者とあなたに協力してくれる友人だ。前者はあなたを中傷し、後者はあなたにその情報を伝える」

もちろん、そのような情報を伝えることが適切な場合もある。例えば、ある人が不誠実な発言をしたと別の人が言っているのをあなたが聞き、しかもそれが間違いであることが分かっている場合は、その発言について公然と異議を唱え、その風評を伝えた人に警告を発する必要がある。しかし、極端に有害な発言は例外である。総じて、好ましくない発言については、具体的で建設的な理由がない限り、伝えるべきではない。

ユダヤ倫理は、概して嘘をつくことを禁じている反面、「Aさんは、私のことを何と言っているのか？」と尋ねられた場合、真正直に答えなくてもいいとする。答えが悪意を呼び覚ます可能性が高いときは、あなたはAが述べた好ましくない言葉を省き、その問いを半分の真実でかわすことが許されている。タルムード自体が、神でさえこのように真実を曇らせることを引き合いに出している。三人の神のみ使いが九十九歳の族長アブラハムのもとを訪れ、一年以内に八十九歳の妻サラが子を産むと予告した時、そばで聞いていたサラは「心のうちで笑い、『私は萎えてもはや楽しみもなく、主人も年老いているのに』と言った」と聖書は記している。次の節で、神はアブラハムに「なぜサラは笑い、『年老いた私が本当に子供を産むのか』と言うのか」と記している（創世記一八・一二〜一三）。神は、「アブラハムが老い過ぎて彼女を懐妊させることができない」というサラの言及を省き、アブラハムが妻の言葉に激怒することを明らかに懸念している。この出来事から、ラビたちは、人間の感情が危機に瀕《ひん》しているとき、間違った印象を伝えかねないにしても、すべての真実を満たさずに語る（タルムードの言葉では「真実から逸脱する」）のは許される、と結論づけている。

うわさ話

『ワシントン・ポスト』のボブ・ウッドワード記者は、カール・バーンスタイン記者と共に、ジャーナリズムにおける前世紀最大スクープの一つ、ウォーターゲート事件の物語を執筆した。以来数十年を経て、ウッドワードは米国の最も卓越した調査記者と見なされてきた。従って、このような専門家は、倫理的根拠は言うまでもなく、法的根拠に照らして情報源を確認することの重要性を常に鋭く認識している、と読者は思うであろう。しかし、一九八九年にジョン・タワー上院議員[※10]が国防長官に指名された案件でメディアが色めき立っていた時、ウッドワードは『ポスト』紙の厳しい締め切りの下で記者活動をしており、タワーが軍の基地で公然と酒を飲んで女性二人を愛撫したのを目撃した、と退役した空軍軍曹が主張した報告を記事にした(8)。ウッドワードの記事によると、この軍曹は、タワーが一人の女性の胸を触り、もう一人の女性の尻を撫で回していたと証言した。続けてその記事は、タワーの娘の一人がそのようなみだらな行為の被害者になっていたら、彼は加害者を「レヴェンワース[※11]行き」にしたことだろう、と軍曹の語った話を引用した。それが示唆しているのは、彼がタワーを攻撃していたなら、当然の結果として刑務所送りにされたであろう、ということだった。

この退役空軍軍曹は、記事の中で唯一実名の目撃者だった。ウッドワードは、この事件に気づいていたとする他の「情報源」に言及していたが、それが誰なのかを決して明かさなかった。当然のことながら彼の記事は、タワー上院議員が閣僚の一員になるには道徳的にも感情的にも不適格だ、と結論づけるよう多くの読者を誘導していた。

ウッドワードの記事が出てから一日も経たないうちに、彼は自分の記事で報じた事件の「目撃者」が「反社会的、興奮症癖のある複合人格障碍《がい》[※12]者」という理由で、以前に空軍基地を解雇されていたこ

※10　一九二五〜一九九一年。上院議員を長く務めた軍事スペシャリスト。
※11　カンサス州レヴェンワースには、連邦刑務所や軍の刑務所がある。
※12　統合失調症と多重人格症とが複合する障碍。

とを知った。言い換えれば、ウッドワードの情報源の男性がひどい情緒不安定症であり、話を捏造《ねつぞう》したことが判明したのだ。

　この証拠を突きつけられたウッドワードは、「入手した情報を報じただけだ」と応答した。さらに彼はこう付け加えた。「この話の真偽を調べる時間がもっと欲しかったよ[9]」。しかし、正誤の判断の普遍的な規準は、自分が得た話を確認もせずに報告してはならない、事実と確認できる否定し難い根拠のある話だけを報告せよ、ということだ（政治分析の専門家ラリー・サバト[※13]が指摘するように、「まず『ワシントン・ポスト』紙は問題の記事と同じ一面で、同じ分量の訂正記事を出すべきだった[10]」）。

　タルムードは教えている。「あなたの妹が自分の性的パートナーとして禁じられているのと同じくらい明白な事実であると確信できたときに、はじめてそれを話せ[11]」。換言すれば、他人の評判を毀損《きそん》し得る言葉をまき散らす前に、弾《たま》の入った銃を握ったときと同じように慎重になれ、ということだ。

　これは分かりきったことであるはずだが、ジャーナリストに限らず、多くの人はうわさを伝えることが道徳的に許容されると考えている。嘘の話で被害を受けた人にとって、その結果は壊滅的なものになる可能性がある（これがウッドワードの常套手段だと言いたいわけではない）。非常に多くのうわさの内容が好ましくなく、嘘であることが珍しくないのは、格別に不幸なことである。「誰それさんは、本当に素晴らしい人じゃないか」といったことを最後に聞いたのは、いつのことだろうか。

　不用意にうわさを流すことは、さらにもう一つの黄金律に違反することになる。私たちが不快なうわさ話の対象になったとき、それをもみ消すことができるものなら、何であろうと必死に行なう。にもかかわらず、他の誰かがうわさ話の対象になったとき、多くの人はそれを広め、被害者の痛みに気づかかず、真実なのかどうかを知ることにすら無関心でいる。

他人についての悪意ある嘘をまき散らしたことがあるかと尋ねると、多くの人は「いいえ」と答えるだろう。確かに、そのようなことをしたことがないのかも知れない。しかし、あなたが好ましくないうわさ話を拡散し、それが事実でないと判明した場合、あなたは同じことをしたことになる。自分の言葉は事実だと思い込んでいたと弁明しても、評判を傷つけられた相手には慰めにもならない。

要するに、誰かを怪我させたり殺したりする意図をもって飲酒運転する人はほとんどいないということだ。しかし酒を飲んで運転すると、結果として誰かを殺傷する可能性が高くなる。あなたが他人についての意地悪いうわさを流すなら、遅かれ早かれ（恐らくいち早く）うわさの一部は嘘であることが判明し、人の評判を落とす悪意あるうわさをまき散らした罪を負うことになる。

数年前、私がビリーフネット・コムの倫理アドバイスの記事を書いていた際、私の友人である女性が電子メールを私に転送してきた。その内容は、アパレルメーカーの創始者トミー・ヒルフィガー[※14]がオプラ・ウィンフリー[※15]のテレビ番組にゲストとして出演した時のものだった。オプラはヒルフィガー

※13　一九五二年〜。政治学者、政治アナリスト、ヴァージニア大学政治学教授。
※14　一九五一年〜。ニューヨーク出身のファッションデザイナー。同名のブランドは日本にも展開している。
※15　一九五四年〜。アフリカ系アメリカ人俳優、テレビ番組の司会者、プロデューサー。

に、あなたは本当に次のようなことを言ったのかと尋ねた。「アフリカ系アメリカ人、ヒスパニック、アジア系の人が私の服を買うことを知っていたなら、私は彼らのためにそれほど洗練されたものを作らなかった。……こうした人たちに自分の服を買ってもらいたくはなかった。自分の服は白人の上流階級の人のために作ったのだから」と。ヒルフィガーは「言った」と答え、オプラは彼に番組から出て行くよう求めた、というものだった。そのメールは、ヒルフィガーが望むものを提供するために、彼の商品を何も買わないよう強く読者に促していた。

私にメールを転送してくれたその女性は、追伸として以下のことを書き加えていた。「より道徳的に行動するよう人々に促す人として、私はあなたにこのメールの内容を投稿してほしいと考えたのです。他の人が、私の友人や私のように振る舞い、トミー・ヒルフィガーの不買運動を始めるよう奨励したいのです」

もちろん、ヒルフィガーはそのような発言をしていないことが判明した。うわさ話を点検する前でさえ、それが事実ではないことを私が十分に確信できたのは、ヒルフィガーのようなビジネスマンがたとえ偏見の持ち主であったにせよ、自分のビジネスの不買運動を引き起こすようなことをテレビで言うのは想像できないからである。ビジネスマンなら、自分の商品を買う多くの人を遠ざけるようなことはせず、増やそうと望むものである。

私は友人に返信し、私が今までやってきたように、うわさ話の信憑性を検証するよう提案した。彼女はそのとおりに行ない、それが悪意のある嘘であることを速やかに知った。ヒルフィガーと彼の会社は、あらゆる民族から広告のモデルを採用しており、このうわさ話がネット上で流布していることに脅えた。トミー・ヒルフィガーは偏見の持ち主ではなかった。彼はそうした偏見の持ち主と思われるのを嫌った。

そのため、私は彼女に提案した。まず最初のステップとして、彼女は私に送ったメールの内容を他の人にも送っていたので、彼女が送信した人全員に連絡し、間違ったことを伝えてしまったと彼らに告げること。さらに、たちの悪いうわさ話を耳にしたならば、それを他人に伝える前に注意深く確認することを彼女に促した。

私たちは、人生のあらゆる場面に黄金律を適用しなければならない。誰かがあなたに関する悪いうわさ話を聞いた場合、話を広める前に、その人に注意深く確認してほしいとあなたはどれほど願うだろうか。その人が情報の確認をせずに伝えたなら、それもまた不誠実である。彼の、それが真実だと思ったという言い訳に、どれほど感銘できるだろうか。

一般原則として、うわさを伝えるに当たって倫理的に説得力のある理由がない限り（次章参照）、うわさへの最良の対処法は、聖書外典[※16]の助言に従うことである。「あなたがうわさを聞いたら、腹の中に留めよ。恐れるな、それがあなたを引き裂くことはない」（シラ書一九・一〇）

この助言に従うのはたやすいだろうか。いや、決して簡単ではない。私たちは皆「事情に詳しい」

※16　聖書の正典（旧約三十九巻、新約二十七巻）に加えられなかった聖書関係の文書を指す。

と思われ、他人がまだ聞いていない情報に接することができると思われるのを好む。しかし、あなたがまき散らす情報が他人に立ち入ってもらいたくないものであるなら、それは道徳的に間違っている。さらにそれが虚偽であり好ましくない話であるならば、最悪である。あなたが与えたダメージを元に戻すよう努めないなら、許されることはないだろう。

うわさの信憑性を確認できないが、それを共有する倫理的義務を感じた場合

場合によって、うわさを内密に伝えることは道徳的に許される。例えば、医師が患者に有害な治療を行なっているとうわさされる場合や、金融アドバイザーが顧客に多額の損金を出したとうわさされている場合である。しかし、事実が確認されていないことを確かなものとして提示するのは、依然として禁じられる。伝聞に過ぎない「事実」を発表するとき、あなたが引き起こす害は相手を途方に暮れさせ、取り返しのつかないものにするかも知れない。従って、他人の安全や幸福のためにうわさ話を伝えなければならないなら、それがうわさであり、さらなる調査が必要であることを明確にしなければならない。あなたは次のように言うべきだ。「私はこれが確かな事実であるかどうかは分からないが、誰それがかなり危険な投資を行なって顧客に多額の損金を出したと聞いた。彼に金を投資する前に、あなたはさらに踏み込んでこの点を調べるべきだと思う」

そのように言うことは、うわさの対象者をかなり傷つけることになり得るが、何も言わないならば

投資しようとしている人を傷つけることになるはずだ、と私は理解している。「両者の板挟みになる」という表現は、こうした状況にあてはまる。だから私は、事実として確信を得られるまで問題の当人と相互関係にある人だけに話し、その人についてのうわさは実際に真実であるかは分からない、と強調するのである。

中傷

倫理的な会話における最も由々《ゆゆ》しい違反は、ユダヤの律法がモッツィ・シェム・ラアと呼ぶ「他人に汚名を着せる」悪意のある嘘をまき散らすことである。『ＵＳＡトゥデイ』紙に掲載された次の話を考えてみよう。

警察は火曜日、九歳の少女が代用教員を性的虐待で不当に告発し、さらに買収された他の十人の子にも同じ事をさせたと発表した。四十三歳の教員（報道記事に名前が掲載されていたが、割愛する）は、警察がその陰謀を発見したため、無実が証明された。約四週間、フラー小学校の代用教員を務めたその男性は、初日に受け持ったクラスに手を焼き、生徒の一部を教員室に呼び出した。問題の首謀者の少女は、九名の女子と一名の男子それぞれに一ドルを渡し、その教員が彼らを愛撫した、と報告させたという。

イリノイ州クック郡の州選任弁護人は五月九日、被疑者の申し立てを受けた。翌日、調査官が十四人の子供に面談したところ、「その日のうちにすべての申し立てがでたらめだったことが判明した」と広報担当のアンディ・ノットは報告している。この教員は、この事件について「悪夢だ。多くの人が進んで私を責め、苦しめようとした」と語った[12]。

この話が特別に厄介《やっかい》なのは、十人の子供全員が少女による賄賂の提供を拒まなかったこと、あるいは彼女を告発しようとしなかったことである。彼らは皆、被害者に与えた損害について気づいていないように見える。その上、誰かの名前を傷つけるのは、一種の殺人行為である（前述のように、このような行為は「名誉毀損」と表現される[13]）。

しかし言うまでもなく、他人を傷つけることを意図した残虐で卑劣な話は、子供だけのことではない。同様のことを行なう大人には事欠かない。さらに他人に大きな傷を負わせる能力は、現代のインターネット時代において拡大の一途を辿っている。うわさをごく少数の人に広めただけでも、犠牲者は大きな精神的ダメージに苦しめられるが、人はインターネットで有害な虚偽を広め、何万、何百万もの人に瞬時に届けることができる。生涯ジャーナリストであり、言論の自由と公民権活動家のジョン・シーゲンソーラー・シニア[※17]の場合もそうだった。シーゲンソーラーは、一九六〇年代初頭にロバート・ケネディ司法長官のオフィスに勤務し、ケネディとは近しい関係だったため、彼の葬儀で棺を担いだ一人となった。ダニエル・ソロブ[※18]は著書『プライバシーの新理論――概念と法の再考』の中で、多くの人はウィキペディアに自分の名前があることを光栄に思うだろうが、シーゲンソーラーは自分のウィキペディアの略歴に以下の紛れもない嘘が含まれているのを発見し、衝撃を受けたという。「ジョン・シーゲンソーラー・シニアは、一九六〇年代初頭にロバート・ケネディ司法長官の補佐官だった（原文ママ）。しばらくの間、彼はジョンと彼の弟ボビー両者の暗殺に直接関与していたと思われていた。これまでに何も証明されていない」

シーゲンソーラーは、『USAトゥデイ』紙に彼の体験した恐怖を寄稿した。ウィキペディアと同じ「中傷文面」が、レファレンス・コムとアンサーズ・コムの中にも存在するのを知り、恐怖がより拡大したのである。ベル・サウス・インターネットという通信会社がこのウィキペディア記事を書いた人物のサービス・プロバイダーであることを知った時、彼はその会社に連絡して記事を修正するための支援を求めた。ベル・サウス側はその人物を把握していたが、裁判所から命じられない限り、応じることはできないと彼に告げた。裁判所命令を得るのは過分な訴訟費用の伴うことだったので、シーゲンソーラーは非常に心を取り乱したが、この問題をそれ以上追及しなかった（私は、ウィキペディアは総じて信頼性が高いと思っており、しばしば調べものにも使用しているが、記事の筆者が分からず、それを追跡するのは一般読者には極めて困難であるのも事実だ）。

※17　一九二七〜二〇一四年。ジャーナリスト、作家、政治活動家。
※18　一九七二年〜。プライバシー問題の専門家。ジョージ・ワシントン大学法学教授。

この記事が投稿されて四カ月以上経ち、ウィキペディアは最終的にその中傷的な非難記事を削除した。さらにひどい不当な記事を書いてシーゲンソーラーを激怒させた別の人間がいて、そのＩＰアドレスは追跡することができた。その男はこの記事を、ある同僚を怒らせる悪ふざけとして投稿したことが分かった。彼はシーゲンソーラーに謝罪した。

シーゲンソーラーは、１章冒頭の訓話に子供時代から馴染みがあった。羽毛の枕を切り刻み、その羽毛を風で飛ばしてからそれを回収するよう言われ、悔い改めた中傷者の話だ。シーゲンソーラーは苦々しげに、「人について卑劣なことをまき散らす場合こそ、まさにこの教えそのものだ」とコメントした。中傷は完全には元に戻すことはできない。シーゲンソーラーがケネディ家の暗殺に何らかの関与があったと思う人は、今に至るまで相当数いると思われる[14]。

インターネット時代の到来と、それに伴う匿名性の中で、モッツィ・シェム・ラア（人に関する嘘をまき散らすこと）の可能性は、これまでよりもはるかに大きくなっている。

個人と人間集団の双方に関する嘘の拡散には、長く恐ろしい歴史がある。大量虐殺の結果を招きかねなかった大々的な中傷の、聖書で最も有名な例はエステル記の中にある。ペルシア王クセルクセス[※19]の顧問であったハマンは、ユダヤ人が王の掟に従うことを拒絶していると悪意に満ちた嘘をつく。多くの嘘がそうであるように、ハマンの嘘は説得力があり、王はすぐにペルシアと帝国の百二十七州に住むすべてのユダヤ人を殺す権限を彼に与えた（エステル記三・九～一五）。

幸いにも、（王妃エステルの機転により）ハマンの嘘は見抜かれ、彼の殺意に満ちた作戦は頓挫した。

しかしあまりにも頻繁に、中傷者の舌によって犠牲者の命が奪われてきた。十四世紀、ヨーロッパを荒廃させた黒死病が流行した時代、反ユダヤ主義者やスケープゴートを探すその他の人たちは、ユダヤ人が井戸に毒を撒いたために疫病が起きたといううわさを流した。数カ月も経たないうちに、激昂《げきこう》した暴徒が何万ものユダヤ人を殺害した。十九世紀から二十世紀にかけて、同じように偏見に満ちたうわさを広めた偏狭者が、南部で無辜《むこ》のアフリカ系アメリカ人へのリンチ殺人を多数引き起こした。

文学が悪意ある嘘をまき散らす人間をテーマにするのは、よく知られている。たとえば、シェイクスピアの三十八の戯曲の一つがそうである。中でも『オセロ』のイアーゴ以上の悪人はいない。ほぼ言葉だけで悪事を実行したからである。

この戯曲の冒頭でイアーゴは、自分を飛び越えて昇進したムーア人の将軍オセロを殺すと誓う。嫉妬深いオセロの性格を見抜いたイアーゴは、オセロの新妻デズデモーナが別の男と密通していると彼に思わせる。この告発は荒唐無稽に思えたが、イアーゴは何度も何度も告発を繰り返し、デズデモーナの信頼性を損なうのに必要な状況証拠を取りそろえた。やがて、オセロは彼の話を信じるようになる。遂に彼は最愛の妻を殺《あや》め、ほぼ時を同じくしてイアーゴの言葉が偽りだったことを知る。オセロにとって「地獄」とは、長く言及されてきたとおり、「遅きに失する真実」であった。

※19　アケメネス朝のペルシア王（紀元前四八六〜四六五年在位）のギリシア語表記。ヘブライ語原文では「アハシュヴェロシュ」。

同じように、人を破滅させる舌の持ち主は、リリアン・ヘルマン[※20]が書いた戯曲『子供の時間』[※21]に登場する十二歳の主人公メアリー・ティルフォードである。メアリーは早熟だがたちの悪い女学校の生徒で、二人いた女性校長の一人にお仕置きされた。別の不正行為の発覚を恐れたメアリーは、「二人の校長はレスビアンの恋人同士だ」と物議を醸《かも》し出す「真相」を祖母ティルフォード夫人に打ち明ける。数時間も経たないうちに、祖母は保護者全員にこの「事実」についての注意を喚起して不安を煽《あお》り、親は子供たちを退学させる事態となった。

数週間後、このうわさは最終的に虚偽であることが証明されたが、すでに学校は閉鎖に追い込まれ、女性校長の一人は自殺し、もう一人はうわさが事実無根であることを彼女の婚約者に完全に信じてもらえず、婚約を破棄されてしまう。

起きてしまった出来事について、少女の祖母は深い良心の呵責に苦しむ。普段から道徳的な人間である彼女は、二人の女性の人生を破壊してしまう前に、話の信憑性を確証する十分な努力を怠ったことを悟る。この舞台劇の結びの場面で、祖母は残された校長宅を訪ね、償いになることを何でもすると申し出る。言うまでもなく、今となっては空しい悔恨の言葉を口にする以外にやれることは何もなかった。[15]

かつて、イギリスの哲学者バートランド・ラッセルはこう記した。「他人の秘めた美徳のうわさ話を流す者は誰もいない」。私たちの多くの人間が他人について最も興味を持つのは、人格的欠点や個人的なスキャンダルである。従って、ある人への敬意を損ねるような情報または意見をあなたが別の人から聞いたとき、それを拡散する前に次の三つを自問することだ。
それは本当の話か？
本当だったとしても、それは公正な話か？
そしてそれは必要な話か？⑯

※20　一九〇五〜一九八四年。アメリカを代表する女流劇作家。
※21　一九三四年に発表、一九六一年に映画化された。映画はオードリー・ペップバーンとシャーリー・マクレーンの主演で、翌年には日本でも公開された（邦題『噂の二人』）。

3章　うわさ話の魅力

未来では、世界中の動物が一丸となって蛇と対決する。動物たちは蛇に問う。「ライオンはそっと跡をつけて獲物を平らげる。狼は他の動物たちを引き裂いて食べる。しかし、お前は人間に毒を入れて殺して、何が楽しいのかい？」。すると蛇はこう答えた。「他人を侮辱し、時には破壊する悪質なうわさを流す人間は、何が楽しいのかい？」

――バビロニア・タルムード、タアニート八a

総じて、不正行為の根本的な理由は私欲である。横領者は手っ取り早く金を作りたがる。犯罪の被告人は罰を受けまいとアリバイを捏造《ねつぞう》する。泥棒が他人の家に押し入るのは、人の持ち物を欲しがるからである。しかし、悪いうわさを流す者は、人の評判を傷つけて何を手に入れるのだろうか。

本章冒頭のタルムードの寓話が記されたおよそ千五百年後、ウィリアム・シェイクスピアは中傷者の行動について同じような困惑を伝えた。(1)

「財布なんぞつまらぬものを盗まれたってどうということもありゃしない。……ところで、評判をくすねる奴は何の得にもならぬものを私からくすねて、私をほんとうの一文なしにさせる」

(『オセロ』第三幕第三場、一六一～一六五行)

悪いうわさを流すのに気高い動機は無用

シェイクスピアの主張には議論の余地がないように思える。中傷によって評判を奪われた人は、確かに困窮する。一方、中傷者は何も得るものがないように思える。それとも、得るものがあるのだろうか。

実際、悪いうわさを流すことで得る恩恵は、無形のものであるが、それらは有形の恩恵に引けを取らない[2]。無分別のうわさを振りまく最大の理由は、他人の社会的地位を低めて自分の地位を高めることにある。他の人の社会的地位の低下を見ることに、たまらない心理的満足感を覚える。

うわさを流す動機はとても利己的で、それを進んで認める人間はほとんどいない。むしろ私たちは生来的に他人の私的な詳細にとても興味を持っているため、他の人に(そして恐らく自分自身にも)私たちはもっぱら悪いうわさを流す特性があることを信じてもらいたいのである。そうだとしても、うわさ話の対象が、必ずと言っていいほど社会的に同等あるいは自分以上の人間に限られるのはなぜだろうか。人は清掃員や庭師の私生活を事細かに語ったりしない。自分自身の気を晴らす唯一のうわさ話は、ライバルや社会的に同等の立場、もしくは自分以上の立場にいる人たちについて、世間の評価を貶《おとし》める類いのものである。

今から数十年前、英国のチャルーズ皇太子とダイアナ妃の不幸な結婚に対して大衆が示した度外れな興奮ぶりを目の当たりにしながら、初めてこの思いが頭に浮んだことを思い出す。一九九二年のある時点において、『ニューヨーク・タイムズ』紙のベストセラー十五冊のうち、チャールズとダイアナの明らかに不幸な結婚を事細かに説明するものが三冊もあった。ある心理レベルにおいて、この心惹かれる魅力は、英王室の人間の醜聞を眺めて彼らの「鼻をへし折る」という、残酷な喜びを反映していた。こんなことがあってはならないと舌打ちをするものの、確たる王位継承者と彼の美貌の妻が気の毒なほど不幸な結婚生活を送っているらしいことを知り、満足しているのである。(3)「金持ちと有名人の不幸」を事細かに際限なく知ることは、多くの人が自分たちの生活のほうがましだという感覚を与えてくれたようだ。

また多くの人は、道徳的に正しい生活を送るようにと私たちに説教を垂れる人たちが名誉を失墜する様子を見て、強い快感を覚える。そんなわけで、聖職者がスキャンダルで捕まったなどというさ、とりわけ性的スキャンダルに関与したという話を聞くと、下品かつ執拗なうわさ話の話題に仲間入りしてることに気づく。うわさ話を振りまくことは、自分に対する強い道徳的プレッシャーを和らげる。というのも、道徳的な要求をしている人が、自分も守れないような要求をしていることを示すことになれば、自分たちに道義的責任がないと思えるからである。

サミュエル・ウォーレン[※1]と後の最高裁判事ルイス・ブランダイス[※2]は、『ハーバード法学レビュー』誌の「プライバシーに対する権利」という先駆的論文で、下品なうわさの誘惑的な要素を指摘した。その論文は、「隣人の不幸や脆《もろ》さから全く目を背けることのできない人間性の弱い側面」を訴えている[(4)]。「弱い」という言葉は、容易に「悪意のある」という言葉に言い換えることができるはずである。私たちは高尚な人格特性を有してはいるが、他人の苦境に関するとっておきのニュースを交換し合う動機に、高尚なものはほとんど見当たらないと言っていい。

うわさの心理的温床は、情報通というステータス

自分の存在感を高めるもう一つの方法は、他人の内部情報を受け売りすることである。これにより「諸事情に詳しい」と思われるようになる。サミュエル・ジョンソン博士[※3]が、「秘密を託されていると いう虚栄心は、総じてそれを暴露することにこの上ない醍醐味がある」と三世紀前に看破したとおり

※1　一八五二〜一九一〇年。ボストンの弁護士。ブランダイスと有名な法律事務所を創設した。
※2　一八五六〜一九四一年。チェコ系ユダヤ人、アメリカの法律家。公正で人望の篤い最高裁判事として名高い。
※3　一七〇九〜一七八四年。英国の文筆家、文学クラブの創立者、人文主義者のモデル。

である。

ジョンソン博士の至言は誇張されているだろうか。そう考えるにせよ、次の筋書きを考えてみてほしい。米国大統領が側近としてあなたを選ぶとする。大統領は定期的に、時に日に数回、心の奥底にある思いをあなたと共有し、考えをぶつけ合う。もしくはあなたに助言を求める。あなたとの関係に付帯する唯一の条件は、大統領が話したことを誰にも絶対に口外しないことである。大統領もまた、任期中も退任後も、自分があなたの考えを知っていることやこれまであなたに打ち明けてきた話を決して口外しない、というものだ。

多くの者にとって、今から未来永劫、誰にもそのことを語ることができないなら、大統領と接することのできる満足感と喜びは、ほとんど消え失せてしまうのではないかと思う。うわさを流す最大の動機は、自分が重要人物と顔見知りで、重要な情報を握っていることを他人に自慢することである。それによって、その特権を持つ者も重要な存在でいられるのだ。

うわさを流す人の動機

このうわさ話の動機は、幼少期や思春期においてすでに明白に見ることができる。デボラ・タネン[※4]は自著『わかり合えない理由――男と女が傷つけあわないための口のきき方10章』の中で、十代の少女は少年よりも友達の秘密を漏らす可能性が高い、という文化人類学的・社会学的な研究の結論に言及している。なぜだろうか。タネンの解説によると、思春期の少年の間では、仲間内の地位を築く上で重要なのは運動神経の良さであり、さらに腕力や論戦で相手を打ち負かす力のある者が重要視される傾向がある。少女の間では「仲間内」の一員であることが、より密接に関係している。「女子は高い地位にいる女子、すなわちチアリーダー、美人、男子に人気のある子などと友達であることが重要視される。高い地位の女子と友達であることが自分自身の地位を得る道であるなら、自分が人気のある女子の友人であることを他人にどう証明するだろうか。その方法の一つは、その女の子の秘密を知っていることを示すことである。なぜなら、秘密を打ち明けられるのは友情があるからという文脈が存在するからである[5]」

つまり、自分の魅力や人気に自信が持てない女の子は、グループ内の人気のある子の秘密を暴露することで自分の存在感を高めることができても、彼女はまさにその行動によって、自分が友人になれる資質がないことを証している。

言うまでもなく、これは決して十代だけの問題ではない。誰も知らない興味深いうわさ話を知っていると重要視されるという感覚は、広く受け入れられているように思われる。有名なハーバードの法学教授アラン・ダーショウィッツは、自著『ユダヤ人の世紀――フツパ・成功に隠された屈辱の歴史』の中で、典型的と言えるうわさ好きの話を紹介している。

※4　一九二五年〜。ジョージタウン大学言語学教授、作家。

母はキャッツキル山地[※5]のユダヤ系ホテルで休暇を取っていて、うわさ話に花を咲かせている年配の婦人たちに囲まれて座っていた。その中の一人は母の名を知っていたが、彼女が私の母であることに気づかず別人のダーショウィッツであると思い、ハーバード大学教授のダーショウィッツについての論議を始めた。「ダーショウィッツ教授はあんなに素敵な男性なのに、どうしてユダヤ人ではない女と駆け落ちして結婚しなければならなかったのかしらね？　ヘンリー・キッシンジャーやテッド・コッペル[※6]は皆頭が良く成功を収めているのに、どうしてなのかしら？」

知らないふりをしていた私の母は、知ったかぶりのその婦人をからかい半分に尋ねた。「ダーショウィッツがユダヤ人ではない女性と結婚したのを、どうしてご存知なのですか？」

知ったかぶり婦人は、「私の息子の従兄弟《いとこ》が彼の親友なんですよ。あの人たちが結婚式を挙げた教会にいたのですからね」と言った。

母は応じた。「そうですか。私は彼がユダヤ人女性と結婚したと聞きましたよ」

わけ知り婦人は母にこう言い切る。「そうですか、あなたの聞き違いではありませんか」

「それは彼の家族が気分を害する話ですよ。あなたは彼らを非難できるんですか？」

会話がここに至って母は我慢ができなくなった。「アラン・ダーショウィッツは私の息子です。私は息子がキャロライン・コーエンと結婚したユダヤ教会堂《シナゴーグ》におりました。花嫁の父親はモルデカイ、母親は流暢なイディッシュ語[※7]を話します。あなたがそんなお話をなさるのは、どういうわけですか？」

わけ知り婦人は明らかに安堵した様子で、「そうでしたか。あの話が本当でなくて、なんて嬉しいこと！」と言い、さらに一言こう付け加えた。「ヘンリー・キッシンジャーはどうなのかしら？彼の奥さんもユダヤ人かしら？」[(6)※8]

作り話のうわさを流す人とは

この馬鹿げた事例のように（無かった教会の結婚式に従兄弟が出席した話をでっち上げることなど想像できるだろうか）、ボストン・ノースイースタン大学社会学教授ジャック・レヴィンとアーノルド・アルルークは、うわさ話の研究で、うわさには作り話が珍しくはないことを図らずも発見した。レヴィンとアルルークは、うわさ話がどれほど迅速に学生の間に広まるかを実験しようと、ノースイースタン学生組合ビルの前で挙行される結婚式を告知するチラシを数百枚印刷した。チラシにはこう記さ

※5　ニューヨーク州東南部の山地で、ユダヤ人の高級別荘も多いリゾート地。
※6　一九四〇年〜。アメリカ人ジャーナリスト、ニュース番組のアンカーマン。
※7　中部ドイツ語にヘブライ語を加えた言語で、主に東欧系ユダヤ人によって用いられた。
※8　キッシンジャーの妻は非ユダヤ教徒なので、わけ知り夫人の皮肉な表現である。

れていた。「六月六日午後三時半、ロバート・ゴールドバーグとメアリー・アン・オブライエンの結婚式に是非ともご参列ください」。二人の研究者は、結婚式があるとされた日の翌日の六月七日にチラシを配布した。学内掲示板にチラシを画鋲《がびょう》で留め、校内の各クラスに山積みにした。ロバート・ゴールドバーグとメアリー・アン・オブライエンは、いずれも架空の人物だった。[※9]

一週間後、この結婚式について「聞いた」ことがあるかを調査すると、五二%が聞いていたことが分かった。「さらに驚くべきことに」と彼らは記している。「一二%の学生が、結婚式に参列したと答えたのだ！　これらの学生は、六月六日に式場にいたと言った。彼らの多くは、花嫁が『純白のウェディング・ドレス』を着ていて、この新婚夫婦をハネムーンの目的地に運んだのは『黒のリムジン』だったと述べた[(7)]」

学生たちの返答がとても奇妙に思えたので、二人の社会学者は同じ時間帯に学内結婚式があったかどうかを調べたが、結婚式はなかった。学内の「一大イベントの特ダネ」を握っている人間と思われたかった一二%の学生は、進んで完璧な嘘《うそ》をついた。重要な人間と思われたい欲求は、痛ましいほどに不正なやり方で理性的人間に行動を起こさせる。

とどのつまり、小細工をしてまで自分の立場を良くしようとするのはどれほど空しいことだろうか。他の人があなたの業績によってあなたを高く評価してくれるとき、どれほど満足できることだろう。

さらに、他人の悪口を流す三つ目の論拠――これが最も重大であるかも知れない――は、自分を不当に扱う人間に仕返しを求めることである。小心すぎて相手に面と向かって立ち向かうことのできない場合で、この小心さこそが多くのうわさ話の本質である。この衝動を抱くことは、自然なことかも知れない。感情を害する相手に直接文句をつければ、相手が反発して再び傷つけられる危険性があるからである。自分の抱いている不快の種や感情を害する人についての気持ちを他者が共有してくれれば、怒りを正当化することができ、容易に慰めを見出だすことができるのである。

通常、このタイプのうわさ話は、格別に不公正なものである。なぜなら、自分の怒りを他者と共有したいがために、自分への悪口を正確に表現しないことが多いからだ。きちんと表現したところで、自分の不満がとてもひどいと思ってもらえないどころか、もめ事の責任の一端は他でもない自分にあるとさえ思われてしまうかも知れない。従って、実際に言われたこと以上に侮辱的なことを言われたとか、真相以上のはるかにひどい無神経ぶり、もしくは侮辱的な態度で行動されたと誇張して説明する（多くの人は自分を傷つけた人にひどい動機づけをさせる達人である）。私たち自身が十分に自覚していないかも知れないこの誇張は、自分の怒りの正当性を確認し、共有してくれるよう他人を刺激することが狙いである。

「その場しのぎ」のこの解決法は、どれほど実りある結果をもたらすのであろうか。問題が生じると

※9　いずれも架空の名であるが、ロバート・ゴールドバーグは家名からユダヤ系、メアリー・アン・オブライエンはアイルランド系（カトリック）と想像できる。珍しいカップルであることが、アメリカ社会では容易に分かる名前である。

き、争いは不可避だと思える一方で、多くの場合、その後すぐに極めて馬鹿げたことだったり些細《ささい》なことであると判明する。自分の怒りを多くの人に知らせてしまうと、敵対する相手に卑劣であるというレッテルを貼ってしまい、後であまりにも気まずくなって仲直りができないことに気づく。かつて私は、若い女性が次のように言ったことを聞いたことがある。「ボーイフレンドと喧嘩をした場合、私は彼のことで両親に文句を言うことはない。たとえ私が彼を赦したとしても、母は決して赦さないだろうから」。これらはすべて、怒ったときには慎重になったほうがいいと示唆する理由である。

さらに、敵対する者が私たちの話を聞くと、以前にもまして敵対的になるかもしれない。彼は仲直りに抵抗するだけでなく、もめ事についての自分の弁明をまき散らし始める。こちら側は、確実に英雄的な被害者とは言えない立場となる。こうして、言い合いは傷つけ合いの連鎖を始める。

怒りの抑制に関する私の助言

私からの助言は、とりわけ問題が些細なことであれば、自分の胸に怒りを収めておくことだ。放っておけば、そのうち消えるかも知れない。もっと良いことは、自分を傷つける相手に話をつけることである（そうする前に問題をもっと広い視点で見つめられるように数日間、怒りの応答をしないのが賢明だろう）。敵対者がひどい人間ではないことを想定できれば（今まで多少なりとも友好的であったなら、敵対的な反応が起こる可能性は低いので）、あなたが相手に「あなたは〜と言ったり〜したりして、私を傷つけた」とか「私は君が～するのを不公平であると思っている」と直接告げてもいいだろう。このことで実際、謝罪や和解に至れるかもしれない。皮肉ながら、時に自分が怒っている相手に立ち向かわないのは、怒りの独善的な楽しみを奪われまいと相手の説明を聞きたがらないからである。

言うまでもなく、あなたを怒らせた相手に立ち向かうことが、常に可能であるわけではない。例えば、不公平な上司に立ち向かうなら失職の危険を犯すことになるかも知れない。親族間の衝突は緊張拡大を招き、あるいは取り返しのつかない亀裂を引き起こしかねない。こうした場合、そのいざこざを煽《あお》り立てず落ち着くよう助言をしてくれる親友を選べば、自分の怒りを他の誰かに吐き出すことは有益であるかもしれない（どんなことであれ、感じていることを気がねなくセラピストに話すことの重要性については一二三頁を参照）。しかし、うわさ話に多くの時間をかけることは不和に油を注ぐだけであり、和解の機会を削いでしまう（あなたが聞き手である場合、傷ついた相手の怒りを煽るのではなく、相手の心が静まるように努めるべきである）。

倫理的に話すよう意識的に努力することは、私たちがより感情的かつ直接的に責任を担う一助となり、些細な論争を大勢の人間に広めずに済む。むしろ、自分をひどい目にあわせたと感じる相手に、直接対峙することを学ぶだろう。そして無力な被害者にならず、自分自身の利益を守れる人間と自らを見なすことができるようになる。倫理的に話すことを引き受けることで得られるこの利点は、決して小さなものではない。

うわさ話をするつもりなら、知っておきたい指針

本章では、他人の悪口を言う理由をいくつか述べてきた。最後に、すべてのうわさ話が人を害する願望に動機づけられているわけではないことを指摘しておく。人間の行動は興味深い。興味をそそるものが何であれ、総じて人と分かち合いたいという欲求がある。倫理的に話すことについて、ユダヤ律法の源泉であるタルムードでさえ、事実上すべての人が少なくとも一日に一度、これらの律法を犯していることを認めている(8)。

他人の「好ましくない真相」について、話すことを控えるのは難しい。これが常に不可能だと考えれば、どうすればいいだろうか。

まず、うわさ話をする相手の数(さらにそのような話に費やす時間)を厳しく制限したらどうだろうか。あなたやあなたのパートナーが、共通の友人について、非日常的な好ましくない話を知った場合、恐らくそれをパートナーと共有し、さらに一、二名の親友に話すことだろう。しかし、話をそこで止めるよう注意すべきだ。

そうしたところで、あなたの親友たちも彼らの親友たちとその情報を共有するかも知れないので、これは理想的な解決策ではない。

しかし、随筆家でありトーク番組の司会者でもある私の友人デニス・プレガー※10はこう論じている。

他人について、ありとあらゆる悪い情報・意見を人に伝えることを禁じるのは、非現実的であるばかりか望ましいことではない、と。デニスはかつて私に、私たちの共通の友人が問題だらけの結婚生活を送っていることについて、会話の文脈の中でこう尋ねた。「誰かを気遣い、彼らについては決して話をしないなどと、どうして言えるのか?」。彼はさらにこう主張した。「パートナーと他人のことを一度も話したことがないなら、恐らく親密な仲とは言えないだろう」

私の知人女性の夫は、彼女に他人についての話をほとんどしたことがないという。遂に彼女は少々憤慨しつつ、こう彼に言った。「原子炉の危険性だとか最近の市長の活動といったことをいつも話題にしている私たちって、いったい何なのかしら?」。総じて、親しい者同士は身近な人について互いに話すものである。

そこで提案がある。うわさ話をする場合（ごく少数の人と）、他人のことを公平に話せる方法を身につけることだ。それは、あなたについて、たとえ事実だとしても褒《ほ》められないようなことが話題に上るとき、その人たちに思いやりをもって公平に話してほしいとあなたが望むことだからである。

※10　一九四八年〜。ユダヤ思想家、作家、ラジオのトーク番組の司会者。

4章　他人に関する侮辱的または有害な情報を暴露するのは適切か

隣人の血が流されているのを、あなたは傍観しないように。

――レビ記一九・一六

悪い事実情報の開示の前提とは

ユダヤの律法は、他人に関する侮辱的または有害な情報を広めることは流血行為と同等に見なし、常に間違いと断定するわけではないが（例えば、自衛のための殺人は許される）、通常は悪い行為と見なしている。

「好ましくない真相」を伝えることが許される一つの具体例は、ビジネス上の照会を求められた場合である。許される話、禁じられる話の律法について卓越した権威である東欧ユダヤ教の賢者ハフェツ・ハイーム（一八三八～一九三三年）は、次のように教えている。「例えば、誰かがある人物を仕事で雇うか、もしくは共同経営のパートナーにするなどして自分の仕事に加えたい場合、……その人物について他の人から聞き取り調査をすることは許される。……自身の損失をできる限り防ぐために。そして、評価を下げるような情報を明らかにすることも許される。なぜならその意図は、その人物を傷つけることではなく、自分の仲間を潜在的な危害から守ることにあるからだ」[1]。同様に、ユダヤの律法は、不誠実または無能であるといったことを知っている雇用候補者について、あなたに意見を求められた場合、所見を正直に話すよう強く主張している。

好ましくない情報の開示が許されるもう一つの例は、Aの交際相手Bについて、あなたがBがAには不適当だという情報を知っている場合、あるいはAが権利を持つ情報が明るみに出ていないことを知っている場合、Aへの情報開示は許される。

プライバシーに関するユダヤ的視座の重要な要旨を説明する上で、ユダヤの法学者ラビ・アルフレッド・S・コーエンは、ある若い男性Aの友人Bが、Aの隣人女性Cと真面目に交際していたことについて語っている。Aは友人Bが健康問題を抱えていることを知っていたが、隣人女性Cとの会話から彼女が交際相手の健康状況について気づいていないと理解した。Aはこの事実を彼女に明かすべきかどうか、あるいはこの情報開示がうわさ話を禁じるユダヤ律法を犯すことになるのかどうか、ラビ・コーエンに尋ねた[2]。

ラビが裁定したのは、女性が彼と結婚を決断する前に、ボーイフレンドの健康状態を知る権利があるので、この情報を女性に伝えるようユダヤ律法はAに義務づけている、というものだった。しかしラビ・コーエンは、そうした情報をいつ伝えるかに関しての明確な道徳律や法的指針はない、と指摘した。Ｂの付き合う女性全員にＡが彼の病気について触れ歩くなら、Ｂの社会的生命は（彼らの友情と同様に）台無しになるだろう。他方、ＣがＢについて多くのプラス面を知った後にその情報を得たならば、彼女自身が病気の重要性を判断する上で、はるかに良い立場に立てるであろう。

道徳的に最善の方法は、Ａが友人Ｂに、自分からパートナーに知らせる道徳的義務があることを伝えることである。そうでなければ、ＡはそのことをＣに伝える責任を感じる。重要な情報が恋愛関係にある相手に伝わっていない場合、そしてその関係が明らかに真面目な場合に限り、別の人が情報をパートナーに伝えるべきである[3]。その人物が前の結婚で不誠実であったこと、短気な性格であること、または言葉の暴力や身体的な暴力を振るうのを知っていた場合も、同じ助言が適用されるべきだろう。配偶者になろうとする者は、こうした情報を知る権利がある。

好ましくない情報を伝えることが許される場合でさえ、関連性のある情報だけが開示されなければならない。例えば、誰かが某氏について適切なビジネス・パートナーにするかどうかを照会しているなら、某氏が前のパートナーをだましたとか、前の仕事で毎日午前十一時に出社し午後三時には帰宅していた、と伝えることは構わない。むしろ伝えるべきである。しかしながら、某氏の結婚に関わる話がいかに興味を惹くものであっても、不当な醜聞を掘り返すべきではない。

悪い情報を開示するとき、知っていることを正確に話すべきだが、それ以上のことを話すべきではない。大げさに言うなら、それは中傷罪に問われるからだ。

また、気まずい情報や好ましくない情報を、それを必要とする人以外の誰にも広めるべきではない。道徳的な人でさえ、しばしばこの原則を犯してしまう。それを聞いた誰かが今後必要とするかも知れないと主張し、多くの人に好ましくない情報をまき散らすのを正当化しようとする人もいる。例えば、話を聞いた人の中には、いつかその人と交際するかも知れないから、結婚の破綻理由を誰もが知る必要がある、といった具合に。

時に、好ましくない情報を多くの人と共有するのが道徳的に適切な場合がある。例えば、ある政治家が私的利益のために公的職権を濫用したり、医者が患者に有害な治療を施したり、雇用主が従業員に性的な嫌がらせをしたりする場合である。このような場合、不誠実な政治家には投票したくない、あるいは不謹慎な医者は回避したい、あるいは虐待的な上司の下で働くのを避けたいと思う多くの人々は、こうした情報を必要とするだろう。

好ましくない情報をまき散らすには、以下の原則的指針に従うことである。情報の受け取り手である彼または彼女が、これらの事実を所有しなければ「明確に現存する危機」に苦しむかどうかがポイントである（もちろん、命を脅かすほどの危機である必要はない）。

2章に記されているように、伝える情報の精度が不確かならば、あなたはそのことを伝える必要がある。あなたが聞いたこと（それが信用できるかも知れないと思う理由を含む）なのか、もしくは疑わしいことなのか、説明する必要がある。後者の場合、その疑問点を説明し、あなたの推論に他の人が査定を加えるチャンスを与える必要がある（聞き手は推論に説得力を欠く根拠を見つけるかも知れないが)。簡潔な指針は、「話が事実であると誓う覚悟がないなら、確実な話として提示してはいけない」ということだ。

秘密は破られて当然なのか

聖職者や精神科医に打ち明けた心の奥の暗い秘密については、どうなのだろうか。それらを明かすことに適切な場合などあるのだろうか。世界の倫理規範、また異なる宗教のそれは様々である。

生徒が非合法の薬物を使用していることを知った、学校の心理相談員について考えてみよう。心理相談員は生徒の親に知らせるべきだろうか。長年、私は多数の講演会でこの問いを提起してきたが、概して、聴講者の大半が生徒の親に情報は開示されるべきだと感じていることに気づいた。彼らは私がラビであるのを知っているので、ユダヤの律法はどう裁定すると思うかを聴衆に問うと、大多数は「親に開示されるべき」と確信を持って表明する。

実際のところ、ユダヤ律法はそれとは逆の見方をする可能性が高い。ラビ・アルフレッド・コーエンが論じているように、親を巻き込むことは究極的に子供のためになると証明できるかも知れないが、この情報の開示は、「他の生徒が心理相談員に心配事を打ち明けることを事実上止めさせてしまい、そのことで全く対応措置が取れなくなってしまう。心理相談員が相談内容を口外しないという信頼が揺らげば、総じて心理相談員を利用しなくなるだろう。本質的な問いは、心理相談員は社会全体に利益をもたらすのか、ということである。秘密を明かすことは、この専門職の業務を危うくするのではないか。個人的な問題を抱えた人に手を差し伸べてくれる人がいなくなったら、社会にとっての最終的な結果は、どのようなことになるだろうか[4]」

これは、個人の善が社会の善と衝突するときに生じる道徳上の困難さについての、申し分のない一例である。この具体例における社会のより大きな善は、一個人の善以上のさらに高い価値をもたらすことにある、とラビは提唱している。

他方、心理相談員が「少年が生き抜けるかどうかは、親が確かな情報を知るか否かにかかっている」と確信できる十分な根拠がある場合（深刻に自殺を考える子供の事例のように）、倫理は命を守るために異なる裁定を指示するだろう。

カリフォルニア大学バークレー校の女子学生タチアナ・タラソフの悲劇的な事例を考えてみよう。彼女は男性から交際を迫られたのを断ったため、言い寄ったプロセンジト・ポッダーという男に殺害された。ポッダーの逮捕後、彼は大学付属クリニックの心理相談員に、タラソフが夏休みから戻ったら彼女を殺すと打ち明けていたことが明らかになった。心理相談員はポッダーの脅しを非常に深刻に受け止め、学内警察に通報したため、警察は彼を尋問するために拘束した。しかし、警察は彼が理性的に行動していると判断したため、彼を釈放してしまった。その時点で心理相談員の監督者はこの事例に関し、これ以上の対応を取らないよう指示した。その結果、ポッダーの心理相談員は、危険があるという警告をタラソフに連絡することはなかった。

ポッダーが心理相談員に心境を打ち明けていたことを知らないタラソフ一家は、タラソフにふられた求愛者と誠意ある関係を維持していた。ポッダーは、タラソフの弟とアパートを共有しようとさえしていたため、ポッダーは彼女がいつ休暇から戻るかを知ることができた。彼女が戻った時、彼は凶行に及んだ。

タラソフの両親は、生命の危険に関わる情報を、大学側が最も必要とする人間（娘と両親）に隠匿したとの理由で、カリフォルニア大学ならびに大学に所属する二人の心理相談員への告訴を取りつけた。判事の大多数は、本来なら医師と患者間の守秘義務は守られるべきだが、罪のない人を重大な危険に晒《さら》す場合、この特権的な関係は破棄される必要があると裁定した。

まさにこうした常識的な結論にさえ、ウィリアム・クラーク判事は異議を唱えて激怒した。クラーク判事は、医師がタラソフに接触させないよう適正に対応したと主張した。彼は、この多数決裁定の結果により、患者が今後セラピストに打ち明けた情報（脅迫を含む）が開示されることを恐れ、精神疾患の治療が大きく損なわれると意見した。[5]

患者の信頼に背くことよりも、罪のない人を死なせることになっても心理相談の意義を保つことが望ましいとするクラーク判事の意見を拒絶するにせよ（私も同意見だが）、タラソフ裁判の多数決裁定には未解決の問題点を残している。受け容れ難い感情のはけ口と、そうした感情の対象を保護する必要性を両立させるには、私たちや社会の要求をどのように調和させることができるのか。多くの人が他人への暴力的空想をセラピストに打ち明けるが、精神医療専門医はいつ潜在的な犠牲者や警察に開示するべきか。こうした脅威を常に開示するのは、現実的とも望ましいとも言い難い。ほとんどではないまでも、多くの人は人生のある時点で「奴を殺すことができたのに！　本当にできた！」と声を荒げたことがあるのではないだろうか。通常、聞き手と話し手双方にとって、本気でそう行動しようと意図したのでないことは完全に明らかである。だから、患者が自分の感情を吐き出しているだけだとセラピストが確信する強力な理由があるなら、患者とセラピスト間の信頼関係は覆されるべきではない。とは言え、例えば患者がセラピストに学校を襲撃すると話したなら、それは全く違う話だ（これは米国でしばしば発生し、死者が出る結果を招いている）。こうした場合、セラピストは（セラピストに限らず、こうした情報を入手した人は）他の当事者や適切な当局におもむき、歩く時限爆弾になるかもしれないこの人物について知らせることである。

　この指針によって、危険な兆候が真剣に意図されているかどうかを一つひとつ見極めるよう、セラピストに不当な負担をかけることになるのだろうか。

　実際、この指針はセラピストに難しい責任を課している。こうした脅威を査定するためのセラピストが取るべき最善の方法は、潜在的な被害者を身近な存在として捉《とら》えることだろう。暴力的な情感が彼または彼女、あるいは特定の愛する人に向けられていると想像することである。セラピストがその脅威に何の恐怖も感じないなら、確実ではなくとも、見当違いである可能性は高い。一方、セラピストが彼らを身近な問題として捉えたとき、恐怖を感じるなら（彼女が配偶者や子供たちに「あの人が家に来るのを見かけたら、家には入れないで」と言っている等）、被害者になりそうな人や関係当局者に道徳的な立場からそれを知らせるべきである。より現実的であると思えるなら、情報を開示すればいい。判断には失敗がつきものであるにせよ、殺人志願者のプライバシーを保護するよりも罪のない人の生命を救う方向に努力するほうがいい(6)。

医師はまた、患者が自殺あるいは殺人を計画しているのを聞き、その脅威が深刻であると思えるなら、何ができるかを自らに問うべきだ。患者を守るために守秘原則を破り、家族や他の関係者に話しただろうか。もし話をしたなら、同様に患者が危害を加えるかもしれない人たちに警告すべきではないだろうか。

聖職者の守秘義務についての見解

この倫理は、聖職者と信徒との守秘義務の事例では異なるのだろうか。例えば、命の危険に晒される場合でさえ、告解[※1]のいかなる内容をも公言することを禁じる、有名なカトリック教会法がある。

当然のことながら、そのような妥協できない立場は、大きな道徳的困難を伴うことがある。アルフレッド・ヒッチコックの傑作映画『私は告白する』[※2]では、ある男が司祭に人を殺したことを告白するが、聖職者を巻き込む状況証拠を紛れ込ませる。司祭は殺人者が誰なのか気づいているにもかかわらず、自身が最有力容疑者になった後も、さらに警察の捜査中に無実の婦人の評判が台無しにされた後でさえ、警察に情報開示できない苦悩を描いている(7)。

ウィリアム・キンツラー神父[※3]のベストセラー推理小説『殺しのロザリオ』では、その問題の核心で同様の板挟みが生じる。この作品では連続殺人者が司祭に自分の罪を告白し、殺人の理由を彼に告げる。[8]『私は告白する』の司祭とは違い、この物語の司祭は匿名の告白者の正体が分からない。しかし彼もまた、カトリック教会法が、告解内容もしくは告解中に知ったいかなる細目についても警察に通報することを禁じていることを承知し、それに従っている。辛い自己省察の末、罪のない人を死なせてしまったという思いが彼をひどく悩ませ、次のような結論に至る。「告解の秘密を守ることが、司祭や他の罪のない人の命を犠牲にさせるのなら、守秘義務を破るための十分な理由や重要な根拠は必要ない[9]」（この小説では、司祭が自ら殺人事件を解決して終わる）

ユダヤ律法が、無条件で原則に従うべしと命じることはほとんどない。ラビと相談者との守秘義務原則の試金石となる事件が、何年か前にニューヨークで起きた。妊婦女性が殺害された後、彼女の夫はすぐに傑出したユダヤ教の学者ラビを探し出し、妻の死にさいなまれていると打ち明けた。その男

※1　信徒が自由意志によって自分の罪を告白し、資格ある司祭に赦しの恵みを求めるカトリック教会の儀式。
※2　ポール・アンセルム原作の戯曲に基づく一九五三年のモンゴメリー・クリフト出演のサスペンス映画。日本での公開は一九五四年。
※3　一九二八〜二〇〇一年。二十年間カトリック司祭を務めた後に還俗《げんぞく》し、「ケスラー神父」の探偵シリーズで二十数冊の推理小説を書いた。

は、殺人が現実なのか夢なのか確信が持てないという。面談しているうちに、男性は自分自身について話しているということが、ラビには明確になった。その後、ラビは警察におもむいた。警察の捜査の結果、夫が多額の借金を抱えており、妻を殺害する直前に彼女に莫大な生命保険をかけていたことが判明した。男は逮捕され、裁判でラビは検察側証人として証言し、夫は妻殺害の罪で有罪となった。

当時のユダヤ人社会の中には、ラビが不当に行動したと感じる者もいた。彼の告白が内密にされないことを殺人者に伝えるべきだった、と言う者もいた。男の凶暴な性質と、彼の秘密を聞いたラビに危害が加えられるかもしれないという恐怖感とを考えれば、ラビへのこの異議は不合理に思える。

そして、重要な聖書の原則もまた次のように述べている「隣人の血が流されているのを、あなたは傍観しないように」（レビ記一九・一六）。ユダヤ律法は、他人の生死がかかっている重大な場合、助力や情報提供を行なうことは義務だと理解している。守秘義務は重要なものだが、人の命を救う、もしくは殺人者に裁きを受けさせること以上に、説得力のある価値などないのである。

一般的に医師、心理相談員、聖職者、弁護士に秘密を守るよう要求する権利がある一方で、少なくとも私が理解しているように、この権利はより高邁な公共善、罪のない人の生命が危機に瀕《ひん》しているときには、取り消されて然るべきである。（原書注・私は説明を受けてきたのだが、教会法は私の結論とは異なっていることを承知している。）

5章　プライバシーと公人

公人にプライバシーはあるのか

ここまでプライバシーの尊重という一般人の権利を論じてきた。しかし、指導力を託された公人のプライバシーについてはどうだろう。彼らは特別なケースなのか。それとも、彼らに対しても同じ倫理的責務が適用されるのだろうか。

多くのジャーナリストが、公人は特例だと考えるだろう。『ワシントン・ポスト』紙の元編集局長ハワード・シモンズはこの見解の支持者であり、「米国の政治家に私生活はないと思う」と述べている①。

この見解を支持する人たちは、公人が関与するいかなる活動も、その人物の人となりについて意味のある情報を知らせるものであり、有権者はすべてそれを知る権利があると主張する。今やこの信念はアメリカ人の精神に深く根づいており、多くの国民は道徳的もしくは実践的根拠のいずれかに基づき、公職に就く人に大衆の監視から身を守る権利はないとする意見を疑問視することはまずない。公務員を含めた公人について、自分の行動が多くの人に報じられる恐れを持たずに行動できるプライバシー領域の権利を認めないのは、道徳的だろうか。

その答えは「ノー」である。公務員の私生活を認めないのは、少なくとも私が理解する限り、道徳的に不当である。哲学教授のデヴィッド・ナイバーグは、著書『消え失せた真実』(*The Varnished Truth*) の中で次のように述べている。「プライバシーのない生活など考えられない。プライバシーが保たれずに、私たちはどうして愛し合うことができるのか。内省によってか、瞑想によってか。詩を書いたり、日記をつけたりすることでも、……人目を気にしないといけないのか。……礼儀そのものにもプライバシーが必要である[2]」

こうした「知る権利」は、より質の高い、より倫理的な候補者を選ぶよう有権者を導いているのか。押しつけがましい不道徳な詮索すら、大義によって、より優れているとされるのか。再び私は「ノー」と答えたい。候補者の私生活に多くの関心を集中させた醜聞暴露は、より有能で正直な人物を選ぶことには結びついていない。(原書注・もちろん、秘密にするべきではない犯罪行為に関与した人について言っているのではない。) 実際この醜聞暴露で達成したことと言えば、アメリカ国民をより冷笑的にし、過去に選出された指導者よりも信頼を失墜させたことである[3](ただし、繊細で高度な倫理感を持つ人が、公職の道を選ばなくなっているということではない)。

公人に対する「知る権利」は何をもたらしたのか

政治学者ラリー・サバト[※1]が「攻撃ジャーナリズム」と名付けたものの特長の一つは、大衆やジャーナリズムの興味をかき立てる話題として、公人の性的無分別や不品行についての大々的な報道である[(4)]。不倫をした大統領（または公務員やオピニオン・リーダー等）が、そうでない人よりも無能だということではなく、信頼性が低いことを示す根拠もない。

アメリカ人は、マスコミが継続的に性的うわさ話に執着するために、法外な代償を払っている。最も重要なのは、メディアが本質的な問題よりも私的な問題に話題を集中させてきたことである。スティーブン・ロバーツ記者は次のように評した。「（一九七〇年代に）成立した税法の大半を記した下院議員のウィルバー・ミルズ[※2]については、その業績よりも、ファンネ・フォックス[※3]（議員が情事を重ねたストリッパー）により多くの紙面が費やされた。そうした報道は読者のためになり、理に適っているのか。私の答えは『ノー』である[(5)]」

※1　一九五二年～。政治学者。政治学の分野で「米国で最も引用される大学教授」と言われている。
※2　一九〇九年～九二年。下院議員を長く務め、議会の歳入委員会議長として税制改革に辣腕《らつわん》を振るった。
※3　一九三六年～。アルゼンチン人。ミルズとの醜聞が暴露されて以来、「アルゼンチンの爆竹」と呼ばれた。

個人攻撃に焦点を当てることは論理的な意味をなさないというロバーツ記者の指摘は正しいが、メディアの優先順位が歪んでいる理由は、人間の本性を理解する者にとって明らかである。人々は、本質的な論点より性欲をかきたてる事柄により関心がある。国益の観点から一連の話題に優先順位をつけるよう有権者に尋ねてみたら、性的な話題は最下位近くに評価されるだろう。しかし、経済や安全保障等アメリカの直面する喫緊の論点について立候補者の立場を論ずる討論番組と同じ時間帯に、立候補者の醜聞に発展しそうな話題を含む異性関係を探る番組が放送されるとするなら、どちらの番組がより多くの視聴者を惹きつけるだろうか。

答えは言うまでもない。視聴者はこの話題がより重要だと思い込んでいるからではなく、単純により興味を引くからである。

私たちの多くは、他人の失敗、とりわけ性的な過失に強い関心がある。このような好奇心は、下品で不道徳であることが分かっていたとしても、それを抑えるのは難しい（あなたが友人の家にいて、寝室に入り、友人の開きっぱなしの日記が目に留まり、「昨日……とセックスをした」と書かれてあるのを見た場合、日記を閉じるだけの道徳的な力と人格をあなたは持ち合わせているだろうか）。

一九八八年の大統領選挙の初めに、『マイアミ・ヘラルド』紙は、主要政党の有力候補者である上院議員が不倫をしている強い状況証拠があり、この選挙運動からの撤退を余儀なくされたと報道した（私は、いずれの個人名もここに記さない。彼らは自らの行動で大いに苦しんでおり、これ以上世間の注目を浴びたくないと思っているだろうからである）。

この事件は当時、とてつもない報道量で注目を集めた。その後何年もの間、私は講演会の席上で多くの聴衆にこう尋ねてきた。「この男女関係について、さらに推察される不倫について知る権利があると思う人はどれくらいいますか?」。通常、一〇~二〇%が「知る権利がある」と答え、六〇%を超える人が「ない」と応答する。

私は「知る権利はない」と答えた人だけに、こう問いかける。「国民にはこの情報を知る権利がないと結論したあなたにお尋ねします。この不倫に関する記事を読むのを拒み、ある番組で相手の女性の映像が放映されると告知されたときにテレビを消す人はどのくらいいますか?」。ほとんどの人がこの質問に失笑し、手を挙げるのはせいぜい一~二名である。

この不倫と思われる男女関係について熱心に注意を向ける人たちは、偽善者ではない。彼らは、人間に興味を持つ普通の人間である。好ましくないうわさ話、とりわけ性に関するものは本質的に興味をそそるものであり、これを無視するのは極めて難しい。例えば、ほとんどの既婚アメリカ人は一夫一婦制を信じている。しかし、ホテルにチェックインする度に非常に魅力的な異性が部屋で待っていたとすれば、一夫一婦主義者といえども不倫を犯してしまうだろう。幸いほとんどの人は、こうした誘惑に遭遇することはないと思うが。

恐らく、マスコミが公人のプライバシーに執着していることの負の影響は、アメリカ人がはるかに実質的で重要な話題に対して関心を払わなくなったことだ。

性的犯罪、収賄、資金横領といった犯罪行為に加え、公人が説明を求められるのに値する主な違反行為は偽善である。例えば、非難を浴びせたり処罰を望んでいる事件に自らが関わっている場合だ。数年前に遡《さかのぼ》るが、政府関連の高等機関に務める夫を持つ友人女性が、倫理的な窮地に陥り、助言を求めて私に電話をかけてきた。彼女と夫は、かつて夫の政党の著名な政敵が不倫したことを知った。その愛人が妊娠し、男性は彼女に中絶を迫ったため彼女は中絶し、その費用を彼が支払ったとのことだった。

このような情報を公表するならば、その政敵の男性がいかに道義的に清廉潔白なイメージを注意深く培ってきたとしても、彼の政治生命が確実に終了することは明らかだった。私は友人に一つだけ質問した。「この男性は最近も女性の妊娠中絶の権利に反対していますか?」。もし反対しているなら、自分の利害に合致すれば中絶を手配するという彼の偽善は明らかであり、この情報は公表されるべきであると確信したのである。

しかし、もし彼が中絶する女性の権利を支持しているなら、彼の不倫の暴露は道義に反すると考えた。男性と妻の関係は維持され、情事の相手の女性も自分の生活を続けている。この情報を私の友人が入手したのは、全くの偶然に過ぎなかった。

私の友人は政敵が中絶する権利を支持していることを認めたが、彼女はその他の政治的主張には同意しないと言った。政治的見解では、私は彼女に同意するところが多い。しかし、彼の不貞と中絶の過去を暴露するのは擁護し難いというのが私の立場だった。ある人がいくら嫌いだからといって、その人の社会的生命を破壊する醜聞を掘り起こしてまき散らすことは、間違っている。

もちろん、私が今まで書いてきたすべては合意に基づく関係を前提にしている。性的な関係を強要するために自分の地位を利用する人、とりわけ仕事関連でそのような関係に依存する人には適用できない（例えば、ハリウッドで最も成功し、高く評価されたプロデューサーの一人、ハーヴェイ・ワインスタイン[※4]は下品で卑劣な犯罪行為に関与し、彼の性的要求を拒んだ一部の女優のキャリアを明らかに傷つけたという）。こうした行動に関与する人は「ラション・ハラア」の律法（四五頁～参照）の保護外に自身を置くことになる。

しかし、こうした事例を別にしても、私たち皆が享受するプライバシー保護の権利を公人に適用除外するべきではない。仕事に関する面は別として、彼らの私生活は守られるべきである。指導者の私生活のことに立ち入る執着から、良いものが生まれるとは思えない。多くの候補者はメディアが彼らを重罪犯のように取り上げることを意識するため（自分が言うことは何でも、敵対者に利用され得るので）、ジャーナリストの前で話すとき、当たり障りのない話に留める。個人的なことを暴露される

※4　一九五二年～。セクハラ問題が明るみになり、彼の制作会社は破産手続きの適用を受け、さらに起訴され、ニューヨーク市警から保護観察対象になっている。この事件が「#MeToo」運動の契機となった。

とか、脈絡を無視して引用されるとか、将来的に彼らの非難に利用され得る所見を表明する危険を犯したりするよりも、毒にも薬にもならないようなことを話すのが無難であるのを不適切だとは見なさなくなっている。

最終的に、こうした差し出がましい詮索は、多くのアメリカ人——中には有能な人材——の、公共分野に進出しようとする意欲を削いでしまう可能性がある。あなたが候補者に指名されたとしよう。すると、あなたのイデオロギー上の対抗者はこう尋ねられる。「あなたが彼について知っている、あるいは人から聞いた最悪のことを話してください。また、あなたが知っている彼を嫌う人の名前も教えてください。そうすれば、彼らに話をすることができます」。このように詮索される役回りを進んで引き受ける人が、私たちの中にどれほどいるだろうか。

人の弱点を晒《さら》すことに腐心するジャーナリストでさえ、自分も同じ公人の立場に立たされるなら、そうした侮辱を受けることを望んではいない。数年前、『ワシントン・ポスト』紙の記者ポール・テイラーは、前述した大統領候補者に不倫は不道徳と思うかどうか尋ねた。候補者は不道徳であると答えたため、テイラーは彼が不倫をしたことがあるかどうかを尋ねた。彼は一瞬口ごもった後、「その質問に答える必要はない」と答えた。その彼が大統領戦から撤退した数週間後、『ピープル』誌はテイラーが候補者に向けた同じ二つの質問を彼に提起した。彼は「私も不倫は不道徳と考える。二つ目の質問への答えは『余計なお世話』だ」と応じた(6)。

つまり、うわさ話を流す当人でさえ、うわさ話の被害者にはなりたくないのである。事実、たとえ一般市民がジャーナリストについて知る正当な権利があると主張したとしても、彼らは自身の生活に関しては決まって「立入禁止《オフ・リミット》」を宣言する。例えば、アメリカ議会やホワイトハウスを取材するジャーナリストが、自分の政治嗜好や勝たせたい候補者を明かすことは、まずない。記者を雇う新聞社は彼らがどこかの政党の党員になるとか、選挙で誰に投票するかを明かすことを認めないが、ジャーナリストが政治的好みを持つことを妨げることはない。候補者や指名者に関する醜聞や好ましくない情報等を伝える人が、その候補者の対抗馬を個人的に支持しているかどうかを知る権利が一般市民にはあるべきだ、と主張することができるのだろうか。同様に、ジャーナリストが支持する候補者や政党についての好ましくない情報を報じるかどうかを、一般市民が判断することはできないのか。

「攻撃ジャーナリズム」の最悪の副作用は、いとも簡単に恥をかかされてしまうために、慎み深い人が公の場に出るのを躊躇してしまったことで、今後もこの傾向は続くだろう。『ニューヨーク・タイムズ』紙のコラムニスト、アンソニー・ルイスが、「私たちが公人には全くプライバシーがないと表明し続ければ、やがては最高に厚かましく感受性のかけらもない人間だけを公職に引きつける結果を招くだろう(7)」と論じたことには、説得力があると思う。

確かに、このような結果は道徳的な利益をもたらさない。かつて礼節を重んじていた時代に回帰すべき時が来ている。

第三部

人に対する話し方

6章　怒りのコントロール

私たちが口にしなかった怒りの言葉は、神だけが正当に評価できる。
——ラビ・ハロルド・クシュナー※1

聖書が語る激しい怒りの言葉が払う代償

聖書はロマンチックな愛を男性の視点で描写することが多い。イサクはリベカを愛した（創世記二四・六七）、ヤコブはラケルを愛した（創世記二九・一八）、サムソンはデリラを愛した（士師記一六・四）と記されている。聖書全体の中で、女性の男性への愛が記されているのは一人だけである。「サウルの娘ミカルはダビデを愛した」（サムエル記上一八・二〇）。ミカルの父はダビデが王座を奪うことを恐れ、ダビデを殺すように企《たくら》んだとき、彼女は窓から彼を吊り下ろして難を逃れさせた。後になって、彼女はダビデの寝床に等身大の偶像を置き、頭部に山羊の毛をかぶせて着物で覆ったことを、王に雇われた暗殺者に打ち明けている（サムエル記上一九・一一〜一七）。殺人を命じられた下手人たちはその時、ミカルが策略をこらして愛する人を逃亡させたことに気づいた。

聖書はダビデがミカルの愛に報いたとは記していないが、彼がミカルとの結婚を勝ち取るために二百人のペリシテ人と命懸けで一騎打ちをしてまで戦ったことが記されている（サムエル記上一八・二五〜二九）。その後、ダビデがサウル王の追っ手から身を隠して過ごしている間、サウルはダビデの妻ミカルをファルティという名の男に与えた。普通、このような取り決めに黙従した妻を夫は離縁するだろうが、ダビデは王になった時、ミカルを王妃に復帰させた。

当初、二人の間には激しい愛があったにもかかわらず、ダビデとミカルの結婚生活は、恐らく聖書の中で最も悲しい結末を迎える。かつて熱く愛し合った二人の仲は、数年を経ずして完全に他人行儀の関係に変わった。ダビデとミカルはどちらも、怒ると毒舌を吐くことがコントロールできないという性格上の欠点に苦しむ。聖書は彼らの愛の終わりを引き起こしたある出来事を描写している。皮肉なことに、それは祝典の場でのことだった。ずっと以前にペリシテ人に奪われていた古代のユダヤ人の生活の中で最も聖なる遺物とされた主の聖櫃《せいひつ》[※2]をダビデが奪還し、それをイスラエルに返還する監督

※1　一九三五年〜。ボストン郊外のイスラエル・テンプルの名誉ラビ、カウンセラー、講演家。この言葉は著書『私の生きた証はどこにあるのか――大人のための人生論』からの引用。

※2　十戒を記した二枚の石板、マナの入った金の壷、アロンの杖を収めたとされる「契約の箱」のこと。

に当たっていた。聖櫃が戻った狂喜の感情を抑え切れないダビデは、何千人もの臣下の前で熱烈に激しく踊った。王宮の窓からこの一大イベントの一部始終を眺めていたミカルは、踊り続ける王の奔放《ほんぽう》さに嫌悪感を示す。ダビデが王宮に戻ると、彼女は「今日のイスラエル王は何と尊敬されたことでしょう。家臣の女奴隷たちの眼前で裸になったのですから。空っぽの一人の男が素っ裸になるように」と冷やかに皮肉をこめた挨拶で彼を迎えた（サムエル記下六・二〇）。

王を萎縮させたミカルのこの批評は正当化できるだろうか。ダビデの行動は王たる者の威厳を貶《おとし》めるようなものだったのだろうか。あるいはそうだったのかも知れない。しかし、ミカルが正しかったかどうかはともかく、夫の人生の最も晴れがましいその日に、彼女の夫への無神経な批判は、言い争いを破壊的な激しい怒りに変えてしまった。

ミカルの口撃は、後に続く悲劇の最初の要因に過ぎなかった。ダビデは妻の軽蔑をものともせず、対立関係の緊張が和らぐまで沈黙を通すこともせず、その場を立ち去ることも自己弁護すらもしなかった。代わりに、彼は可能な限りの最も冷たい言葉で反撃した。「あなたの父やその家の誰でもなく、この私を選び、主の民イスラエルの指導者に命じられた主の面前で、その主の面前で私は踊ったのだ」（同六・二一）

ダビデの言葉は決してミカルの批評の本質に触れたものではなかった。多くの人が批判されたときに行なうように、ダビデはミカルの父親が神に受け容れられなかったという彼女の人生で最大の泣き所を責め、ひたすら怒りの行動へと突き進んだ。後にサウルは、ミカルの三人の兄弟と共にペリシテ人の手にかかって死ぬことになる。

聖書は、ダビデのセリフが終わったすぐ次の節にこう記している。「彼女が死ぬ日まで、サウルの娘ミカルには子供がいなかった」（同六・二三）。なぜ、ここでミカルが子宝を授かることがなかったと記す必要があったのか。あまりにも険悪な中傷合戦の末、他人同然となったダビデとミカルは、二度と睦《むつ》み合うことはなかったということであろう。

人間関係において不可欠な怒りのコントロール

聖書の眼目は、紀元前一千年の時と同様に、今日においても明白である。夫であれ妻であれ、あるいは兄弟姉妹であれ友人であれ、かつて互いにどれほど深く気遣い合う仲だったとしても、怒りや自分の言葉を抑えることができなければ、愛を生かし続けることはないということだ。怒りに燃えたときに何を言うかをコントロールする能力は、人間関係を持続させる上で不可欠な条件である。

残念ながら、この聖書の知恵の一端は多くの現代的思考と真っ向から対立する。今日、腹に据えかねる怒りを抑制することは不健全だ、と多くの人は信じている。ある感情を持ったなら、その感じていることを包み隠さず言うのが重要だと考えられている。

それに対して、私は「なぜなのか？」と問いたい。

性的魅力があるからといって、相手を暴行する資格がないのと同様、腹に据えかねる怒りを感じたからといって、他人に感情的な痛みを負わせる資格が与えられているわけではない。

性的な嫌がらせと違い、怒りは正当化できると主張する人がいるかも知れない。怒りの狡猾《こうかつ》な性質の一つは、その口実をいともたやすく無限に見出だすことである。怒りは時に正当化されることもある。アドルフ・アイヒマンやチャールズ・マンソン[※3]といった大量殺戮《さつりく》者にはどんな感情を持つべきだろうか。多くの人は強い憤りを表明するが、それは穏やかな感情が保たれないからである。

心理セラピストのバニー・ジルバーゲルド[※4]はこう書いている。「『私はすべての怒りを抑え込んできました。だから吐き出す必要があるのです』と私に告げた夫婦は数え切れない。確かにそのとおりだろう。だから私は喜んで、その感情を切り離す機会を提供するのである」

自らを破壊する怒り

怒りが正当化できるものであっても、その挑発に不釣り合いな形で怒りを表明することは不当かつ不正義であり、道徳的にも間違いである。

あなたが、怒りの感情を持ち続けるのは辛いと感じるならどうだろう。あなたが腹を立てている相手に耐える側の苦痛を経験させることよりも、制御不能な自らの怒りを抑える苦闘を体験することのほうが道徳的に望ましいのではないだろうか。

激しい怒りは破壊的であるだけではなく（ダビデとミカルの事例のように）、自己破壊的でもある。

ラビたちは、「賢者が感情をコントロールできなくるとき、知恵は彼を見放す」と述べている。民数記では、イスラエルの民が水不足などについて絶え間なく泣き言を言うのに対して、モーセが堪忍袋の緒を切らす逸話が語られている。神は民の渇きを癒すために、大きな岩に向かって語りかけ水を出すようモーセに命じる。しかし、イスラエルの民の長年の不満に依然として怒りを捨てきれないモーセは、神の命令に逆らう。モーセは岩に向かって語りかける代わりに、「さあ、あなたたちは聞け、逆らう者たちよ。この岩からあなたたちに、私たちが水を出さねばならないのか」と言って岩を打った（民数記二〇・一〇）。

多くの人間は、怒ると腹いせに物を叩く。この聖書の指摘は奥深い。怒るとき、怒りにまかせて叩いたり怒りを爆発させるのではなく、話しかけるように努めるべきである。さらに腹を立てているとき、私たちは極端な意見や思慮のないコメントを口にしがちである。モーセは確かに怒るつもりはなかったのだろうが、「私たち」という言葉を使用しているのを見ると、岩から水が湧き出る奇跡を起こしたのは神ではなく、彼とその脇に立っていた兄アロンだと言っているようである。それは私たちの誰もが怒ったときにするような危険なほど愚かな発言である。これによって、イスラエル人はモーセ自身が神であると信じかねないからだ[1]。モーセは自制心を失ったことで、高い代償を払うことにな

※3　一九三四～二〇一七年。アメリカのカルト集団のリーダーで、残忍な殺人事件を計画し実行した。
※4　一九三九～二〇〇二年。アメリカ人心理学者、作家、講演家。

る。神は約束の地にモーセが入るのを拒んだ。
私たちが腹を立てるとき、賢明とは言えない行動を取って愚かに見えることがよくある。俳優マイケル・ケイン[※5]は著書『映画の演技』の中で、それを想起している。

私は感情を爆発させるのが常だった。撮影現場ではたちまち、かんしゃく玉を破裂させていた。ある時、第二次世界大戦中に日本軍の捕虜となったジェームズ・クラベル[※6]が監督する『最後の谷』[※7]という映画に取り組むことになった。ジェームズの外見は英国人だが、中身は日本人のような思考の持ち主である。ある日、私は腹を立てた。ジェームズはしっかりと私を見ていた。私にどなり散らすのを止めるよう注意し、「マイク、ボクのところに来いよ。隅っこに行って話をしようじゃないか」と言った。彼は私を座らせてから、面子を失うことについての日本人の見解を私に話してくれた。君が金切り声で叫び始めれば愚かに見えるし、君自身も愚かだと感じるだろう。それでは誰からも敬意を払ってもらえないよ、と彼は言った。……それからは心を入れ替えて、私は撮影現場で二度と腹を立てないようにした。[(2)]

怒りはコントロールできる

私の妻の親友で、短気な性分を直すよう長年取り組んできた男性が、かつていいことを言った。「怒りをコントロールできなくなったとき、動物の怒りにでも取り憑《つ》かれた人のように見えることを、君は学ばなかったのかい？」

　自分の気性をコントロールすることは重要であるだけでなく、「もっともな」ことかも知れない。私たちは、怒りを引き起こすものをコントロールするのは難しい。しかし私たち全員が、向精神薬の影響下にない限り、また精神疾患か特定の脳疾患がない限り、たいがいは怒りの感情をコントロールすることができる。

　心理学者リチャード・ゲレス[※8]は、ある結婚カウンセラーが、しばしば妻を身体的に虐待した男性と面談したことについて語っている。

「あなたはなぜ奥さんを殴りつけるのですか？」とカウンセラーは尋ねた。

「自分を抑えることができないんです。ただカッとなってしまって」と男性は答えた。

「では、あなたはなぜ彼女を銃で撃ったりナイフで刺したりしないのですか？」と賢明なカウンセラ

※5　一九三三年〜。イギリス人俳優。出演した代表作品は『ハンナとその姉妹』『グランドフィナーレ』等。

※6　一九二四〜一九九四年。英国で生まれ、アメリカに帰化した小説家、映画脚本家、映画監督。戦時中はオーストラリア海軍の砲手として日本軍と戦い、一九四二年に日本の捕虜となった。

※7　一九七一年の英米協同制作作品。十七世紀のドイツ三十年戦争を題材にした劇映画。

※8　家族内暴力（ＤＶ）並びに子供の福祉の専門家。ＤＶの研究プログラム役員。

ーは尋ねた。

妻を虐待した夫は、カウンセラーの問いに無反応だったが、ようやく口にした唯一の答えはこうだった。「妻を撃ったり刺したりはできない。そんなことをすれば、彼女を一生傷ものにしてしまうかも知れないから」。この男性は自分が何をしているのか、よく理解していたのだ。(3)

あなたが自分の気性をコントロールすることができないと本当に信じているなら、次のシナリオを想像してほしい。あなたが夜遅く通り沿いを歩いていたら、突然ナイフか拳銃を持つ路上強盗に出くわし金を要求される。この上もない凶悪犯だ。ここで、あなたは怒りを露《あら》わにするだろうか。彼を罵《ののし》るだろうか。しないだろう。彼を怒らせないように接し、持ち金すべてを差し出す可能性が高いのではないだろうか。

もちろん、あなたがそうする唯一の理由は相手を恐れるからである。しかし、そこがポイントではない。私たちが本当に望むなら、気性をコントロールできるということだ。

そこまで極端ではない別の例を考えよう。あなたが家族の誰かと激しい言い合いをしていた矢先、突然玄関の呼び鈴が鳴る。玄関先には、心証を良くしておきたい人（上司や新しい得意先の人等）が立っている。そこであなたは怒鳴り続けるだろうか、それとも、怒りを抑えようとするだろうか。(4)

恐らくしばらくの間、来訪者が暇乞《いとまご》いするまでは自分の怒りを抑え、その後に喧嘩を再開することだろう。しかし、そのような場合に怒りを遅らせることができるあなたには、気性をコントロールできる力があることを意味する。怒りを先送りにすることによって、喧嘩の激しさが緩和される可能性が高い。心理学者キャロル・タヴリス[※9]はこう警鐘を鳴らす。「あなたが最高に腹を立てているときに怒りを露わにすると、自分の怒りの火に油を注ぐことになるのは間違いない」

私はもう一歩踏み込みたい。たいていの人は、数分あるいは数時間、さらにもっと長い間、怒りの表現をコントロールできると私は信じている。さらに、あり得ない別のシナリオを考えてみる。あなたが自分の配偶者（もしくは子供、友人、従業員等）に対して六カ月間、怒鳴りつけたり罵倒《ばとう》したりすることを七五％減らせたなら二百万ドルもらえる、と言われたとしよう。あなたは自分の気性をコントロールする方法を見つけようとしないだろうか。

怒りをコントロールする方法を身につけることによって、多くの人が秀才になれると思う。実際、私たちのほとんどすべての人には、自分が認識する以上に、怒りをコントロールする優れた力がある。完全にコントロールできる人もいれば、ほんのわずかな人もいるだろう。わずかしかコントロールできない人は、耳障りな言葉を抑制することは道徳的な責務であると認識する必要がある。自分自身でコントロールできないと気づくなら、より強力に自己コントロールができるよう専門家に助力を求める道徳的な責務がある。

毎年、二百万ドルをはるかに超える価値ある関係、かつて愛し合った多くの関係が、怒りを露わにした際に口にする憎しみに満ちた言葉のために、破綻している。この現実に立ち向かうには、ミカル

※9　一九四四年〜。アメリカ人社会心理学者、作家。

とダビデが、さらにはあなたや私が、言葉や行ないをコントロールできないという神話を打ち壊す必要がある。

カリフォルニア大学医学部の精神科医スティーブン・マーマー博士は、怒りに対処する際、コントロールの重層構造、もしくは処理過程の流れという観点から考えることを推奨している。

1．自分の最初の反応《リアクション》をコントロールする
2．自分の最初の応答《レスポンス》をコントロールする
3．相手の応答に対する自分の最初の反応をコントロールする
4．続いて起こる自分の反応をコントロールする

リストの1から4へと段階的に移行するにつれ、コントロール度合いは大きくなる。従って、最初の反応をコントロールできなくとも、次の応答でより大きなコントロール力を発揮すれば、それまでに引き起こした損害の修復に取り組める。ダビデとミカルの物語で最も悲しいことの一つは、無神経で残忍な言葉によって引き起こされた亀裂を修復する努力について、聖書が何も記していないことである。

道徳的に許される範囲内においても怒りを感じたり露わにしたりすることは間違っている、というわけではない。ユダヤ人最高の哲学者であるマイモニデス[※10]は、気性をコントロールする必要性につい

て書いているが、他人の言動に無関心を決め込んだり、完全に感情を無くした死人のようになるべきではないとも警告している[5]。

マイモニデスの警句は、絶対に怒りを表現してはならないとする一部のローマ人哲学者の極端な制限への応答と言ってよい。紀元一世紀のストア学派の哲学者セネカ[※11]は、人はいかなる挑発があろうと怒りをコントロールできるはずだと論じた。セネカは、ペルシア王に仕えたハルパゴス[※12]が自分の子供たちの頭や肉を王に差し出された時、怒りに駆られることなく、冷酷にも「王の出す食べ物はどれも素晴らしい」と言った、という逸話を引用している[6]。

感情を抑制する五つの条件

代わりにマイモニデスが提示しているのは、感情の中庸である。「人は……事態が正当な理由に足りるほど深刻な場合にのみ、問題の再発を阻止するため、初めて怒りを表すべきである」[7]。生涯アリ

※10　一一三五～一二〇四年。ヘブライ語名はラビ・モシェ・ベン・マイモン。スペインで生まれで、モロッコ、エジプト、パレスチナで活動した中世のユダヤ人哲学者、神学者、医師、天文学者。

※11　ルキウス・アンナエウス・セネカ。ローマ帝国の政治家、哲学者、詩人。

※12　紀元前六世紀、メディア王国に反旗を翻したアケメネス朝ペルシアのキュロス王に仕えた将軍。

ストテレス[※13]の研究者だったマイモニデスは、この点で、微妙な意味合いを持つ彼の忠告の影響を受けていると言っていいだろう。アリストテレスはこうも主張している。「侮辱されることに服従するか、友人が侮辱されているのを甘んじて受けるのは奴隷根性である。……称賛される人とは、正しい理由で、正しい人に、正しいやり方で、正しい時に、正しい時間の長さで怒ることのできる人である」[(8)]

アリストテレスの五つの条件は、いずれも不適切な怒りを露わにしないよう、私たちを守る上で役に立つ。

正しい理由で――私たちは小事に腹を立てないようにすべきである。

正しい人に――上司に腹を立てたのなら、帰宅して配偶者や子供たちに八つ当たりしてはならない。また、職場で上司からの不当な命令を実行する現場監督に腹を立ててはいけない。現場監督も上司の命令に従っているだけだからである。一般的に「伝令者への非難」と言われるもので、心理学用語では「置き換え（転移）」と呼ばれる。

正しいやり方で――怒って当然である時でさえ、適正に行動することが求められる。自分の怒りが挑発に対して不釣り合いである場合、それを全く表に出さないか、冷静になるまで待ってからその問題について口を開くことが好ましい。怒りが度を超えているかどうかを測る一つの方法は、自分を動揺させた人に対してまだ関心や思いやりを感じるかどうかを自問することである。これには自制力が必要である。自覚することのできる唯一の感情が怒りであるなら、その怒りは確実に過剰である。神に向けた預言者ハバクク[※14]の訴えには、怒った際にすべての人に適用できる一つの助言が含まれている。「激しい怒りの中でも、あなたは憐れむことを覚えてください」（ハバクク書三・二、さらに7章「公正に議論すること」を参照[9]）

正しい時に、正しい時間の長さで——自分が冷静であると自覚できない限り、瞬時に反応すべきではない。何かが自分を激怒させた直後では、怒りは制御不能になる恐れがある。より冷静な心境になるまで待つほうがいい。しかし、事が起きてだいぶ経ってから反応を示すべきではない。加害者側はすべてが収まったと思っており、被害者側が怒りを温存していたのを知ってショックを受ける。最後に、私たちは怒りをいったん表したとしても、それを手放すことを身につけるべきだ。家族の誰かが何年も何十年も怒りを持ち続けたら、家族の結束は崩壊する。[10]

このアリストテレスのチェックリストは、腹を立てたときに各自で再考してみることが大切である。

※13　紀元前三八四〜三二二年。古代ギリシアの哲学者。
※14　紀元前七〜六世紀頃に活躍した旧約聖書の預言者の一人。

そうでなければ、自分が間違っているときでさえ間違っていないと信じ込み、怒りを食い止めることができないだろう。カトリックの神学者フランソワ・ド・サール[※15]は、「怒りは一千の間違った言い訳によって育まれる。自分の怒りを理不尽だと考える人はいない」と書いた。（原書注・現代において、こうした態度の最たる例はテロリストであり、彼らは無辜《むこ》の人間に対する最も凶悪な行為を正当化する。）

論点をずらさない

あなたがかつて怒りの言葉を発して親密な人間関係を壊したことがある場合、次の原則を守ることで違う結果をもたらせた可能性があるかどうか、考えてみてほしい。すなわち、怒りの表現を、それを引き起こした出来事に限定するということだ。議論の焦点を絞ることで、全存在が攻撃されているわけではないことを批判された当事者に感じさせることができる。ミカルがダビデの踊りを嘲笑した後、ダビデが取った非情な反撃はこの原則に反している。彼はもっと違う言い方で応答できたはずである。「この途方もない喜びの日に、あなたは私を責めて傷つけている。私は喜びのあまり我を忘れ、その気持を抑えきれずに踊ったのだ」とか、「私は自分の感情を抑えるのではなく、臣下たちと同じ生身の人間であることを示すことによって、人々にもっと愛してもらえたのだ」と。彼はさらに鋭く、こうも指摘できたはずだ。「ミカルよ、この大いなる日に冷淡な貴族のように振る舞い、間違った行動をしたのは他でもないあなたではないか」

しかし、ダビデが間違えたのは、ミカルの最大の弱みに狙いを定めて、「あなたの父やその家の誰でもなく、この私を選び、主の民イスラエルの指導者に命じられた主の面前で、その主の面前で私は踊ったのだ」と彼女を攻撃したことだ。これらの言葉は、ミカルの人生最大の悲劇をほのめかすことで彼女に屈辱を与え、打ちのめすよう計算されたものだった。精神的にダメージを与えることは、顔面を平手打ちするのに等しい。

残念ながら、多くの人はダビデが行なったように行動している。サマセット・モーム[※16]の小説『人間の絆』の主人公フィリップは、内反足[※17]である。フィリップが総じて人間の本性を低く見積もる理由の一つは、「同僚が彼に腹を立てるとき、必ず彼の身体の不具をからかった」という実感にある。

私たちは誰もが「内反足」の持ち主である。ミカルの場合、それは神が彼女の父に恩寵を与えることを拒んだという痛みであった。他の者にとっては体重の問題、仕事で成功できなかったこと、あるいは愛情のない不幸な生活といったことかも知れない。他人の弱みにつけ込むことは間違いである。それは絶対に間違っている。あなたがある人物の最も弱い部分を攻撃したい誘惑にかられた場合、動

※15　一五六七〜一六二二年。ジューネブ司教。ラテン語読みは「サレジオ」。作家、ジャーナリストの守護聖人。修道会の「サレジオ会」は彼の名に因《ちな》む。
※16　一八七四〜一九六五年。イギリスの小説家、劇作家。
※17　足の裏が内側を向いて、外側だけが地に着く足首の関節異常。

転して友人を殴りつけたりはしないのと同じくらい確実に、人の弱みにつけ込まないことである。他人の人生の痛みの伴う領域に土足で立ち入ろうとするのは、喧嘩をしているときである。彼があなたの言葉を攻撃と捉《とら》えるなら、言葉はますます辛辣《しんらつ》になり、相手はますます排他的になる。触れられたくない痛みについて話し合う必要がある場合は、敵意ではなく愛情を感じているときに論議することである。

ダビデとミカルがこの原則に従っていたなら、怒りを引き起こす問題について議論を戦わせることがあっても、彼らの尊厳は守られ、夫婦関係も維持できたはずである。

腹を立てたときに発する言葉が、こうした傷や疎遠を引き起こす可能性が高いもう一つの理由は、怒っているときに言ったことが本音である、と一般的に考えられているからだ。その瞬間において、それは事実である。私たちは腹を立てているとき、すべてが不当に感じられるものである。両親、配偶者、子供、あるいは友人に、自分の頭によぎる腹立たしい感情を本人に知ってほしいと思う人はほとんどいないだろう。そうした思いを自分の胸にしまっておこうとする理由もそこにある。しかし、そのねじれた思いをひとたび表に出すと、単に怒って吐き出した感情とは受け取られず、それこそが本音だと見なす傾向があるのだ。

従って、十一世紀のスペインのユダヤ人哲学者で詩人のソロモン・イブン・ガビロール※18の言葉に導いてもらう必要がある。「言わなかったことを取り消すことはできても、すでに言ってしまったことは取り消すことができない」

怒りを表すことが適切な場

セラピストの診察室は、自分が感じていることを何でも打ち明けるべき場所である。自分の胸の内にある深い怒りを伝えることは、自分の要求と恐怖について、自分とセラピスト双方がより良い理解に至ることを可能にさせ、より好ましい自己コントロールの仕方を考え出す手助けになるだろう。話したことすべては、他の誰にも口外しないという守秘義務があるので（人命を脅かす状況は除く。八八～九四頁を参照）、不釣り合いで不公正な自分の発言が、怒っている相手の人間に知られることを心配する必要もない。

その逆の立場は、怒りを全く表明しないことである。傷つけられたとき、多くの人は問題に真正面から取り組まず、自分を傷つけた相手に背を向けがちになる。相手に背を向けるのは、「あなたの心のうちで、あなたの兄弟を憎まないように」（レビ記一九・一七）という聖書の教えに背いている。ユダヤ教学院《イェシバー》の学生としてこの律法を学んだとき、級友と私は思わず面白いと思ってしまった。ある学生が教師《ラビ》に難題をふっかけた。「心の中ではなく面と向かって相手に話す限り、相手を憎む権利があるという意味ですか？」

※18　一〇二一～七〇年頃。スペインのユダヤ詩人、新プラトン主義の哲学者。

質問されたラビは、驚いたことにこう答えた。「そんなところだ。言うまでもなく、君が誰かを憎んでいないなら、それに越したことはない。しかし君がある人に腹を立てているなら、その相手と向き合うべきだ。そうしないと、さらに怒りが募《つの》り、いっそう大きくなるだろう」

　彼は、ヨセフとその兄弟たちの聖書物語を例として挙げた。父ヤコブには十二人の息子がいたが、彼はヨセフをかわいがり、贔屓《ひいき》するのを隠そうともしない。父親は特別な飾りのついた「カラフルな晴れ着」をヨセフだけに贈り、他の兄弟には与えなかった。ヤコブはまた、兄弟たちの情報を密かに知らせるようヨセフに促しているように見え、兄弟のヨセフへの恨みはさらに激しく燃え上がった。「ヨセフは彼らの悪いうわさを父に持って来た」（創世記三七・二）と聖書は語っている。加えて、ヨセフはある日、兄弟たちが彼にひれ伏すというお告げの夢を話し、兄弟たちを敵に回してしまう。

　これら一連の言動が及ぼした影響は何か。「兄弟たちはヨセフを非常に憎んでいたので、彼に穏やかに話すことができなかった」（同三七・四）のである。沈黙の対応と抑制された強い憤りがどれくらい続いたのか私たちには分からないが、明らかにかなり長い期間である。そんなある日、ヤコブは家から離れて羊の番をしている兄弟たちのもとにヨセフを遣わした。彼らの様子を見に行ってほしいとのことだった。兄弟たちが、しゃれた衣服に身を包んだヨセフが近づいてくるのを見た時、彼らの憤りを爆発させる舞台は整った。彼を殺すか否かの激論の末、エジプトの奴隷として売り飛ばすことに決め、父親にはヨセフは野獣に襲われて死んだとうまく言いくるめてしまった（この話についてのさらなる考察は一七二〜一七三頁を参照）。

イェシバーのラビは、人が怒りを表さないと、事態はさらに悪化してしまう別の事例を挙げた。ダビデ王の息子で二人の異母兄弟、アムノンとアブサロムの物語で、聖書の中で最も不幸な話の一つである。アムノンは腹違いの妹タマルを犯し、彼女を見捨てる。その後、アブサロムは二度と兄と向き合うことはなかった、と聖書は記している。「アブサロムはアムノンに、良いとも悪いとも語らなかった」（サムエル記下一三・二二）。結局、二年の月日が経ち、彼はアムノンを殺害する手筈を整える。

ラビは、アムノンが死に値するか否かはポイントではないと言った。むしろ、聖書に書かれている「アブサロムはアムノンを憎悪したのに、良いとも悪いとも語らなかった」ことに着目すべきである、と。この物語からラビが導き出したのは、怒りの感情を表したいと思っているのに不自然に沈黙を続ける人は、後におぞましいほどの怒りを爆発させるかも知れない、ということだった。

もちろん、多くの人は、それほどひどい挑発に苦しむことはない。そして人を殺《あや》めるという過剰な反応をする人も少ない。黙々と自分の傷をいたわり、力になってもらえない人に愚痴をこぼし、自分の怒りを関係のない人にぶつけたりする。心理学者キャロル・タヴリスは次のように書いている。

仮にあなたがラディックに腹を立てているなら、あなたが親友とありとあらゆる議論を交わそうとも、何の解決にもならないだろう。議論の結果、ラディックに対するあなたの認識が変らない限り（「そうか、彼が私を侮辱するつもりではなかったことに気づかなかった」等）、これまでの認識から抜け出すことができず、自分の解釈を強化するだけに終わる可能性が高い。枕を叩きつけたり、恨みを晴らす筋書きを想像したり、意地悪い冗談を言ったり、自分の子供に当たったりして、他の対象に怒りを置き換えようとしても、怒りは収まらないし、そうした置き換えでは心のモヤモヤは解消されないだろう。あなたの怒りの原因が変化していないからである[11]。

あなたが怒りを募らせているとき、敵対者との関係は取り返しのつかないほど壊れる羽目になることを覚えておくことだ。あなたが自分の怒りを多くの人と共有するのは、破壊を早めかねない。問題について他人と話す場合は、あなたを落ち着かせてくれ、より広い視点で悲観主義にならずに助言してくれそうな人を選ぶことだ。怒りの火に油を注ぐような人は避けたほうがいい（「彼はあなたにそれを言ったの？　あきれた！　で、あなたはどうするつもり？」などと言いそうな人）。しかし、最も重要なのは、当事者と直接話をするよう努めることである。加害者はあなたを傷つけ、あなたが悲しいほどに傷ついているとは認識していないかも知れず、心から謝罪し、真に悔い改めるかも知れない。

第三者を通してではなく、相手と直接向き合うこと

怒りの対象に注意を向けるとき、当事者同士の直接コミュニケーションが重要になってくる。ロサンゼルスのラビである私の知人は、シナゴーグの新たな活動計画に不満を抱く一信徒から手紙を受け

取った。その手紙の差出人の感情を害したという活動計画は、ラビが精神的な指導者としてそのシナゴーグに赴任する前に確定されていた方針だったことを、ラビ自身は知っていた。彼はその手紙をシナゴーグの理事長に見せた。理事長は、個人的に返信して不満を抱く信徒に方針を説明する、とラビに返事した。

これで問題は解決した。ラビはそう思っていた。しばらくして、シナゴーグの理事長はその信徒から手紙を受け取った。手紙には、ラビが自分の手紙に応答しなかったので、この共同体には精神的な指導者がいないと感じ、ここのメンバーを辞めたと書かれていた。彼はまた、共同体が新しいラビを迎えるなら、自分は喜んでメンバーに復帰するつもりだとも記していた。加えて、この手紙をシナゴーグの評議会全体で共有するよう求め、ラビには手紙の写しを送っていた。

ラビはその手紙を読んだ時の反応を、私にこう描写した。「ありとあらゆる怒りの感情が私の胸中を駆け巡った。『こんな見苦しいことを書くあなたと同じ類いの人間になるよう、自分が駆り立てられるのは残念だ。さらに、私が死ぬか辞任するか免職されることが、あなたのシナゴーグへの復帰を促すことを示唆するあなたの要求は、不当で卑劣なものだ』と彼に書き送りたい心境だった」

もちろんラビはそのようなことを書かなかった。彼は意表を突かれた思いだったが、賢明にもこの信徒からの手紙を同僚のラビに読んで聞かせた。手紙を読み終えた時、同僚ラビは驚くべき反応を示した。「この男が手紙で伝えたかったのは、疑いもなく腹を立てているということだ。失礼ながら、あなたにもまた落ち度がなかったとは言い切れない。あの手紙はあなたに宛てられたものであり、彼がどれほど混乱していたかを理解し、理事長から返事をさせる旨だけでも、あなた自身から彼に伝えるべきだった」

ラビはしばらくの間、辛い思いを堪《こら》えて押し黙った。ようやく彼は同僚にこう答えた。「あなたの言うとおりだ。それにしても、私がすべて正しいわけではないことが分かっても、なぜこの男のことでこれほど苛立《いらだ》つのだろうか？」

ラビはこの問題についてもう少し考え、最終的に気づいたことがあった。それは、もし苦情の申立人が二度目の手紙を書き、自分の手紙への返事をもらえなかったことでどれだけ取り乱しているかを伝えていたなら、申し訳ない気持ちになっていたであろうことだった。ラビは自分が人を深く傷つけてしまったこと、直ちに電話をするか手紙を書くべきだったことに気づき、ショックを隠せなかった。

しかも、その信徒は傷ついた自分の思いや怒りをラビに直接伝えることをせず、こともあろうにラビの雇い主であるシナゴーグの評議会役員に感情をぶちまけ、ラビを解雇するように煽《あお》った。ラビもまた、手紙を書いた男性の批判が妥当である可能性を考えずに、激しい怒りで応答した。

ここでの教訓は何か。あなたの苦情を問題の当事者にぶつけよ、ということである。

ウィリアム・ブレイク[※19]の古い四行詩は、今も豊かな知恵を伝えている。

私は友に腹を立てた。

怒りを告げると、怒りは収まっていた。

私は敵対者に腹を立てた。
怒りを告げなかった。私の怒りはますます膨らんだ。

※19　一七五七〜一八二七年。イギリスのロマン派詩人、画家、銅版画職人。

7章　公正に議論すること

公正な議論を教えるタルムードの逸話

ある日、剣闘士で盗賊の青年レシュ・ラキシュ[※1]は、ヨルダン川で沐浴《もくよく》していた当時屈指の学者ラビ・ヨハナン[※2]に出会った。若き剣闘士も川に飛び込んだので、二人は話し始めた。レシュ・ラキシュの見事な体躯《たいく》と明晰な頭脳に感銘を受けたラビ・ヨハナンは、彼に向かって「あなたの持っている力をトーラーの学問に捧げるべきだ」と言った。

レシュ・ラキシュは「あなたのような美貌は女性に捧げられるべきだ」と応じた。ラビ・ヨハナンはまれに見る美男子だったからである。

「あなたが悔い改めるなら、私の妹をあなたに嫁がせるよう取り計らおう。妹は私よりずっと見映えが良い」とラビ・ヨハナンは答えた。

レシュ・ラキシュは同意し、ラビ・ヨハナンの妹と結婚した。ヨハナンはまたレシュ・ラキシュの個人教師となった。数年もしないうちに、元剣闘士・盗賊の若者はイスラエル屈指の優れた学者の一人になった。

ある時、ラビ・ヨハナンのユダヤ教学院《イェシバー》で、宗教的な穢《けが》れについての議論となった。極めて専門的な内容で、剣、ナイフ、短剣といった金属製のものについては穢れを受けにくいとされていたが、製造過程では必ずしもそうではなかった。これについてラビ・ヨハナンは、鍛冶職人が炉の中で鍛造《たんぞう》する時だけ穢れを受けやすいと論じた。レシュ・ラキシュは、鍛冶職人が冷水にそれらを浸した時だけだと主張した。公然と反論されて苛立《いらだ》ったラビ・ヨハナンは、皮肉を込め「強盗は自分の商売をよく理解しているものだ」と応答した。

自らの恥ずべき経歴に対するヨハナンの当てつけに心を刺されたレシュ・ラキシュは、さらに反撃した。「あなたが今も私を盗賊と見なすなら、盗賊から足を洗うよう踏み切らせたあなたの善意とは、いったい何だったのですか？　私は剣闘士の間で『師』と呼ばれていましたが、ここでもまた『師』と呼ばれているのです」

「どんな善意だったかなどとよくも言えたものだ！　私はあなたを神の庇護の下に連れて来たのだ」

※1　三世紀の賢者の一人。別名はラビ・シメオン・ベン・ラキシュ。

※2　三世紀の賢者の一人。別名はラビ・ヨハナン・バル・ナパハ。

とヨハナンは怒鳴った。

その後、レシュ・ラキシュは重病を患《わずら》った。他のラビたちは、尊敬すべきラビ・ヨハナンの感情を害したのが原因だと確信していた。ラビ・ヨハナンの妹でレシュ・ラキシュの妻は、夫の回復を祈ってくれるよう兄にお願いしたが拒絶された。それで、「夫のための祈りが叶わないなら、せめて私の子供たちが孤児にならないよう祈ってください」と懇願した。

「それでは、私が死んだなら、私がお前の子たちの面倒を見よう」と答えた。

「お前の夫が死んだなら、お前が未亡人にならないよう、私のために祈ってください」と妹は嘆願した。

兄が妹に言ったのは次の言葉だった。「お前の夫が死んだなら、私がお前を養おう」

しばらくして、レシュ・ラキシュは死んだ。すると、ラビ・ヨハナンは深刻なうつ状態に陥った。ラビたちは、若い賢者の鋭い知性がラビの悲しみを和らげることを期待し、最も聡明な若い学者エルアザル・ベン・ペダトを見出だし、共に研究させるために遣わした。

ラビ・エルアザル・ベン・ペダトはラビ・ヨハナンの前に座り、この老いたラビが所見を述べる度に、彼は「ご高説を支持する別の出典を知っております」と言った。

とうとう、ラビ・ヨハナンは彼に言った。「あなたは自分がレシュ・ラキシュと肩を並べているとでも思っているのか？　レシュ・ラキシュは私が所見を述べる度に、二十四の反論を提示した。……私の下したすべての裁定に対して、彼はその根拠を示すよう私に迫ったので、最後には議論の主題が完全に明確になった。しかしあなたは、私が述べたことを裏付ける別の出典を知っていると言うだけではないか。自分の言ったことは正しいと、私自身が分からないとでも言うのか？」。ラビ・ヨハナンはその若者から顔をそむけ、自分の服を引き裂き[※3]、涙を流して嘆きつつよろめいた。彼は、「息子ラキシュよ、あなたはどこにいるのか？」と繰り返し泣き叫んだ。

晩年になると、彼は正気を失ってしまった。ラビたちは神が彼を憐れんでくださるよう祈った。それからほどなくして、彼は死んだ[1]。

ラビ・ヨハナンとレシュ・ラキシュの口論は、タルムードの中の最も悲しい物語の一つである[2]。最良の友だった二人の男は仲違いをし、一人は和解できないまま他界する。残されたもう一人は、友の死の悲しみが深すぎて慰めようもなく、彼の痛みを癒やすことができた唯一の安らぎが死であった。この物語中の痛恨事は、こうした悲劇を生んだ論争が些細《ささい》な問題に端を発していることだろう。

不公正な話が家族に不和を招く

物語の最も重要な教訓は、すべての人に当てはまる。議論の最中、どんなに腹を立てようとも論点に的を絞ることである。論戦相手の説得力を台無しにする有害な個人情報を、決して利用しないこと

※3　ユダヤ教では、悲しみの表明として着用している衣服の一部を裂く慣習がある（創世記三七・二九、サムエル記下一・一一、ヨブ記一・二〇等）。

だ。動揺しているときでさえ、自分の言葉に公正で思慮深い状態を保たなければならない。

有名な舞台女優リン・フォンタン※4は、同じく有名な舞台男優アルフレッド・ラント※5と結婚した。幸せな結婚生活の秘訣を尋ねられたとき、お互い無作法に振る舞わないこと、と答えた。敬意と礼節は公正な議論の前提条件である。これは、たとえ言い争いの最中でも「あなたの友人の名誉を、あなた自身と同じように大切にせよ」というミシュナーの訓戒に通じる(3)。

この単純な原則に従うことができないなら、節度ある議論も険悪な口論へと変質し、友人や親族との仲違いをもたらす。

長年、私は講演会の聴衆に向かって、「この中で、もはや言葉を交わさない関係になっている親族をお持ちの方は、どのくらいいますか?」と尋ねてきた。だいたい全体の約三分の一、もしくはそれよりも多い人が手を挙げる。

家族の確執の原因を聞くと、たいていは些細なことで始まった口喧嘩がエスカレートしたと答える。エスカレートの要因は何なのか。極めて親密な人間関係は、論戦相手に用いることのできる破壊的な情報を互いに言い合い、放った辛辣《しんらつ》な言葉は関係悪化に波及する。

次の例は、家族を引き裂き友情を破壊する、よくあるパターンの口論である。私の知人家族が断絶したのは、父親の死亡記事をめぐる兄妹間のもめ事からだった。地元の新聞は父親の死亡時、長男の家に同居していたと報じた。それは事実であったにもかかわらず、妹は激怒した。父親は、息子の家に引っ越す前は、長年娘と一緒に住んでいたからである。妹は、兄がこの事実を死亡記事に入れることを確認しなかった、とひどく腹を立てたのである。

父親が亡くなって数日も経たぬうちに、妹は、気にくわない兄の行ないを一つひとつ取り上げ、刺々《とげとげ》しい言葉で細々《こまごま》と詮索し非難した。兄もすぐに腹立たしい記憶を呼び覚まして応戦した。この争いは十五年以上も前に起きたにもかかわらず、それ以来兄と妹はごく表面的な接触しか持たなくなってしまった。私がただ一つ確信できるのは、高齢で亡くなった当の父親は、この死亡記事が論争を引き起こしてしまい、草葉の陰で打ちひしがれていることだ。

古代ヘブライ人の格言は、「憎悪は直線を曲線に変える」と伝える。人が怒ると、その理由も「曲がった」ものになる。ラビ・ヨハナンのように、普段は優しく責任感のある人が、思いもかけずにひどいことを口にすることがある。レシュ・ラキシュを言い負かす説得力のある論拠がなかったため、ラビ・ヨハナンは極めて私的な論拠を用いた。レシュ・ラキシュはかつて剣闘士であり盗賊だったと分かった上で、彼の論法が妥当だと見なす者がいるだろうか。

※4　一八八七〜一九八三年。英国出身、アメリカで活躍し、エミー賞、トニー賞などを受賞した名舞台女優。
※5　一八九二〜一九七七年。アメリカを代表した舞台俳優、監督。

公正な議論の仕方を学ぶこと

レシュ・ラキシュは威圧にもひるまず、自分を侮辱するラビ・ヨハナンに反論した。ラビ・ヨハナンの怒りはますます強まった。彼らが論争を始める一時間前、最高の弟子や親友の名を挙げるように求められたなら、ラビ・ヨハナンは迷うことなく「レシュ・ラキシュ」と答えたであろう。ところがいくつかの暴言を交わした後、レシュ・ラキシュの死がささやかれた時期に及んでさえ、態度を和らげることはなかった。そして、ラビ・ヨハナンは妹に「父親がいなくなったら、私が子供たちの面倒を見よう。お前が寡婦になったら、私が養おう」と保証した。

こうした保証は、どれほど見当違いなことだろうか！　彼女は兄に寄りつかなくなった。彼女は家族への経済的支援を心配してはいたが、それよりも彼女の人生で最も大切な二人の男性、夫と兄の和解を望んでいたのだ。彼女はこう考えていたに違いない。「病身の身となった夫を、今からでもヨハナンが訪ねてくれたなら、夫は健康を取り戻すだろう」と。しかし、ラビ・ヨハナンは頑《かたく》なな心を変えなかった。二人の男たちを最後に待ち受けていたのは、悲しい運命だった。

毎年、何万もの家族が仲違いをしてバラバラになり、親密な友情が壊れてしまうのは、論争する当事者が公正に議論を戦わせないからである。あなたが人と論争する際には、自分が問題と感じていることやそれについての意見を述べ、相手が間違っていると思う理由を説明し、あなたがどれだけ強烈に問題意識を感じているかを明確にする権利がある。しかし、これがあなたの持つ唯一の権利である。

相手の権利を個人的に認めず、敵対者の立場を損なうという道徳的権利はない。以前は親密だったために得たその人の過去の情報を掘り返し、それを利用するのは倫理にもとる行為である。

にもかかわらず、人は決まってそうした行動を取る。しかも、別の人から同様のやり方で反論されたりすると、激怒する。言葉には結果をもたらす影響力がある。人を傷つけるためにそれらを用いるなら、被害者は仕返しにあなたを傷つける方法を見出だすだろう。これがラビ・ヨハナンとレシュ・ラキシュの間に起きた出来事である。あなたの人生でこのような苦い出来事を避ける道は、公正に議論する方法を身につけることである。

8章　非難の仕方、非難の受け容れ方

家族の一員が罪を犯すのを阻止できるのに、そうしない者は誰であれ家族の罪の責任を負う。町の人々が罪を犯すのを阻止できるのに、そうしない者は町の人々の罪の責任を負う。全世界が罪を犯すのを阻止できるのに、そうしない者は全世界の罪の責任を負う。

——バビロニア・タルムード、シャバット五四b

自分を望みどおりの人間にさせることができないのだから、人を望みどおりの人間にできないからといって、腹を立ててはいけない。

——トマス・ア・ケンピス[※1]

預言者ナタンの叱責

預言者ナタン[※2]は、人を効果的に叱る方法の聖書的な範例を示している。ダビデ王がバトシェバ[※3]と不倫をし、彼女の夫ウリヤを戦場で死なすように図ったことを知った時、預言者ナタンは王と対峙しなければならないことを悟った。彼の犯した悪事がいかに大きなものかを分からせるため、ダビデの心を動かそうと二人だけで話をする。ナタンは王の前に出て、軽くはあるものの聞き捨てならない不正を働く男について王に語る。

「ある町に二人の男がいた。一人は金持ちで一人は貧しかった。金持ちの男には非常に多くの羊の群れや牛の群れがいた。しかし貧しい男には、彼が買った一匹の雌羊以外にはいなかった。彼がその雌羊を養い、雌羊は彼の息子たちと共に育った。雌羊は彼のパンから食べ、彼の杯から飲み、彼の懐の中で眠り、彼にとっては娘のようだった。ある時、金持ちの男に一人の旅人が来た。彼は訪ねてきた旅人をもてなすのに自分の羊の群れや牛の群れを惜しみ、貧しい男の雌羊を取り上げて自分の客に振る舞った」。ダビデはその男に対して激しい怒りを燃やし、ナタンに言った。「主は生きている。それを行なった男は死罪に相当する。……」。ナタンはダビデに言った。「あなたがその男だ」（サムエル記下一二・一～七）

※1　一三八〇頃～一四七一年。ドイツ生まれ、聖アウグスチノ修道会の司祭。
※2　ダビデ王の宮廷における宗教顧問役の預言者。
※3　ダビデ王の軍隊の部隊長ウリヤの妻。後のダビデ王の妻でソロモン王の母。

ナタンは、王の極めて重い罪について、ダビデ王に立ち向かう道徳的責任があることを認識していたが、効果的な方法で彼を叱責し、ダビデに不正行為を認めさせる必要があると考えた。ナタンがダビデに直接対峙し、彼を不倫者、殺人者呼ばわりしていたら、私たちの多くが間違いを指摘されたときのように、王は言い訳がましく反発したであろう。彼は次のような様々な言い訳を持ち出しかねなかった。「私は不倫を犯すつもりはなかった。ただ情熱に負けたのだ。バトシエバが子を孕《はら》んだと私に告げた時、ウリヤを殺すことだけは何としても避けたかった。私は戦場から彼を呼び戻し、妻と夜を過ごすよう彼に強く促した。そうすれば、彼は自分の子ができたと思うであろう。しかし、彼は拒否した。私は彼に家に戻るよう二度も命じた。彼は二度とも私の命に従わなかった。彼は私に身動きを取れなくさせた。私が何も手を打てないまま彼が家に戻れば、妻が自分の子ではない子を宿していることに気づき、彼女を傷つけることになる。その上、彼らが家を後にして私のために戦っている間、私が将官の妻と夜を共にしたことが知れたなら、どうなるか？　彼らは謀反《むほん》を起こすかも知れない。私はイスラエルの王である。この国の命運すべては、私の双肩にかかっている。国を存続させるには、ウリヤを殺すのが私の務めだった」と。

ナタンが取った方法は、個人攻撃ではなく、道徳的な論点を王に理解させることだった。金持ちの男が貧しい男の愛する雌羊を盗んだように、王は他人の妻を奪ったと説明したのである。ダビデがこの架空の金持ちの男に、「それを行なった男は死罪に相当する」と裁定を下すと、ナタンは「あなたがその男だ！」と応じ、王は自分が身のすくむような非難に値することを認めるしかなかった。ダビデはとうとう、この世のあらゆるこじつけ理論をもってしても、彼の不倫の罪とウリヤの流した無辜《むこ》の血を拭うことはできないと理解した。

このようにナタンが批判の仕方を知っていたので、ダビデは悔い改め方を学ぶことができた。

他人の破壊的行動を知った人の責務

幸い私たちの中には、このようなとてつもない道徳的な罪のために人を叱責する必要のある人は、ほとんどいない。しかしながら、最も親しい関係においては正当な怒りを表明したり（6章を参照）、罪のない人間を危害から守るため、あるいは他の人に益をもたらすために、批判する理由と責務がある。事実、トーラーの六百十三の戒律には、間違ったことをした人を批判することも含まれている。「あなたは仲間を戒《いまし》めなさい。そうすればあなたは彼の故に罪を負うことはない」（レビ記一九・一七）

学者は通常、この戒律の最後の言葉「彼の故に罪を負うことはない」を、他人の破壊的な行動に関する責任を共有することのないよう、率直に意見する義務があると解釈する。例えば、友人が酒を飲んで車を運転しようとしていたなら、この戒律は、彼に車の運転を思い留まらせるための可能なあらゆる対応を取るよう義務づけている。もしあなたが彼を思い留まらせる真剣な努力をしなかったなら、彼が引き起こすかも知れない傷害の罪を共有することになる。

この戒律は、有害な行動を最小限に抑えるのに役立つと考えられるすべての事例において、叱責するよう私たちに命じている。配偶者を言葉で攻撃したり、屈辱的なやり方で子供の行動を「改善」しようとする友人がいたとする。通常、そうした状況の中で率直に意見するのは極めて不快なことだが、沈黙するのは無責任であり、有害な行動の継続を手助けすることになる。

「彼の故に罪を負うことはない」についての第二の解釈は、数名の思想家によって提示されている。他人を咎《とが》めることは許されており、時には義務づけられているが、品位を落としたり恥をかかせるようなやり方は罪である。重大な悪事を犯さないよう誰かを非難するときに、相手に恥ずかしい思いをさせるかも知れないリスクを犯すことは、それほどひどいことには思えないかもしれない（相手の感じる屈辱感は、あなたの言葉が相手の行動に影響を与える可能性を低くするのだが）。その一方で、些細《ささい》なことで誰かを叱る場合（例えば、不用意に何かを壊した子供を叱る場合）、相手に恥をかかせることが正当化されることは決してない。このような事例では、些細な間違いを排除しようとして、深刻な間違いを犯すことになる。そうではなく、最大限の善を行ないつつ最小限の傷で済む批判の仕方を見つけることを目標とするべきである。

アシモフを襲った一撃

アイザック・アシモフ[※4]が語った次の思い出話を考えてみよう。アシモフは、五百冊以上の本の著者および編集者であり（読者から九万通もの手紙や葉書をもらった）、多くの称賛者がアメリカで最高の知識人の一人と見なす人物である。アシモフ自身は、自尊心を込めて率直にこう述べた。「私は幼少期から、自分自身を注目に値する存在だと常に思ってきたし、その持論をぐらつかせたことは一度たりともなかった[1]」

無神経な批判にも動じることのない自我の持ち主がいたとすれば、それはアシモフである。ところが死後出版された回顧録の中で、彼が決して忘れることのできなかった出来事を詳しく語っている。

十五歳の高校生だったアシモフは、マックス・Nという教師の教える作文の授業に出席した。教師が出した最初の課題は、生徒に随筆を書かせることだった。書いた随筆を皆の前で朗読してくれる生徒はいないかと聞かれたので、アシモフは手を挙げた。「私が四分の一ほど朗読した時だった」と彼は回想する。「N教師は私に朗読を止めさせると、私の作文を口汚い下品な言葉で酷評し始めた。教師がこのような口汚い言葉を使うのを聞いたことがなかったので、私はショックだった。しかし教室の反応は違っていた。生徒たちは大爆笑し、私はいたたまれず恥ずかしい思いで席に戻った[2]」

傷つき恥をかかされたにもかかわらず、アシモフは回顧録の中でN教師の酷評は正しかったと認めている。それは、もったいぶった文語体形式で、「全く救いがたいほどひどいものだった」という。彼は教師の否定的な評価をしっかりと受け止め、数カ月後に軽やかな調子の一文を書いた。N教師は

※4　一九二〇〜一九九二年。ユダヤ系アメリカ人、SF作家、生化学者。

それを学内の文学誌に掲載してくれた。初めて活字になったアシモフの意義深い一編だった。

しかし、これを採用してくれたことのお礼に行くと、N教師は「他の作品がどれも真面目な調子だったので、学内誌のバランスを取るために軽い調子の一編が必要だったから載せたまでだ」と言い、アシモフは再び傷ついた。

アシモフが回想録を書いたのは七十歳の時で、自分が末期患者であることを知っていた（二年後の一九九二年に他界した）。この逸話を読むと、五十五年を経てもなおお彼の痛みがどれほど生々しいものかを感じる。「私は人を憎むことはほとんどない。しかし、私は彼を憎む」とアシモフはN教師のことを書き留めている。彼は積年の幻想を打ち明ける。「私にタイム・マシーンがあったなら、何冊かの私の本と私について書かれたいくつかの記事を携え、一九三四年に逆戻りし、『どうしようもないクズ生徒の作品は、いかがでしょうか？』と彼に言いたい。『あなたは自分の教室にどんな生徒がいるのか知らなかった。私をどうしようもないクズと呼ぶ代わりに、まともに扱ってくれたなら、私の資質の発見者としてあなたの名を書き残すこともできたのに』と」[3]

アイザック・アシモフほどの自信家でさえ、「これまでに受けた最も手ひどい自我への一撃だった」と記すほどに打ちのめされ得るのなら、人の気持ちを顧みない傷つける言葉によって、どれほど多くの脆弱な魂が傷つけられているか、考えてみるべきであろう[4]。

不用意に残酷なことを言わないため、口を開く前に次の三つの問いを自らに問うことである。

1．この批判を述べることで自分はどう感じるのか？　快感か、それとも苦痛か？

「批判を伴わない愛は愛ではない」と、古代のユダヤ文献は教えている[5]。概して、愛を伴わない批判、気遣いのない批判は、批判された当の本人の助けにはならない。あなたが批判的な言葉を発するのを楽しんでいると自分で気づいたなら、それを口にすべきではない。不誠実な関与、被害者の不快感を眺める喜び、あるいは腹を立てている相手を傷つけたいという欲望は一目瞭然だろうし、聞き手は身構えて反発するだろう。批判される側に身を置いて想像したらいい。話し手が批判することを楽しんでいるのに気づいたら、反省するどころか、自分の中に怒りや拒絶反応が引き起こされるのではないだろうか。

もしあなたが、本当は批判したくないが道徳的な責務からそうするべきだと感じているなら、その動機は対峙する中で相手に明確に伝わるだろう。聞き手はあなたを、危害を加えたがる敵対者とは見なさず、尊厳と自尊心を保持できるよう手を貸してくれる友人と見なす可能性が高い（つまり「自分を批判するのは私への愛からで、私がこの習癖《しゅうへき》を正せば万事うまくいくだろう」と考えるようになる[6]）。

人を批判する前に、医大生に贈られている次の助言を考えることだ。「あなたの第一の責務は、害を与えないことである」。あなたの発する言葉の中身と口調、その両方が、聞き手の自信を失わせず具体的な欠点を克服する助けとなる自信がないのなら、黙していることである。

2. この批判は、人が変わるための具体的な方法を提示しているか？

批判によって人を変えるのは難しい。マイモニデスは、非常に具体的で戦術的なアドバイスを提言した。「他人を叱責する場合、叱責する相手に対する侮辱であれ、神に対する侮辱であれ、内密に行ない、優しく穏やかに話すこと。そして、相手を利するためだけに語りかけていることを示すべきである」[7]

マイモニデスの忠告と、アシモフの作文教師の行動を比較してみよう。マイモニデスは、批判するときは「内密に」行なうべきと助言する。N教師が最初にアシモフを批判したとき、教室全員の前だった。マイモニデスは「優しく穏やかに」批判するべきと助言する。Nは公私にわたり、ひどい言葉でアシモフを批判した。マイモニデスは相手を「利するためだけに」語りかけ、批判するべきと助言する。Nがアシモフを批判したとき、明らかにアシモフのためを思ってではなかった[8]。

アシモフに対して思いやりのある作文教師なら、どうしていたかを想像してみよう。下品な言葉で若い学生を一笑に付すのではなく、授業の後に彼を残し、彼の文章スタイルがどのように不自然だったのかを示しただろう。他の生徒にも教えるために公で批評する必要性を感じていたとしても、若い生徒に絶望的な失敗作と感じさせることのないよう評価することはできたはずである。アシモフがお気に入りで、少なくとも彼に好感を抱いている教師なら、批判するにしてもより穏やかな言い方を模索したであろうことは想像に難くない。例えばNは、うまく書けていない文章をいくつか選び、それらがいかに全体の文意を弱めたかを例証することもできたはずである。Nにはアシモフを傷つけたい意図があったので、無情な言葉を発したのである。彼はまさに、人を批判してはいけない部類の人間であった。

3．自分の言葉が相手を威嚇《いかく》することなく、元気づけているか？

十九世紀のユダヤの倫理学者ラビ・イスラエル・サランテル[※5]は公開講義の最中、あらゆる宗教的な罪に対する批判を述べた末に、こう告げた。「私が列挙したすべての罪に対して、私が潔白であるなどと考えてないでほしい。私もいくつかの罪を犯したことがある。従って、これまでの批判すべては私自身に向かって声を大にして語っているのだ。あなたが耳にした何かが自分にも当てはまると思うなら、結構なことだ」

サランテルの話し方は、聞き手に威圧感を与えず、元気づけるのに非常に効果的だ。あなたが批判する習癖に自ら取り組んでいるなら、必ずそれを言うべきである。批判されるべき欠点がないとしても、それに匹敵する欠点について、あなたがそれらを克服しようと格闘し努力している話を引き合いに出すことができる。自分の弱さを認めることは、聞き手に対して上から目線ではない印象を与える。さらに、あなたが自分自身を変える試みについて説明することは、それを聞いた人が同

※5　一八一〇〜八三年。リトアニア生まれの賢者、ハシド派の高名なラビ、ユダヤ教倫理《ムサル》運動の提唱者。

様のことを行なう上で、何らかのヒントになるかも知れない。

誰かがあなたの批判に対してオープンであることを望むなら、相手の士気を下げるような十把一絡《じっぱひとから》げの発言は避けることである。論評は具体的な出来事に限定すること。「いつも」とか「一度も～したことがない」といった言葉を用いる批判（「あなたはいつも自分に都合の良いことばかりを考えていて、他人の要求を考慮しない」とか「あなたは行動する前に、一度も考えたことがない」など）は、聞き手を過剰な自己防衛に導きかねない。こうした批判にさらされて、いったいどんな人が「そうなんですよ、自分の都合しか気にしないんです」とか「本当に愚かなんです。行動する前に考えたことは一度もありません」と認めるだろうか。こうした「いつも」とか「一度も～したことがない」という言葉が子供に向けられるとき、子供の自己概念《セルフ・イメージ》を永久に歪めかねない。

過度の非難が倫理にもとるのは、それらの言葉が心理的にダメージを与えることに加え、大抵が真実ではないからである。聞き手が行動する前に「一度も考えたことがない」のが真実でないことは、あなた自身が知っている。あなたが非難する相手に比べて道徳的に優位な立場にいると思っていても、嘘《うそ》をついたり相手の欠点をことさら誇張するなら、間違ったことをしたのであり、真っ先に批判する資格があると思っている優位な立場を失う。

腹を立てたときには、無条件に事実を曲げ、誇張した言葉を使う傾向がある。そうした傾向が強いと思う人は、十九世紀の東ヨーロッパの賢者ラビ・シムハ・ズィセル・ズィヴ[※6]の言葉を思い起こすことだ（彼の助言は教室という文脈で提示されたものだが、非常に幅広い適用性がある）。「とても頻繁にあることだが、教師は三、四回叱られても依然として耳を貸さない生徒に腹を立てる。そんな教師は怒る前に、自分自身の短所を三、四回注意されて、自らそれを正しているかを自問すべきである(9)」

ラビ・イスラエルの逸話

批判は言葉を使わないとき、最も雄弁である。ある銀行家の行動に影響を与えたいと望んだ十九世紀ヴィシュニッツ※7のハシド派のラビ・イスラエル※8を取り上げよう。彼は、愛情の言葉が伴っていたとしても、正面切っての批判は裏目に出るであろうことをよく認識していた。「人に聞き入れられることを言うよう命じられているように、聞き入れられないことは言わないように命じられている(10)」というタルムードの忠告に導かれ、ラビは違うアプローチを用いた。

ヴィシュニッツのラビ・イスラエルは毎夕三十分間、彼の助手《ガバイ》を連れて散歩する習慣があった。そんなある日のこと、彼らはある金持ちの銀行支配人の家の前に立ち止まった。その銀行家は、啓蒙運

※6　一八二四～九八年。サランテルの高弟の一人、リトアニアの「ケルムの長老」と呼ばれた。
※7　旧オーストリア・ハンガリー帝国領の町（現ウクライナ西南部）。ハシド派の歴史を継承する町。
※8　一八六〇～一九三六年。ヴィシュニッツの高名なラビ。

動の信奉者であるマスキール[※9]として知られ、レッベ（ハシド派のラビの呼称）の門人たちとは縁遠い人物だった。ラビ・イスラエルが玄関をノックすると召使いが扉を開け、家に招き入れた。当惑する助手は、言われるまま邸内に入るレッベの後に従った。

この銀行支配人は著名な客人に敬意を払い、丁重に出迎えた。レッベは差し出された席につき、かなり長い間、無言のまま座っていた。作法をわきまえた主人は、訪問の理由を直接尋ねることが非礼に当たると考え、レッベの助手にその問いをささやいたが助手は肩をすくめるばかりだった。しばらくして、レッベは退出の挨拶を述べた。銀行の支配人は玄関まで同行し、彼の訪問意図を理解しようと好奇心にかられて尋ねた。「レッベ、なぜ拙宅をお訪ねになったのかご説明いただけませんか」

「私はあるミツヴァ[※10]を実行しようと貴宅に伺った。そしてそれを実行できたことを神に感謝している」とレッベは答えた。

「それはどのミツヴァのことでしょうか？」当惑気味の銀行支配人は尋ねた。

「私たちの賢者は『人に聞き入れられることを言うよう命じられているように、聞き入れられないことは言わないように命じられている』と教えている。もし私が自分の家に、そしてあなたがあなたの家に留まるなら、『聞き入れられないことは言わない』というミツヴァは何の意味もなさない。ミツヴァをきちんと実行するには、明らかに耳を傾けない人の家に行く必要がある。そしてそこで、その人物に話しかけるのを控えなければならない。それこそが、私の行なったことだ」

「恐らく、レッベ」銀行支配人は言った。「あなたは寛大な方であられるので、それが何のことなのか私にお話しいただけませんか。私が話を聞き入れないなどと誰が言えるでしょうか」

「あなたは聞き入れないと思う」とレッベは返した。

　レッベが口を開くことを拒めば拒むほど、他人の秘密を知りたいという好奇心はますます膨らんだ。「聞き入れられないこと」とはどんなことかを明かすよう、彼はレッベに迫り続けた。

「よろしい、話すことにしよう」とうとうレッベは語り始めた。「ある無一文の未亡人が、自分の家を抵当にあなたの銀行から多額の借金をしている。数日以内に、あなたの銀行は彼女の家を競売にかけて処分しようとしている。彼女は路頭に迷うことになるだろう。私はあなたに彼女の借金を見逃してもらいたかったが言えなかった。『聞き入れられないことは言わない』というミツヴァのために」

　銀行の支配人は仰天して、「ところで、私に何をしてほしいのでしょうか？」と尋ねた。「お金は銀行から借りているのであって、私個人からではないのです。私はオーナーではなく一支配人に過ぎません。借金は多大な額に上ることでしょう。ですから、たとえ……」

「まさに私が最初から申し上げてきたことです」レッベは相手を遮《さえぎ》って言った。「あなたには聞いてもらえない話です」

　彼は会話を終えて立ち去った。銀行の支配人は邸内に戻ったが、レッベの言葉が彼の心から消える

※9　ヘブライ語で「啓蒙主義者」のこと。
※10　ヘブライ語で「戒律」のこと。

ことはなかった。身銭を切って未亡人の借金を肩代わりするまで、彼に安らぎを与えなかった。直接人を批判しなくとも、正しい批判の仕方、相手の心に変化が生じるやり方を知ることである[11]。それこそが、私たち全員が獲得に努めるべき品位である。

自分の非を認めたがらない人間の性《さが》

適切に批判するのは難しいが、批判を受け入れるのはもっと困難である。批判されると、多くの人は指摘された落ち度を否定したり、可能な限りそれを過小評価する。批判する人と自分自身のどちらにも、自分は変わることなどできないと強く主張する。人が自分を批判していると分かったら、すぐに反撃の策を練る有様である。

聖書によると、この問題は人類の歴史と同じくらい古い。神が具体的に禁じた行為、すなわち「善悪の知識の木からは食べてはならない」という命令を守れなかったアダムが咎められたとき、アダムは非難の矛先をエバに向ける。「あなたが私と共にいるよう与えてくれた女が、木から取って私に与えたので、私は食べました」（創世記三・一二）。事実、アダムの言葉の意味するところは、エバだけでなく神にも責任があるというもので、アダムのそばに女を置かれたのは神だからである。罪を犯したことについて、神はエバを問い詰めると、彼女は非難の矛先を蛇に向ける。「蛇が私を欺いたので、私は食べました」（同三・一三）。アダムに食べるよう促した事実を、エバがはぐらかしていることに着目する必要がある。

かなりの歳月を経て、カインが弟アベルを殺した直後、神が「あなたの弟アベルはどこにいるのか」と呼びかけた時、この殺人者は、「私は知らない。私は弟の番人なのか」（創世記四・九）と答えた。

時代が何世紀と経過しても、人々が批判に対してよりオープンになったとは言えないだろう。二世紀のタルムード学者ラビ・タルフォン[※11]は、嘆いて言った。「批判の受け容れ方を知っている者が、この時代にいるだろうか。ある者が『あなたの両目の間からおが屑を取り除け』と言えば、相手は『あなたの両目の間から丸太を取り除け』と答える始末なのだから」[(12)※12]

批判する人に対して、反論したり無視したりするほうが適切な場合もある。事ある毎にあなたが間違ったことをしていると批判し、正しいことをしたときにほとんど何も言わないような人は、あなたを嫌っているか、あるいはその人の批判は誇張されて不公平なものである可能性が高い。さらに、あなたの問題は途方もなく大きく修正不能だとあなたに感じさせる批判者が、建設的なアドバイスを提供することはない。修正不能な欠点について人を非難することは、「あなたがもう少し背が高かったらあなたを本当に愛せたのに」と女性が男性に言うのと同じ感覚である。このように傷つけるだけの

※11　生没年不詳。一〜二世紀にイスラエルの地で活躍した賢者。
※12　おが屑は軽い罪、丸太は重い罪を指す。AがBを批判すると、Bはそれを受け容れるどころか「Aのほうがもっと悪い」と言い始める、という意。

無用の言葉は、誰のためにもならない。

他方、友人や恋人などの人間関係では、互いに批判し合うことが全くないならば、道徳的に成長することはない。チーフラビだったアブラハム・イツハク・クック[※13]は、エルサレムの学者で教師のラビ・アリエ・レヴィン[※14]について、なぜそれほど彼を愛したのかを問われ、こう答えた。「二十年間、彼はしばしば私の家に来たが、私にお世辞を言ったことがない。……私が何かしているのを彼が見て、もしそれが彼の理解できないことだったら、質問するか意見を述べるかした[13]」

ラビ・クックの観察は、金持ちや権力者にとってとりわけ重要である。これらの人間の多くは、畏敬の念を抱いている人か、恐れている人かに囲まれているので、批判されることがない。人は皆、間違ったことをした場合、質問したり批判してくれる信頼できる人が必要である。

何でもあなたに正直に話してくれ、あなたを批判してくれる友人（配偶者でも構わない）が少なくとも一人はいるだろうか。いないなら、あなたには本当の友がいないということだ。

人は成長し変化し向上できる

誠実な人であれば、非生産的な叱責と善意の叱責を見分けることができる。しかし愛のある批判は苦い薬にもなり得る。自分を最もよく知る人が言ってくれる意見は、真の欠点に最も重点を置く可能性が高いからだ。

多くの人は批判されると、次のように反撃する。「私が短気だって？　少なくとも、あなたの子供はあなたに反発しているけど、私の子は反発していない」とか、「あの取引であなたを不公平に扱ったと思ってるのか？　正直さにかけて、私の評判は往々にしてあなたよりも良い。誇張していると思うのなら、他の人たちがどう思っているのか聞いてみたらどうか」

あなたが度の過ぎた論争をしようとしているなら、次のことを肝に銘じるべきである。あなたを批判する人に欠点があったとしても、関係ない。彼があなたについて言っていることが真実であるなら、その人自身に多くの欠点がある事実は無関係だということを。

私の友人の一人が、ラジオのトーク番組の司会をしている。彼はしばしば物議を醸《かも》す政治見解を熱っぽく取り上げるが、電話で論争に挑むリスナーを彼は絶対に侮辱しないようにしている。むしろ彼はリスナーの話すことに注意深く耳を傾け、常に丁重に応答する。彼の見解に明らかに反対する（時には嫌悪する）リスナーからのメールを、彼はことさらに取り上げるのだという。「彼らの考えを知りたくて仕方がないんだ」彼は私に説明した。「私が不公平なことや間違ったことを言ったかも知れない。様々な問題について、これらの人々とは同意できないかも知れないという事実は、彼らが私に

※13　一八六五～一九三五年。ユダヤ教学者、神秘家、エルサレムの正統派チーフラビ。イスラエル建国前のパレスチナにおいて、宗教家と世俗派の橋渡しに尽力した。

※14　一八八五～一九六九年。正統派ラビ。「囚人の父」「エルサレムの義人」と称された。

浴びせるあらゆる批判が間違いであるということを意味していない」

私の友人の、他人の批判に対して著しくオープンな姿勢は、学習して身につけたものである。彼がまだ講演家として駆け出しだった頃、彼は批判する者を皮肉や辛辣《しんらつ》な機知《ウィット》、怒りで受け流していた。今の彼はこう言っている。「これでは人として成長できない。自分への批判に対して何を言っているのかを聞き、真実と間違いを見分けることを学んで人は成長する。自分を称賛する人だけに耳を傾けるのでは、絶対に成長できない」

私の友人のこのオープンな態度は、立派である以上に良い教訓を提供してくれる。言うまでもなく、あなたを批判する人にも多くの欠点があるだろう。実際、彼女があなたに指摘しているその欠点を、彼女自身も持っているかも知れない。しかし、彼女の本当の目的があなたの自尊心を傷つけることであると確信する根拠がない限り、「彼女に私を批判する権利があるのか?」とか「彼女自身の非を見つめたらどうか」などという考えを抑えるべきである。そうではなく、「彼女が言っていることは真実だろうか?」と問うべきである。批判者の主張が多少誇張されていたとしても、彼女の言ったすべてを拒絶する言い訳にはならない。「批判には何らかの妥当性があるだろうか? 彼女が言ったことを受け止め、自分を向上させることができるだろうか?」と問うべきである。

人間としてすでに完璧ならば批判の受け容れ方を学ぶ必要はないが、そのような人は存在しない。どちらかと言えば批判にめげない図太さを持ち合わせている人は、批判を受け容れることが容易かも知れない（私は批判者の言うことを真剣に受け止める人たちのことを言っているのであって、あらゆる批判を払いのけ無視する人たちのことではない)。より神経質な人にとっては、批判的な発言に注意深く耳を傾けることや、怒らず、意気消沈せず、涙を流さないで応答するのは至難の業だろう。ユダヤの伝統によれば、すべての批判を拒絶したり、批判されることによって激昂《げきこう》するのが分かっている人に、批判を提示する義務はない。これに該当する部類の神経質な人なら、この戒律を適用除外にしても構わない。しかし、それは望ましいことではない。あなたが自分の悪い特性を変えることができず、また変える手助けをすることが時間の無駄だと人が結論するのは、たいそう不名誉なことである。

批判を受け容れるのが難しいと感じた場合は、次のことを試してほしい。あなたが批判されたときに、意識的に一つのことだけを変えてみる。それは、批判している人に対するあなたの態度である。相手を敵対者と見なさないこと。これだけである。その際に、偉大なハシド派のレッベであるブラツラヴ[※15]のナフマン[※16]が言った次の言葉を覚えておいてほしい。「今日の自分よりもより良い自分になろうとしないなら、明日という日がある必要はどこにあるのか?」

実際、もはや成長することも変わることも向上することもできないなら、人生にどんな目的があるのだろう。周期的に生きている動物にとって、少なくとも動物の特性の観点から見れば、毎日は過日

※15　現ウクライナ領の西南部、ヴィーンヌィツャ州にある小さな町。
※16　一七七二〜一八一〇年。ハシド派の創始者バアル・シェム・トヴの曾孫。

と同じで変わらない。しかし人間は自己分析と自己批判によって、さらに他人の洞察と批判を通して、成長することができる。

私たちは変わることができるという根本的な前提に立った批判は、私たちを刺激するはずである。それは、私たちの肉体だけではなく、私たちの魂が確実に生きていることを意味する。私たちは病気を診断する医師に対して感じる感謝の思いをもって、自分の修正可能な欠点を指摘する人に敬意を表すべきである。この例えは、前述のラビ・サランテルの門弟の一人ラビ・シムハ・ズィセル・ズィヴが残した言葉である。「人は病人を治そうとする医師に進んで金を払う。精神的な欠点を正そうと手を貸す人に、感謝しないでよいのだろうか?」

こうした修正は、全生涯にわたって継続すべきである。私は死を目前にしながら人との和解と霊的成長を成し遂げた人々を知っている。

ラビ・サランテルは、靴屋の家で過ごしたある晩にふと心に浮かんだ洞察をよく話していた。靴屋の男は、ローソクの炎が消えそうな夜更けまで、脇目もふらずに仕事をしていた。ラビ・サランテルは、「なぜあなたはまだ仕事をしているのですか?」と彼に尋ねた。「ほら、もうこんなに遅い時間ですよ。ローソクも消えそうではありませんか」。靴屋は「夜が更けましたね」と相づちを打ち、「しかしローソクの炎が燃えている限り、修理は可能ですから」と言った。[14]

9章　子供に対する接し方

破れたジャケットはすぐ修繕できるが、ひどい言葉は子供の心にあざを残す。

——ヘンリー・ワーズワース・ロングフェロー[※1]

ラビの暴言

およそ一千八百年前、自らの修めた偉大な学業に誇りを感じていたラビ・エルアザル[※2]という人が、ロバに乗ってゆったりと湖畔巡りをしていた時のことである。

タルムードは私たちにこう伝える。彼に「我らの師よ、あなたの上に平安がありますように」とた

※1　一八〇七～一八八二年。アメリカの詩人。代表作は「ポール・リビアの騎行」「人生の詩篇」等。
※2　別名ラビ・エルアザル・ベン・ペダット。三世紀頃に活躍した賢者。

またま挨拶をしてきた男がいた。彼はとても醜《みにく》い男だった。その男の見苦しい容貌はラビの機嫌を損ねた。彼は挨拶を返す代わりにこう応じた。「できそこないめ！　なんと醜い姿か！　町の者は皆お前のように醜いのか？」

男は答えた。「そう言われても、これぱかりはどうすることもできません。私を創られた名工のところに行き、『あなたの創った器（人間）は何と醜いことか』と言ってください」。ラビ・エルアザルは、（瞬時に）自分が間違っていたことに気づいた。彼はロバから下りて男の前にひれ伏し、「あなたにお詫びする。どうか赦してほしい！」と言った。

男は答えた。「私を創られたあの名工のところに行き、『あなたの創った器は何と醜いことか』と言うまで、私はあなたを赦しません(1)」

私がこの物語と最初に出会ったのは、二十代前半の若いラビ学生の頃だった。これは実話ではなく、道徳的な教訓を教えるためにラビたちが創作した虚構の話だと確信できた。格別に尊敬されるべきラビほどの人物が、どうして他人の醜い容貌を馬鹿にする心ない態度を取ることができようか。確かに、タルムードはラビ・エルアザルが後悔したと描写しているが、そもそも、彼はどうしてそのような暴言を吐いたのだろうか。

子供に対する侮辱

以来、私は書物よりも実生活から多くのことを学んできた。このラビは自己満足に浸っていたのか、はたまた苛立《いらだ》っていたのか。ともかく、名声を博した人物でもつい不埒《ふらち》なことを口走ってしまうという事実に、私はもはや驚かない。これまでの人生において、友人や知人から直接話を聞いたり回想録を読んだりして、ひどい侮辱を受けて苦しんできた人がいることを知っている。それも、赤の他人ではなく、他の誰よりも愛してると言ってはばからない両親からの侮辱である。

確かに、子供の行動にイライラさせられ、時に激怒してしまうことがある。働き過ぎで不安だらけの両親は、子供の軽率さや聞き分けのなさ、あるいは礼を失する行動にもっぱら目が行きがちである。もしあなたがこうしたことに目くじらを立てているなら、自分の子供に感情的な害を負わせることに加え、重要な倫理規範「善の認知」（ヘブライ語で「ハカラット・ハトヴ הכרת הטוב」）をも犯している。幼い子供の癇癪《かんしゃく》や自己中心的な性向は、時に腹立しくイライラさせられるものだが、大人の行動基準で子供を判断することは道理に外れている。反抗的な行動が子供のすべてを物語るのではないことに気づかなければならない。

ロサンゼルスを拠点とする精神医学者の友人テリー・ウォールバーグは、癇癪やその他の厄介《やっかい》な行動に関し、子供がこのような行動に出る原因について指摘している。何を必要とし、どのような欲求や感情が子供の行動を動機づけるのか。学校で辛いことがあったのか、友人関係やクラスの中で困った出来事があったからなのか。単に疲れていて機嫌が悪いだけなのか。これらの問いを自問するなら、私たちは言葉に対してもっと思いやりをもち、もっと優しくなれる。子供たちと話すことで、なぜそのような行動を取ったのか、子供自身が理解するのを助け、子供が自らの内側に秘めたものを整理し、その意味を理解させるよう彼らに手を貸すことができる。これはしつけをしないことを意味するのだろうか。もちろん、そうではない。子供たちの行動の背後にある要求を言葉で確認するならば、親の反応が理解と愛から来ていることが伝わるだろう。

児童心理学者ミリアム・アダハンは賢明な助言をしている。「子供はあなたが知らないところで無数の自己訓練を実践していることに、あなた自身が気づくことである。あなたが呼んだときに子供が来てくれたこと、食べたくないのにあなたの要求に従って食事をしたこと、あなたのいいつけに従うために苦痛を感じながらも楽しい遊びをあきらめたこと、あなたが忙しいときにあなたを煩《わずら》わせず、兄弟姉妹と喧嘩や言い合いをしなかったことなど、無数の出来事があったことを(2)」

あなたには、「もちろん」と思い当たる節があるだろう。眠っている子供の顔を覗き込み、子供の手助けをして保護し、大事にする以外のことをしようと望む親がいるだろうか。にもかかわらず、子供に対して歯止めのない怒りを爆発させたり、子供の自尊心を傷つけたり、心ないことを言ったりしたことがないと言える正直な親は、いないのではないだろうか。それに、少なくとも私たちの多くは、親の言葉によって負わせられた傷をいくらか持っている。

十代の頃に胸が小さいことをひどく気にしていた女性は、父親から「お前はいつになったら胸が大きくなって、本当の女になるんだ？」と冷やかされた記憶に今なお気後れしている。

少年時代に学校でちょっとした騒動をよく起こした敏腕弁護士は、「私たちがお前を愛していると思うな。この家では、親の愛はお前自身が手に入れるんだ」という父親の思いやりのない脅しに今なお苛立っている。

エレノア・ルーズベルト[※3]は、彼女の母親が末の弟にどれほど愛情込めて話すかを忘れることはなかった。その愛情が彼女に向くことはなかった。「客人がいるとき、母は振り向いて『娘はとっても古風なおかしな子なので、私たちはいつもあの子のことをお婆ちゃまと呼ぶんですよ』と言っていた。私は穴に入りたいほど恥ずかしい思いをした」と友人たちに打ち明けている。[(3)]

私の知人女性は、母親に「あなたは人前に出たら微笑んだり笑ってはだめよ。あなたの出っ歯は見苦しくて、ひどい見た目だからね」と言われたことをいつも思い出す。今でも、彼女が笑うときは決まって口を開けて笑う衝動を抑え、手で自分の口を覆っている。

※3　一八八四～一九六二年。社会運動家、外交官、フランクリン・ルーズベルト第三十二代米大統領の妻。

親が放ったこれらの有害な言葉の中には極端に思えるものもあるかも知れないが、心理的ダメージを招く凄《すさ》まじい言葉の威力を認識するのは難しいことではない。近年、子供の肉体的および性的虐待に極めて大きな注目が集まっているが、このような虐待に苦しむ子供はまだ少数である。しかしながら、言葉の虐待に苦しむ被害者の数はおびただしい数に上る。それなのに、こうした親の言葉による虐待が、深刻な問題と見なされることも議論されることもほとんどない。虐待の被害者たちが、その傷を墓場まで抱えていくことになるのは、嘆かわしい現実である。

ユダヤの伝統で、公然と人に恥をかかせる禁止事項の対象は、大人と同様に子供にも強く適用される[4]。十二世紀のユダヤ人哲学者マイモニデスは、子供の感情的な要求にほとんど関心が払われていないと確信できる世界では、次のように裁定した。「未成年であれ成人であれ、男女を問わず人前で人に恥をかかせてはいけない[5]」。実際、子供は屈辱などのあらゆる攻撃に対して脆弱であるため、親が子供を戒《いまし》める必要があるなら、成人と同様に内密に行なうべきである。気の短い親はこの禁止事項を破らないために、例えば公の場や子供の友達のいるところで叱らないよう、とりわけ注意を払わなければならない。

残念なことに、多くの親は日常的にこの倫理規定を犯している。一部の親は、学習障害やその他の障害で自己制御できない行動に対して、子供の自尊心を傷つけることさえする。ある五十代の中年男性は、六歳の頃にまだ夜尿症で悩まされていた。父親は家族全員の前で彼にこう言った。「バカンスにモーテルや友人の家に泊まることができないのは、お前が寝小便をするからだ。お前は家族全員の夏をぶち壊したんだ！」。彼は今もその恥ずかしさと憤りを忘れないという。この男性を知る精神医学者エイブラハム・ツワルスキー博士は、こうコメントした。「これは全く不公正な叱責である。彼は夜尿症をコントロールできなかったからだ。男性は、父親の意地の悪い非難が彼の心臓に杭を打ち込んだと感じた。これが最悪だったのは、家族の面前で話されたことだ。こうした配慮に欠ける発言は、子供に計り知れない影響を与える可能性がある[6]」

　子供たちが悪いことをしても、親は優しく支えになる言葉だけをかけなければならない、と言っているのではない。もちろん親には、正しいことを子供に教え、子供が間違ったときに戒める義務がある。親を意味するヘブライ語の「ホレー הוֹרֶה」は、教師を意味するヘブライ語「モレー מוֹרֶה」と同じ語源であり、語源学的に親の第一の務めは教えることであると示唆している。事実、どう教え、いつ話をして戒めるのか分からない親は、非倫理的な子供を育ててしまうリスクを冒している。

批判の的を絞ること、そして褒《ほ》めること

　聖書のサムエル記は、ダビデ王の息子アドニアが父の晩年、エルサレム近郊に出かけては、じきに自分が王になると公言した、と伝えている。そもそも、まだ存命である統治者の父への無神経なまでの傲慢さと無礼な態度は何に起因しているのか。聖書は、「彼は父から『なぜあなたはそのようなこ

とをしたのか』と咎《とが》められたことがなかった」と記している（列王記上一・五〜六）。

この箇所で、聖書の選んだ言葉には重要な意味がある。ダビデの間違いは、アドニアの粗悪な性格と身勝手な人間性を非難しなかったことにある、と言っているのではない。恐らく、何もかもひっくるめた非難は、本人の反省する気を失わせて逆効果となってしまう。そうではなく、聖書が示唆するダビデの間違いは、アドニアが間違ったことをしたその時にそれを非難せず、「なぜあなたはそのようなことをしたのか」と一度も彼に問わなかったことであった。

批判を具体的な悪い行ないに限定すれば、親が子供の自己概念《セルフ・イメージ》を傷つけることはまずない。

確かに、批判し過ぎず批判不足にもならない最高のバランスを見出だすのは容易ではないが、多くの親が、無遠慮で相手を傷つけるような批判と、容認されるべきではない行動を黙認することの二者択一で動揺することは、はるかに悪い。

数年前、私の親友は十歳の娘を絶えず批判していることに気づいた。

- ●いつも自分の洋服を部屋に散らかし放題にする
- ●食べ物をすぐ手でつかんで皿に載せ、フォークをほとんど使わない
- ●「お願い」とも言わずに物をねだり、それを受け取っても「ありがとう」と言わない
- ●話しかけても、相手の顔を見ない
- ●親が電話で話しているときでさえ、いつも話に割り込んでくる

ある晩、彼女の父親は、娘が学校から帰宅してから眠りにつくまで、自分と妻がうんざりするほど長々と娘に不満をぶつけていたことに気づいた。彼は、自分が雇い主に仕事や人格のあらゆる面をこのように批判されたら、どう感じるだろうかと考えた。実際、自分の行動は改善されるだろうか、それとも自分の能力に対する自信を完全に喪失してしまうだけだろうか。上司からの絶え間ない叱責は、相手を改善させたいという愛の期待よって、向上意欲を引き起こすためになされたと信じることができるだろうか。それとも、上司は自分をあまり好きではないから、自分の能力を低く評価していると結論づけるだろうか。

翌日、夫婦は娘を完璧な十歳児に仕立てようとするのではなく、彼らが最も気にかけている一つの領域、すなわち子供の道徳的な性格に的を絞ることにした。以降、「お願い」「ありがとう」といった礼儀正しさと感謝の気持ちが、親の譲れない娘への要求になった。両親は、娘の行動がこの一点において改善しないならば、不快で不親切な鼻持ちならない大人になるのを感じ取った。しかしながら、彼女がだらしのないずさんな人間になってしまったとしても、それは不幸なことではあるが、彼女が両親から拒絶されたと感じるよりはましだろう（後になって、こうした特性の見直しに取り組む時も来るだろう）。

両親は自らの行動を変容させることで、ヘンリー・ワーズワース・ロングフェローの「破れたジャケットはすぐ修繕できるが、ひどい言葉は子供の心にあざを残す」という鋭い洞察を、自分のものとして取り入れたことを実証した。

一般的に、親は厳しく批判し過ぎるということのみならず、褒めるのを忘れているという点でも過ちを犯している(ちなみに子供が良い大人になってもこれは当てはまる)。宗教作家のゴットフリート・フォン・クロネンベルガーは『時代のしるし』(*Signs of the Times*)の中で、ある若い母親が牧師に打ち明けた話を紹介している。「私の小さな息子はすぐに悪さをするので、私は度々あの子を叱る必要があります。しかしある日、彼は格別にいい子にしていました。その夜、私が彼をベッドに入れ布団をかけてから階下に降り始めると、あの子の泣き声が聞こえました。私が部屋に戻ると、あの子は枕に顔を埋めていました。すすり泣きの合間に彼は、『ママ、ボク、今日いい子じゃなかったの?』と尋ねたのです」

母親は続けて言った。「その質問は、ナイフのように私に突き刺さりました。私はあの子が悪いことをしたときには、すぐに正してきました。しかし、彼が行儀良くしたとき、そのことには着目していなかったのです。褒め言葉をかけずに、あの子を寝かしつけていました」(7)

「批判過剰、称賛不足」という、一部の親によく当てはまるこのパターンは、生涯、子供に自分は人間として不適当で愛されるに値しないという感情を持たせてしまう。心理学者ハイム・ギノット※4は、母親と父親に、次のように助言している。「あなたの子供を良くしたいのなら、あなたが他人に話す自分の子供たちについての良いことを、彼らの小耳に挟ませなさい」

これは明白なことであるはずだが、中にはそうではない人もいる。私は、意地の悪い言葉で虐待を繰り返す母親に育てられたある女性を知っている。彼女が幼い頃に母親は死んだ。母親の死後、母親の友人から初めて聞かされたのは、彼女がキャンプ地から書いた手紙を母親が友人たちに読んで聞かせていて、母親はその美しい手紙を明らかに誇らしく思っていたということだった。そのことを生前に伝えてくれていたなら、娘にとってどれほど意義深いことだっただろう。

また、他の人があなたの子供について言っている良いことを、彼らに確実に知らせてあげることである。私はかつて、この教えの一例を示す偉大なピアニストの自伝に出会った。そのピアニストはある日、自分が子供の頃に彼のピアノ教師が母親に、「お子さんは黄金の手の持ち主です」と話しているのを聞いたことを思い出した。その日から、ピアニストは自分の手を畏敬の対象と見なした。どんなに難しい課題であっても彼は鍵盤に向かい、くじけなかった。彼は「黄金の手」の持ち主なのだから。

他の子供と比較して叱ってはいけない

親が子供に対して過度に批判的であるという問題と密接に関係しているのは、他の子供との比較を通して子供を言葉で傷つけるという、一部の親に見られる傾向である。

※4　一九二二〜一九七三年。イスラエル人心理学者。著書は『親と子の狭間』（*Between Parent and Child*）。

「お兄ちゃんは一度もお漏らしはしなかったわ。あの子は気をつけようとしたわ。なぜあなたはできないのかしら?」

「お姉ちゃんはいつも『お願い』と『ありがとう』を言うよ。あなたもお姉ちゃんのように礼儀正しく、思いやりのある子になってもらいたいね」

「お兄ちゃんもお姉ちゃんも、学校で面倒を起こしたことがなかった。いつも親をイライラさせるのはあなただけよ」

この種の比較は、多くの親の口をついて出る。私はさらに、黄金律を侵害した明らかな例を挙げることができる。「メアリーの夫トムは長時間働いているけれど、メアリーが家の手伝いをいつ頼んでも不平を言ったことがない」と妻に言われ、どれだけの男性が感謝できるだろうか。「ジルやローラのように、君がもっとたくさんのことを身につけ、革新的な仕事をしてくれたなら」と上司が言うのを、どれだけの女性が聞きたいだろうか。

私は幼少期から大学に通うまで、できの悪い生徒だった。勉強に退屈し、興味のある話題に関する本は読むが、興味のない学科の宿題をしたことはほとんどなかった。私のやる気のない行動は、両親をひどく悩ませた。同じ学校に通っていた年上の従兄弟《いとこ》のうち二人は首席で卒業していた。私の姉もまた非常に勉強好きで、クラス上位の成績だった。校長は何度となく、私をきつく叱った(クラス全員の前で)。「あなたはどこか具合でも悪いのか? あなたはひどい生徒だ。なぜ従兄弟やお姉さんの半分もできないのか、私には理解できない。お父さんは学者、おじいさんも学者じゃないか。どうしたんだ？」。言うまでもなく、校長の叱責は私の学業成績の向上には繋がらなかった。

とはいえ、私は両親に対して不変の感謝の思いを抱いている。両親は私の月並みな成績に失望していたが、もっと真面目に学業に取り組むようにと言うだけで、従兄弟や姉のことを話題にした記憶がない。私の両親は、子供へのあらゆる批判は、他の親族との比較なしに、その子だけに向けられるべきであると直感的に理解していた。また、校長が触れた著名なラビで学者の祖父に私は感謝している。ある日、祖父は校長にこう言ったという（私は後になって聞いた）。「あなたはそのようなことをジョーゼフに言ってはならない。いつの日か、彼は影響力のある人物になり、偉大な業績を残すだろう。そしてあなたは自分の言ったことを後悔することになる」

恐らく、私は祖父の予言に完全に応えてはいないだろう。そのような期待に添える人がいるだろうか。しかし私が人生で達成できたことは、両親の癒しと支え、そして時にやかましく言われたこと、さらに祖父が私に全幅の信頼を置いてくれたお陰であることが大きいと承知している。

親の偏愛による弊害

兄弟姉妹との比較は、また別の理由で有害である。意図するかどうかにかかわらず、そうした比較は、他の兄弟姉妹への親の贔屓《ひいき》を意味する。私がしばしば聴衆に尋ねるのは、この中でどのくらいの人が両親のどちらか、あるいは両方が特定の子を他の子以上にかわいがったと感じて育ったか、ということだ。多くの人の手が挙がり、あまり愛されなかったと感じる人が話し始めると、かならず深い痛みが湧き上がってくる(親に贔屓された子供がしばしば親の偏愛に不満を抱いているということを、私は長年学んできた。贔屓された子は兄弟姉妹に快く思われない結果を招くからである。また、子供の達成度が親の幸福の拠り所になっていると子供が感じて育った場合が多々ある)。

親には、子供たちすべてが平等に――あるいは友人のラビ・アーウィン・クーラ[※5]が示唆するように、より好ましい「唯一無二な方法で」――愛され、正当に評価されることを保証する責務がある(子供の寝室でこっそりと、ある子のことを他の子以上に好きだと表明したとしても、その時限りの対応であるなら許容される)。親が子に対する愛情や正当な評価を伝えないならば、子の負う心の傷は生涯癒えない。母親や父親さえ自分を本当に愛してくれていないという感情を持って子供が社会に出て行くことほど、大きな心理的ハンディはない。

加えて、子供を比較することは家族の一体感を損なう。子供たちは、自分たちが一つの団結した家族の一員という実感を持てず(「一人は皆のために、皆は一人のために」という感覚)、有限な親の愛と承認を奪い合う競争相手と互いを見なすようになる。この種の競争は誰にも最良な結果をもたらさないし、こうした子供が大人になったとき、互いに親密な関係を築けない可能性が大きい。これまでに指摘したように、聖書によれば、ヤコブは他の息子たちの誰よりもヨセフを愛し、自分の依怙贔屓《えこひいき》を隠そうともしなかった。ヤコブはヨセフのために、多彩な糸で織った格別に美しい晴れ着を与えた。

こうしたヤコブの依怙贔屓は、彼の他の子供たちにヨセフへの敵対心を煽《あお》ることに一役買った。その結果、兄たちはヨセフを奴隷としてエジプトに売り飛ばすよう手配し、父親にはヨセフが野獣に食われたと告げた(創世記三七章)。タルムードのラビたちは、このエピソードから次のように結論した。「子供たちの中から一人だけを選び出し、依怙贔屓をしてはならない。なぜなら、ヤコブがヨセフに与えた特別仕立ての晴れ着は倍もする高額なものだったので、弟は兄たちの妬《ねた》みを買い、このことが私たちの先祖がエジプトで奴隷になることへと導いたからである(8)」

裏表のない子供に育てるには

子供が親に嘘《うそ》をつく最も一般的な理由は、子供が本当のことを言ったらどうなるかを恐れるからであろう。ある両親は、五歳の息子がしでかしたいたずら（壁にクレヨンで落書きするなど）を、幽霊を含めた自分以外の誰かのせいにすることに苛立っていた。両親は、本当のことを言う限り怒らないと息子に保証した。両親から繰り返し保証された少年は、一貫して真実を話し始めた。二年後、母親の机から大事な書類を取ったかどうかを彼に迫った時、彼は「ママ、僕がもう嘘をつかないということを知っているでしょ」と言った。

※5　一九五七年〜。アメリカ系ラビ、作家。全米ユダヤ学習指導センターの会長を務めた。

ドイツ人作家ヨハン・パウル・フリードリヒ・リヒター[※6]は、二世紀前にこう書いた。「子供が嘘をついたなら、嘘をついたと告げよ。ただし、子供を嘘つき呼ばわりしてはいけない。嘘つきと決めつければ、彼自身の性格に対する自信を失わせる」

私の友人で精神医学者のアイザック・ヘルシュコプフ[※7]は、子供に嘘をついたと告げるよりもはるかに良いのは、ソクラテス式[※8]の質問をすることであると主張する。結論が明白になれば、子供は嘘を取り消して訂正することができる。それは現実の生活の中でどのくらい役立つのかと私がヘルシュコプフ博士に尋ねると、彼の娘の一人のある出来事を話してくれた。彼女が三歳か四歳の時、親が買い与えた覚えのない高価なクレヨンセットを、娘が保育園から持ち帰ってきたことがあった。両親はそれをどこで手に入れたかを尋ねた。少女は「私が見つけたの」と答えた。

「どこでそれを見つけたの？」

「保育園よ」

「保育園の中のどこなの？」

「空っぽの教室」

「どうして教室が空っぽだったの？」

「みんな出て行ってしまったの」

「誰かが忘れたんじゃないかな？」

「たぶん」

「誰だと思う？」

「分からない」

「あなたのクラスのお友達の誰かが、その高いクレヨン・セットを持っていなかったかしら？」

「たぶん」

「誰かしら？」

「デボラ」

「デボラが忘れたんだと思わない？」

「たぶん」

「たぶん？」

「きっと」

「あなたはどうするべきだと思う？」（「どうしたいのか」ではなく「どうするべきだと思うのか」）

「私が彼女にそれを返すべきだと思う」

※6　一七六三〜一八二五年。ペンネームはジャン・パウル。ゲーテとも親交があった小説家。
※7　ニューヨークの開業医、セラピスト治療に携わる。
※8　問いを立て、それに答えるという対話に基づく問答法。相手の答えに含まれる矛盾を指摘し、相手に無知を自覚させることにより真理の認識に導く。

「今日のうちにそれを返さなかったら、あなたはどう説明するのかしら?」

「おうちに持って帰ったと本当のことを話すわ」

ヘルシュコプフ博士はこう指摘した。「彼女に何をするべきかを言わないことで、彼女はクレヨンを返して完全な信用を得ることができる。私たち両親はソクラテス式対話をすることで、彼女を窮地に追い込んで嘘をつかせる必要もなく、また彼女の嘘を指摘する必要もなかった」

父と母を敬うこと

子供が親に向ける言葉に関して、十戒が定める第五戒「あなたの父と母を敬え」は覚えておく価値がある。聖書は三つの対象への愛——神(申命記六・五)、隣人(レビ記一九・一八)、寄留者(レビ記一九・三四)——を命じ、親を愛せとは命じていない。あまりにも親密な関係においては、「愛せよ」と命じるのは難しい。愛は存在しているか否かのいずれかである。聖書が要求しているのは、愛が欠乏するかも知れない痛みの伴う時期でさえ表現できる「敬意」という手だてである。それは、子供が親に腹を立てるときでさえ、自分の人生から両親との関係を断つものではないことを意味し(子供が親からの身体的・性的な虐待、あるいは深刻な精神的虐待を受けた事例を除く)、また怒りを露《あら》わにして「私はあなたが嫌い」とか「あなたのような親ではなく、もっとまともな親が良かった」といった発言を避けるべきことを意味する。

多くの子供は、親の言葉に深く傷つけられて成長する。成人するまでに、彼らの多くは言葉での切り返し方を身につける。子供はやがて、今度は親を傷つける側になる。そして、親を傷つけることに成功すればするほど、自分自身にさらなる苦痛をもたらすことになる。『ボクの親父は切れ者でボクはどうしようもないろくでなし』（*My Daddy Was a Pistol, and I'm a Son of a Gun*）の中で、著者ルイス・グリザード[※9]は、父親が亡くなった病院で、死者のわずかな所持品を確認していたときのことを書いている。グリザードは、父親の上着にずっと入っていたらしい一通の手紙を見つけた。

> それは、私からの手紙だった。私が六カ月前に書いたものだった。タイプで打った短い一枚の手紙だった。手紙の最後で、私は父の悪癖についてかなりの不平をぶつけていた。父が酩酊状態で現れないと約束できないなら、私の家に来てもらっては困ると伝えた。そして素っ気なく署名した。「愛を込めて」といったことは何も書かなかった。妥協を許さないという意味を込めて、ただ自分の名前を書きつけただけだった。
>
> 父がなぜあのような手紙をずっと持ち歩いていたのか、今なお不思議に思っている。もしかしたら、自分の悪癖を直すための警告書として取っておいたのだろうか。私には分からない。ひょっとして、一人息子が自分に敵対していることを思い出すために取っておいたのだろうか。いずれにし

※9　一九四六〜一九九四年。アメリカのユーモア小説家。

ても、私はあのような手紙を書いた自分を赦すことができなかった。私がどれほど父を愛していたかを知らずに、父は亡くなってしまった。そのことが、私の脳裏から離れることはない。(9)

10章　人前で侮辱することの代償

人前で隣人を辱めることは、血を流すのに等しい。

――バビロニア・タルムード、バーバ・メツィア五八b

隣人を人前で辱めてはならない

およそ一千八百年ほど前、イスラエルで当代一の学者であったラビ・ユダ・ハナスィ[※1]が、やにわに神経を非常にいらつかせたのは、重大な講義の最中だった。多量のニンニクを食べたある受講者が悪臭を放っていたため、ラビは講義に集中することが難しいと感じた。ラビ・ユダ・ハナスィは唐突に講義を中断し、「ニンニクを食べた者は退席せよ」と指図した。

※1　一三五～二一七年。パレスチナのユダヤ人共同体の中心的指導者、ユダヤの教典『ミシュナー』編纂者。

すると、ラビ・ユダ・ハナスィより著名度において若干後塵を拝する学者ラビ・ヒヤ[※2]がすぐに席を立ち、後方の出口に向かい始めた。人前でラビ・ヒヤが屈辱感を味わわされたと感じた他の多くの受講者たちも、彼の後に続いて退席したため、この講義は取りやめになった。

翌朝、ラビ・ユダ・ハナスィの息子がラビ・ヒヤと対座し、父親の講義を台無しにしたと批判した。「私が父君を困らせたなど、とんでもございません」とラビ・ヒヤは応じた。

「どうしてあなたはご自分がなさったことを否定できるのですか」と息子は言った。「ニンニクを食べた者に退席するよう要求したとき、あなたは席を立ったではありませんか」

「私は悪臭で父君に迷惑をかけた人が、人前で恥をかかされることのないよう席を立っただけです。私はラビ仲間の中で、すでに一定の評価を得ておりますので、あのように人前で見せしめになって恥をかいても構わないので退席したのです。とは言え、ニンニクを食べた人が私より低い立場のラビだったり、あるいは生徒だったなら、彼らがどのような思いになるのかをご想像ください。その人はひどく辱められた上、格好の笑い物となったことでしょう」

（原書注・バビロニア・タルムードのサンヘドリン一一aに、この出来事が記されている。ラビ・ヒヤの取った行動についての簡潔な説明を大幅に敷衍《ふえん》し、本文と注解に記されている説明部分を彼の台詞《セリフ》とした。）

これまで私たちは、怒りや批判の言葉の代償について検討してきた。しかし、私たちの誰もが期せずして犯してしまいがちな、冷たい批判を口にする場合はどうだろうか。前述の例では、ニンニクを食べた不運な人の尊厳を守る以上のことをラビ・ヒヤは案じた。ラビ・ユダが仲間に恥をかかせるという、ユダヤ教の最も重大な倫理上の罪の一つを犯すことを回避させたかったのである。

タルムードは「人前で隣人を辱めることは、血を流すのに等しい[1]」と教える。この比喩は適切であると思われる。恥をかかされた人は、顔から血の気が引いて青白くなるからである。この例えは別の理由でも適切である。極度に辱められたと感じる人は、時に死を望む。公の場での侮辱は自殺に繋がるのである。二〇一〇年に全米の注目を集めた事件がある。ラトガース大学の一年生タイラー・クレメンティは、ルームメイトが同性愛者同士の密会を撮影するため学生寮の部屋にウェブ・カメラ[※3]を取り付けていたことを知り、ジョージ・ワシントン橋から飛び降りた。このルームメイトはソーシャルメディアを通じて、クレメンティの密会を見るよう他の学生に働きかけていた。

もちろん、クレメンティ事件は特例ではない。数年前、『ピープル』誌は、肥満体型のために同級生にひどいあだ名を付けられてうわさされ、馬鹿にされた十代の女子の自殺を報じた。この記事を読んだある人から、以下の手紙が届いた。「私も十代の頃、同級生にひどくいじめられていました。私も肥満体型だったため、いつもひどい目に遭わされ、いじめから逃れることができませんでした。先生たちは何度も現場を目撃していたのに、何もしてくれませんでした。校長が私に話してくれたのは、

※2　一八〇〜二三〇年。ユダヤ教シャマイ派の高名な律法学者。ラビ・ヨハナンの弟子。
※3　インターネットに接続されたカメラのこと。

いじめを行なった生徒の行動を止めさせるにも限界があるということでした。自殺も考えましたが、幸運にも実行できませんでした。……他の人をからかうすべての若者に、そうされたときの苦痛と恥ずかしさを知ってほしいと私は願っています。六年間、彼らが私に苦痛を与えた名前でこの手紙に署名します。ビッグ・バーサ[※4]として全校に知らせたいのですか、いかがでしょうか」

当然のことながら、ユダヤの倫理は――そして私はすべての倫理体系がそうあることを望むが――心を傷つけるニックネームで人を呼ぶことを禁じる（さらに人には、どのニックネームが自分を傷つけるかを決める権利がある）。このことを子供たちに教えるのはとりわけ重要である。彼らはしばしば同級生にひどいニックネームを付けて苦痛を与えるからである[2]。

子供に限らず、人前で侮辱された犠牲者が被る恐ろしい被害に気づいていても、ジャーナリストや著名人、影響力を持つ人、さらにこの問題については一般市民も、人に恥をかかせることへの嫌悪感が物足りないように思えるのである。

新聞がある男を辱めた例

この章では、最近起きた事件と昔の事件両方に焦点を当て、人前で恥をかかされることがいかに積年の問題であるかを示していく。

一九五九年、ある著名な実業家が、ミズーリ州セント・ルイスのある大学に五十万ドルの寄付をした。『ザ・セントルイス・ポスト・ディスパッチ』紙は、この実業家について調べるよう記者に命じた。記者たちはすぐに、彼が文書偽造、窃盗、不正小切手の発行などにより、三つの懲役で約十年間服役していたことを発見した。事実、FBI（連邦捜査局）は国防関連の仕事から彼を除外していた。しかし出所してからの三十五年間、彼は何も犯罪を犯していなかった。さらに重要なことに、大学に寄付した五十万ドルを含め、彼の所持する現在のお金が違法に獲得されたと確信できる根拠はどこにも見当たらなかった。

にもかかわらず、称賛されるはずの新聞記事の見出しは「前科者」だった。過去の犯罪歴を知らなかった男性の妻と息子は、この記事を「悪意に満ちたもの」と告発した。それに対し、同紙の編集主幹は「家族の非難それ自体が、当社の記事が真実であることを物語っていると思う」と応じた。[3]

タルムードの道徳規範は、編集主幹の対応とは著しく異なっている。タルムードは、「人が悔い改めているなら、彼に向かって『昔の行ないを思い起こせ』と言うことは禁じられている[4]」と教える。言うまでもなく、男性であれ女性であれ、その後の行動が模範的であるとき、その人のきまりの悪い過去の話を他人に吹聴するのは、極めて残酷なことである。

この新聞記事は、この男性と家族だけではなく、より多くの人々にとっても有害であった。過去の

※4　一九一四年にドイツ軍が開発した四十二㎝口径の巨砲を、開発したクルップ社の社主夫人ベルタに因《ちな》んでドイツ語で「ディッケ（太った）・ベルタ」と呼んだ。その英訳。転じて太った人を揶揄《やゆ》する隠語となった。

非を正そうと努めてきたすべての人に対して、士気と自立の意欲を削ぐメッセージを送った。どれだけ勤勉に働いても、慈善目的の寄付やあらゆる形の「善行」をしても、永続的に人生最悪の行為と結びつけられて語られ、二度と好ましい評価を取り戻すことはできないと告げられたに等しい。このメッセージは、「更生しても意味がない」と人に感じさせてしまうのではないだろうか。

『ザ・セントルイス・ポスト・ディスパッチ』紙の「暴露記事」が暗に伝えたメッセージの影響は大きい。数十年前、刑事裁判所は悪事を行なったとしてその男を罰した。そして後に、この新聞は彼の善行を罰したのである。

政敵を選挙キャンペーンで侮辱した例

次の事例は常軌を逸している。概して、報道機関や記者が悪意のない人に対して恥をかかせるようなことは滅多にない。つまりジャーナリストは、私たちの多くと同様に、腹立たしい相手に対してのみ恥をかかせる傾向がある。

敵対者に恥をかかせたいという欲望は、政治の世界ではとりわけ珍しくはない。一九八〇年、下院議員選挙に出馬したサウス・カロライナ州のトム・タニップシード※5が、何十年も前にうつ病にかかり電気ショック治療を受けていたという話を共和党の対立候補が見つけ出し、その証拠を公表した。タニップシードが、対立候補者の強い苦痛を与える選挙運動を批判した際、リー・アットウォーター※6（当時サウス・カロライナ州の共和党選挙参謀で、後にジョージ・ブッシュの一九八八年の大統領選参謀として有名になった）は、「治療のブースターケーブルに繋がれた人物の告発に答える気はない」と応じた。[5]

何という醜悪なプライバシーの侵害であり、他人を公の場で侮辱してはならないという金言に対する違反だろうか。アットウォーターは、タニップシードのみならず、電気ショック治療を受けたすべての人を害する悪質なイメージを、有権者の頭に注入した。『ニューヨーク・タイムズ』紙の記者エレノア・ランドルフ※7は、二十年後にこう記している。「その後、タニップシードがどれほど教育について語り、犯罪や選挙違反を訴えても、有権者の記憶にはあのブースターケーブルのことしか残らなかった[6]」

この話には辛辣《しんらつ》な後日談がある。十年後、アットウォーター自身が手術不能の脳腫瘍に襲われた。病院の不快な医療機器が自分の体に取り付けられているのに気づいた彼は、自らの死の運命に直面し、タニップシードに赦しを乞う手紙を送った。「いわゆる『ブースターケーブル』発言の逸話が、私のすべてのキャリアの中で最低な出来事の一つであり続けているのをあなたにお伝えすることは、私に

※5　一九三六年〜。弁護士、民主党リベラル派の政治家。
※6　一九五一〜九一年。政治コンサルタント。全米共和党委員会の議長を務めた。
※7　一九四三年〜。ニューヨーク・タイムズ紙編集委員、ジャーナリスト、作家。

とってとても重要なのです」それから、こう付け加えた。「私の病は、今まで知らなかった人間性、愛、兄弟愛、人との関わり合いを私に教えてくれました。病気にならなかったら、私がそれらを理解することはなかったでしょう。その意味で、何事にも真実と良い面があるということです[7]」

法廷で原告を侮辱した弁護士の例

当代のアメリカで最も権威ある専門職の一つである法曹界では、一般的に、法廷で弁護人が相手に屈辱を与えるよう推奨している。とりわけ刑事事件の弁護士の間では、反対の証人に屈辱を与えることが、極めて有効な手段と見なされることがある。成功を収めた著名な刑事弁護士セイモア・ウイッシュマンは、看護師に異常な性行為を強要した容疑で告発された依頼人の、難しい訴訟の弁護について回想している。

ウイッシュマンは、看護師の告発が捏造《ねつぞう》であると仮定する何の根拠もなかったが、看護師に力づくで性行為を迫った物的証拠について、警察の診査医が医療報告書に何も言及していないことを知って大喜びした。この警察側の手抜かりにより、彼は女性の信用を傷つけ、法廷で恥ずかしい思いにさせる攻撃的な反対尋問をした。

ウイッシュマン　あなたがバーで被告に会った後、楽しいひとときを過ごしたいかと彼に尋ねたのは、事実ではないのですか？
証人　違います！　そんなのは嘘《うそ》です！
ウイッシュマン　あなたが彼と彼の三人の友人を自分の部屋に連れて来て、楽しいひとときを過ごしたのは、事実ではないのですか？
証人　違います！
ウイッシュマン　さらに、あなたが楽しいひとときを過ごした後、金を要求しなかったのですか？
証人　するわけがありません！
ウイッシュマン　あなたが激怒している唯一の理由は、金を払ってもらえなかったという事実ではありませんか？
証人　違います！　そんなのは嘘です！
ウイッシュマン　あなたは異常な性行為を強要されたと主張されています。そうした暴行の証拠が女性の体に残ることを、あなたは看護師として知っているはずです。あなたはご承知だと思いますが……検察の医師たちは、性行為の強要や精神的傷害の証拠を何も見つけていないのですよ。
証人　医師たちが見つけたものなど、私が知るわけないではありませんか。
裁判が終わった後、事件を取り扱った判事は、彼が告発女性の案件を「見事に」こなしたことを褒《ほ》め、ウイッシュマンは得意満面だった。半年後、彼は偶然にも病院で反対尋問をした女性看護師と鉢合わせたが、あの時の得意気な気分はほとんど失せていた。彼女はウイッシュマンに気づくと、「私をひどい目にあわせたこの人間のクズ！」と大声で叫び出した[8]。

言うまでもなく、彼女は異常性行為の強制についてではなく、弁護士が反対尋問で彼女に浴びせた言葉による「暴行」のことを言っていた。ウイッシュマンによると、彼はこの鉢合わせに動揺し、いくらかの罪の意識を感じたという。

最も驚くべきことは、この弁護士が動揺したというその反応である。彼は罪意識を感じて当然ではなかったのか。彼女が、金を払ってもらえなかったので強姦されたという虚偽の申し立てをした売春婦であると示唆するのは、女性への極めて残酷かつ屈辱的な仕打ちである。

（原書注・一部の弁護士による品位を落とす言動は、ドミニク・ダン[※8]の『正義』（*Justice*）の中でよく実証されている。ダンは、ニコル・シンプソンとロン・ゴールドマンの不当な死をめぐる訴訟で、O・J・シンプソンの主任弁護士の行動を列挙している（無罪とされた刑事裁判とは違う損害賠償を求める民事裁判で、シンプソンは有罪とされた[※9]）。推測され得る状況から、ゴールドマンはニコルと自らを守ろうとしてO・J・シンプソンの手で殺された。緊急医療技師の免許を持ち、身体障碍《がい》児のボランティア活動をしていたゴールドマンは、死亡した時わずか二十五歳であったにもかかわらず、レストランを開くことを夢見ていた。弁護士は、ゴールドマンの家族への賠償金を抑えようとして、こう言った。「現実を見てみようではないか。ロン・ゴールドマンは今、レストランを持ってはいない。しかし彼が幸運だったのは、クレジット・カードを持つことができたことだったであろう」。ダンが論評するように、「この弁護士の声のトーンは、彼の言葉の醜悪さに合致したものだった」。他の個所で、ダンは「私の考えでは、弁護人がなし得る最悪な事の一つは、殺人事件の公判中、死んだ犠牲者を嘲笑することである」と記した。）

アットウォターとウイッシュマンの心からの後悔について、彼らのかつての言動とその良心の呵責を広く知らせた彼らの勇気を私は認識している。それは、ジョージ・バーナード・ショーの戯曲『聖女ジャンヌ・ダルク』の印象的な終幕のイメージを思い起こさせる。その場面は、ジャンヌ・ダルクが異端の有罪判決を受け、火刑に処されておよそ二十五年後という設定である。ある民衆のグループが、自分たちの人生に彼女が与えた衝撃を論じるために集まっていた。一人の男は、「生身の人間が焼かれることがどれほど恐ろしいかを目の当たりにし、その後より優しい人間になれたので、彼女の処刑に居合わせたことは幸運だった」と言った。別の男は、「想像力のない人間のために、いつの時代も救世主《キリスト》は苦しんで非業の死を遂げなければいけないのか」と問うている(9)。

ジャーナリスト、政治家、弁護士の中にも、他者を侮辱することがどれほど間違っているか、理解し難い人が少なくないのではないだろうか。私たちの多くも同様である。毎日、数え切れない人が他

※8　一九二五〜二〇〇九年。アメリカ人ジャーナリスト、プロデューサー。
※9　一九九四年、シンプソンの元妻ニコルとその友人ゴールドマンの死体がニコルの玄関先で発見された事件。容疑者となったシンプソンは大弁護団を結成し、争点を人種問題に転嫁し、陪審員の構成を黒人側に有利に導いて刑事裁判で無罪を獲得。しかし民事裁判では同じ展開ができず、多額の賠償金を支払う結果となった。

人に恥をかかされているからである。この感情的な痛みを負わされる状況は、人目につくものではないかも知れないが、心に被った傷は計り知れない。

侮辱される経験は一生のトラウマを生む

私の知り合いの三十代半ばの女性ジョアンを例に挙げよう。彼女は大企業の中間管理職で、仕事の内容には大勢の前で演説や要旨説明をすることも含まれていた。しかし彼女は、人前で話すことを極端に恐れていたため、長年にわたり仕事の昇進が妨げられてきた。

彼女の友人たちやジョアン自身にとっても、なぜ過度に緊張してしまうのか理解し難かった。彼女は相当な専門知識の持ち主で、一対一の場では極めて明確に話すことができた。しかし、人前で話すよう求められる度に緊張で固まってしまい、その合理的な根拠が分からなかった。

切羽詰まったジョアンが心理カウンセラーに相談すると、カウンセラーは彼女に催眠をかけた。すっかり安らいだ気分になるようカウンセラーが誘導した後、人前で話すことに関する不快な記憶やイメージに集中するよう彼女に指示した。ジョアンは昔の自分に戻り始め、すぐに七歳の時に起きた一連のエピソードを生々しく思い出した。当時、両親はアルゼンチンからブラジルに引っ越したばかりだった。ジョアンはすぐにポルトガル語を理解するようになったが、文法については間違いが多かった。不運にも、小学二年生の担任は、彼女を黒板の前に呼び出して教科書の内容について質問することに喜びを感じていた。彼女は何度も正しく答えたが、文法を間違えた際に教師は彼女をからかった。こうしたことが何度かあり、ジョアンは全く答えないことにした。「あなたはどうしてそこに操《あやつ》り人形みたいに立っているの？」教師は彼女に尋ねた。「天にいる神様から答えが落ちてくるとでも思っているの？」

二十五年後、洗練された大人になった彼女は、人前で話すよう求められると今なおお身がすくんでしまう自分に気がついた。学校教師のサディスティックな衝動を満たす言動が、ジョアンの生涯にわたって感情的な傷を残していたのだ。今日に至るまで、彼女は再び侮辱されるかも知れない状況を避けるため（経歴からすれば、自己破壊的な）最大限の努力を続けている。

私の知る別の女性ロベルタは、十代の頃から繰り返されてきた屈辱的な精神的外傷《トラウマ》を忘れることができない。幼児期の彼女は、母親のお気に入りだった。しかし、思春期になって体重がおよそ十キロ増えた時、母親の愛情表現は彼女を萎縮させる言葉の攻撃へと変わった。

ある時、叔母が訪ねてきたのでロベルタが台所の食卓に食事を運んだ。彼女が出て行くと、母親は叔母に「あの子をご覧になったでしょ。あんなにぶくぶく太っちゃって、どうしようもないのよ。見たくもないでしょ？　あの子を見た人は気分が悪くなっちゃうわよ」と大声で言った。母親はこうした発言を他人の前で何度も繰り返した。

高校時代、ロベルタは授業が終わると、他の生徒全員がクラスを出るまで待っていた。彼女は後ろ姿を人に見られたくなかったのだ。そして、学校にはケープ（注・袖のない肩掛けマント）を着て行くようになった。現在、彼女は五十歳を越えているが、母親が他界して久しいにもかかわらず、とても惨めな身体的自己概念《セルフ・イメージ》は、母親が彼女に残した最大の負の遺産となっている。

トルーマンの気遣い

偉大なユダヤ人神学者ラビ・アブラハム・ヨシュア・ヘシェル[※10]は、かつて「私が若い頃は聡明な人間を称賛した。年を重ねた今、思いやりのある人間を称賛する」と言った。ラビ・ヘシェルは、才能があふれていることよりも、思いやりを持つことがより偉大な功績であることを理解していた。

ハリー・トルーマン[※11]は、歴代の大統領で最も知的な人物ではないかも知れない。しかし彼には、鋭い常識に加え、他人に恥をかかせないよう格別な気遣いができる生来の資質があった。

ホワイトハウスを去って約十年後の一九六二年、トルーマンはロサンゼルスのある大学生グループの前で講演をしていた。質疑応答の時間になると、ある学生がカリフォルニア州知事のパット・ブラウン[※12]について言及し、「あの田舎者をどう思われますか?」と質問した。

トルーマン氏は苛立《いらだ》ち、州知事に非礼な物言いをする学生は恥を知るべきだと告げた。彼はしばらくの間、男子学生を叱り続けた。叱責が終わる頃には、その学生は泣きそうになっていた。

今に至るまで、この話がこれまでに挙げた他のすべての例と一線を画するのは、次に起きた出来事のためである。大統領の口述伝記を書いたマール・ミラーは、著書で次のように述べている。「質疑応答の時間が終わると、トルーマン氏は降壇し、学生のところに駆け寄って言った。『私は原則について述べたのであり、個人攻撃ではないことを理解してほしい』。学生はよく分かりましたと言い、二人は握手を交わした。その後、トルーマン氏は学部長のところに出向き、この学生が学校でどのような成長を遂げたか、時折報告書を送ってくれるよう彼に求めた。学部長は了承した。……私がトルーマン氏に『男子生徒に関する報告書を受け取られたのでしょうか？』と尋ねると、彼は『学部長は二、三度私に報告書を送ってくれ、私も返事を送ったよ。学生はよく成長しているようだ』と答えた」[10]（原書注・下院議長を務めた故ティップ・オニールによって語られた逸話においても、根拠のない傷を負わせまいとするトルーマン大統領の気遣いが伺える。〈私が下院議員になった一九五三年、私たち新人議員はトルーマン大統領と面会した。私たちの会話がマミー・アイゼンハワー（新たに選ばれた共和党選出ドワイト・アイゼンハワー大統領の妻）に及んだとき、トルーマンはアイク（注・アイゼンハワーの愛称）には用がないと言った。「彼の家族のことはそっとしてあげなさい」大統領は続けて「君たちの中の誰かが米国大統領の妻や家族を非難したのを私が聞いたら、そのようなことを言う議員の選挙区に個人として出かけ、その議員への反対運動をするつもりだ」と語気

※10　一九〇七〜七二年。ユダヤ神学院教授。ポーランドからナチの迫害を逃れてアメリカに移住した。思想家でもあり、黒人の民権運動、ベトナム反戦運動にも貢献した。

※11　一八八四〜一九七二年。第三十三代米大統領（一九四五〜五三年）。

※12　一九〇五〜九六年。カリフォルニア州知事（一九五九〜六七年）。

を強めて言った。〉『すべての政治はローカル』〔*All Politics is Local*〕より）

トルーマンが、本書の他の個所で論じた一部の政治家と一線を画しているのは、あの愚かで無礼な発言をした若者を嘲笑し侮辱できたにもかかわらず、相手の気持ちを汲み取る意識と感性を持ち、十年後や一年後ではなく即座に人前で彼を叱り、その後すぐ個人的に会話をしたことである。ジョアンをからかった教師が、自分の行なった不公正と悪行にすぐに気づき、生徒へのからかいを止めて謝っていたなら、ジョアンの人生はどれほど違ったものになっていただろうか、想像してもらいたい。

トルーマンの他の番記者たちは、他人の感情への配慮はトルーマンにとって非常に重要であると指摘している。一九六四年、報道記者のエリック・セヴァライド[※13]が、大統領として体験したことについて取材した際、トルーマンは次のように述べた。「諸君が理解していないのは、人を傷つけることのできる大統領の権力である」

セヴァライドはこの発言に衝撃を受け、こう記した。「アメリカの大統領は物事を構築し、運命を決する重大な事案を推進させ、敵の文明をも破壊する権力を持っている。……しかし、他の人間の感情を傷つける大統領の権力とは、私には思いもしなかったことだ。あまりにも多くの人々と接する大統領が、この特別な権力を意識する必要性があるとは、思いもよらなかった。トルーマン氏は、米国大統領の発する言葉やとげとげしい表情、有無を言わせぬ仕草が、人の誇りを傷つける可能性が大いにあると考えたため、生涯にわたって人の感情に傷を残すことのないよう注意し続けた[11]」

まず言葉の破壊力を認識すること

言葉が引き起こす害について、ハリー・トルーマンがこれほどまでに意識するようになったのはなぜか。トルーマンは特に温厚な性格ではなかった。と言うのも、多くのトルーマンの伝記によると、彼はしばしば気持ちを高ぶらせる短気な人間だったと述べているからである。しかし、彼は怒りを露《あら》わにしたときでさえ、人に恥をかかせるのを思い留まったり、人を傷つけてしまったのではないかと恐れてそのダメージの修復に即座に取り組んだ。それは、他人の感情を自分のものとして受け止める観察力の為せる業であり、セヴァライドに語った「諸君が理解していないのは、人を傷つけることのできる大統領の権力である」という言葉に集約されている。

「大統領の権力」を「言葉の威力」に変えてみると、私たち全員が人に恥をかかせる能力を持っていることに気づく。

ほんの一瞬内省するだけでも、あなたの配偶者、両親、親族、友人、あるいはあなたのために働く人たちなど、言葉で傷つけることのできる（ひょっとして、すでに傷つけてきた）人の数がいかに多

※13　一九一二～一九九二年。第二次大戦で、パリ陥落を最初に報道したジャーナリスト。長年CBSでニュース解説員を務めた。

いかを認識するだろう。

私たちがこの力を乱用しないための最初のステップは、まずあなたがそれを持っていることを認識することだ。そうでなければ、自分の口を謹《つつし》む必要を感じないだろう。これはあくまで最初のステップである。そう認識しただけでは、破壊的な言葉の使用を止めるのに十分でないことは明らかである。疑いもなく、多くの読者は人に恥をかかせることがひどく不道徳であると頭で認識し、本章のそれぞれの挿話を読んで納得したことだろう。しかし、そのことを何度も自分に言い聞かせないなら、とりわけ怒っている間にそのことを忘れてしまうだろう。

イギリスに有名な小話がある。ある夜、ある著名な政治家が酒を飲み過ぎて足元がふらつき、体格のいい女性野党議員にぶつかった。当惑した女性議員は彼に、「酔っぱらっているのね。それもむかむかするほどに酔っ払っているわ」と言った。それに対し、その議員は「あえて申し上げましょう。あなたは醜悪だ。それもむかむかするほどに醜悪だ。しかし明日、私は必ず素面《しらふ》に戻ってみせましょう」と返した（議員の名前が出てこないことからも、これは恐らく作り話である）。

この政治家のように、あなたが短気で鋭い機知《ウィット》の持ち主であると自負するなら、人に恥をかかせることが道徳的な悪であることを何度も何度も内省することが重要である。

リー・アットウォーターが、他者の人生で最も辛い話の一つを揶揄《やゆ》することがどれほど冷たい仕打ちなのかを初めて知ったのは、死の直前だった。人を侮辱する行為は、衆人環視の中でその人の顔を平手打ちにして恥をかかせるのに等しいことを、私たちは何度も何度も学ぶ必要がある。アットウォーターが何度も何度もこのことを教えられていたなら、あのような発言をすることはなかったはずだ。

同様に、太りすぎだと繰り返し嘲《あざけ》ってきたロベルタの母親が、その心ない言葉がどれほど彼女を傷つけているかを何度も何度も自らに言い聞かせていたならば、違った結果となっていただろう。四十年経った今でも、彼女は鏡に映る自分の姿を自嘲気味に眺めているのである。母親は言葉を謹む術を学んだことがなかったのだろうか。母親が別の機会に温かい感情を娘に表明していたので、ロベルタは母親に愛されていたことを確信している。しかしロベルタの母親は、言葉の持つ潜在的な破壊力について熟考することを知らず、怒りに駆られたときに自分の口を抑える必要性を感じなかった。弾《たま》の込められた銃をもてあそぶ無責任な子供のように、彼女は人生を送ってきた。言葉は銃弾に等しいということを理解していなかったのだ。

恥をかかせることの恐ろしさ

古代ユダヤの教えには次のようなものがある。「子供に先立たれること、経済的に他人に依存すること、自然に反する死、学んだことを忘れること、耐えがたい苦痛、奴隷になること、人前で仲間に恥をかかせること、これら七つのことを経験するくらいなら、生まれてこないほうがましである[12]」

このリストの最初の六項目は、想像し得る最も恐ろしい運命である。子に先立たれた人を知る人なら、その苦しみから完全に回復できる親などいないことを実感する。同様に、他人に完全に依存する、あるいは人の奴隷になるというのは、恐ろしい事態である。「学んだことを忘れること」については、アルツハイマー病と診断された後、これからのことを考えあぐね、自殺に至った人の話をよく耳にする。たいていの人は、そのような思い切った一歩を踏み出すことはないが、脳にひどい損傷を抱えながら人生を過ごすよりは死を選ぶほうがましだという思いを抱く人は少なくない。

ラビたちがこうした恐ろしい事態のリストに、「人前で仲間に恥をかかせること」を挙げていることに驚かされる。「人前で恥をかくこと」ではなく、「人前で仲間に恥をかかせること」と言っていることに着目してほしい。ラビたちにとって、他人を侮辱する意地の悪い人間になることは、子を失うことや自分の魂を失うことに匹敵するほど恐ろしいことなのである。

それはなぜなのか。一神教では、私たちの精神的能力は神から与えられたものであり、人間は善を行なうためにこの世に遣わされていると信じられているからである。神から授かった贈り物である能力を浪費することが間違いなのであれば、故意に人を傷つけるという邪悪な目的にその能力を向けるのは、どれほど悪いことだろうか！

人生のかなり早い段階で、人を侮辱する残酷さを学んだのが、後にアメリカ大統領となったドワイト・アイゼンハワーだった。彼が二十二歳で学んだ教訓は、その後の人生に影響を与えた。あまり知られていないこのエピソードは、アイゼンハワーの伝記作家スティーヴン・アンブロース[※14]によって語られている。

一九一二年の秋、下士官候補生ドワイト・アイゼンハワーが、……ウエスト・ポイント士官学校の廊下を歩いていた時、上級生の馬鹿げたお遣いで全速力で走ってきた一人の新人士官候補生と出くわした。驚いて大声を上げ、怒ったふりをしたアイゼンハワーは、彼を見下してこう尋ねた。

「ダムガード君（士官学校の新入生の呼称）、君の前職は何だね？」さらに、アイゼンハワーは皮肉っぽく「君は床屋のように見えるな」と付け加えた。

新入生は顔を赤らめた。彼は穏やかに「私は床屋でありました、上級生殿」と答えた。

今度は、アイゼンハワーが恥ずかしくて顔を赤らめる番だった。彼は一言も返答できずに自室に戻り、ルームメートに話した。「私の生きる限り、二度と新入生をいじめるようなことはしない。実際のところ、もう一度何かしようものなら、他の士官候補生たちが私を追い出す必要があるだろう。私は愚かで許されないことをしてしまった。私は彼がかつて生計を立てていた仕事のことで、恥ずかしい思いをさせてしまった」

（原書注・アイゼンハワーが新入生へのいじめの残酷さを学習してから、百年以上が経過した。かなり穏やかないじめは今もあるが、この事例のようなものはなくなったとされているのは結構なことだ。しかし実際、多くの大学の男子学生《フラタニティ》の社交クラブではいじめは続いており、重症者や時には死者さえも出している。少なくとも、社交クラブに加入しようとする者には、屈辱を含んだいじめが行なわれている。私が理解するとおり、本書で概略した原理

※14　一九三六〜二〇〇二年。アメリカ人歴史家。アイゼンハワー、ニクソンの伝記作家。

に基づくユダヤの倫理によって、断固としてそれを禁じ、他の倫理体系によっても同様に禁じるものと信じたい。）

アンブロースはこう結論する。「彼は二度といじめをしなかった。一人の成人として、人に恥をかかせることはなかった（付言すると、彼は軍の英雄ジョージ・パットン[※15]を保護観察とし、彼の将軍昇進を延期した。パットンが戦闘ノイローゼ《シェル・ショック》と戦争神経症に苦しむ兵士を辱め、ひっぱたき、彼らを臆病者と呼んだからで、公に謝罪するよう彼に命じた）[13]」

最後に、自分の言葉を最も注意深く吟味する必要があるのは最も取り乱している時であるということを忘れてはいけない。確かに、言葉を発する前にその結果を考えるのは、取り乱しているような場合においては特に難しい。ラビ・ユダ・ハナスィはニンニクの臭いを不快に感じ、自分の言葉がニンニクを食べた人に負わせるかも知れない恥について、熟考するには至らなかった。しかしラビ・ユダ・ハナスィは、生徒のニンニク臭い息に煩《わずら》わされたことを正当化できたにせよ、彼の鋭い言葉で苦痛を負わせた「罰」は、被害者の「罪」をはるかに上回るものだった。より思いやりのある対応は、ニンニクのことに言及し、五分程度の休憩を通知し、全受講者に口をすすいでくるよう求めることであったかも知れない。

古代のユダヤ文献は、次のような起こりそうもない事例でさえ、他人に屈辱感を与えないよう気遣うことを私たちに求めている。「家族の誰かが吊し首にされた人に向かって、『私の魚を吊してくれ』

と言ってはいけない」。忌まわしい記憶を引き起こしたり、居合わせていた人に恥ずべき出来事を思い出させないためである。[14] こうしたありそうもない事例にさえ、道徳的に注意深くなる必要があるのなら、人の口臭やニキビ、あるいは顔だちの悪さなどを人前で馬鹿にしないようどれほど慎重であるべきかは明らかである。

人を侮辱してしまった場合は、言うまでもなく、相手に謝罪する必要がある。しかし、それよりもはるかに道徳的なのは、人に恥をかかせる前にそうした衝動にブレーキをかけることである。この世の最大の後悔と最善の意志をもってしても、あなたの言葉を消し去ることはできないからである。発言の影響を最小限に抑えるよう、手を尽くすことはできる。しかし残念ながら、それがあなたにできるすべてであって、完全に消去することはできないのである。

※15　一八八五〜一九四五年。第二次大戦中、戦車を主軸とする機甲師団を指揮し、その勇猛果敢さで戦功を立てた陸軍大将。

11章　嘘《うそ》をつくのは悪いことか？

嘘つきとは、だまされたくないという願望をだます人のことである。

——シセラ・ボク[※1]『嘘をつくこと』（*Lying*）

しかしその一方で——

ある医学教授が授業で、確実に死が訪れる病にかかった人に対して、それを告げることが適切かどうかを問うた。医師は患者に対して常に希望を持たせるべきである、と教授が持論を述べると、ある学生は、楽観できる根拠がないなら、辛いことであっても医師はその事実を患者に伝えるべきだと主張した。教授は、医師にそのような態度はふさわしくないと告げた。さらにその学生に対し、「すぐに学部長室に行って、『私はあの教授から医者にならないほうがいいと言われました』と言いに行くべきだ」と伝えた。精神的にひどく落ち込んだ学生が教室を出ようと数歩歩いたところで、教授は彼に声をかけた。「学部長室に行かなくてよろしい。死を目前にした患者に対して、助かる手だてがないことを君が知らせるなら、患者はどう感じるのか。痛み、恐怖、絶望の意識を一瞬でも君に体験させたかっただけだ」

――ジョーゼフ・テルシュキン『ユダヤ倫理の行動規範』（*A Code of Jewish Ethics*）

嘘をつくのに適切な場合はあるのか

客人らが花嫁の前でダンスをするとき、客人は花嫁にどのような言葉をかけるべきなのか。この問いから、タルムードでは奇妙な議論が始まる。

ヒレル派[※2]は、婚礼の客人は「なんと美しく幸せな花嫁だろうか！」と叫ぶべきだと答える。シャマイ派[※3]はそれに同意しない。「足が不自由であったり盲人だったとしても、『なんと美しく幸せな花嫁

※1　一九三四年〜、スウェーデン人哲学者。ハバード大学の人口発展・公衆衛生研究所の客員研究員も努めた。
※2　紀元前一世紀頃に活動したヒレルの教えを継承する人々のこと。律法の解釈では穏健な立場を取る。
※3　ヒレルと同世代のシャマイの教えを継承する人々のこと。ヒレルよりも厳格なことで知られる。

だろうか！』とあなたは言うつもりなのか？　トーラーは『偽りの言葉から遠ざかれ』（出エジプト記二三・七）と命じているではないか」。従って、ありきたりの祝辞を言わず、それぞれの花嫁に「ありのままに」表現すべきであると主張した。

ヒレル派は、「それならば、誰かが市場で悪い買い物をしてしまった場合、その人を褒《ほ》めるべきなのか、けなすべきなのか。きっと褒めることに同意するだろう。だから、ラビたちはこう教える。『人とは常に心地よい関係であるべきだ』と[1]」

このタルムードの議論は、宗教的および世俗的な思想家が一千年以上にわたって問うてきた問題を浮き彫りにしている。嘘をつくのに適切な場合はいつか、という問いである。

驚くほど多くの倫理学者が、「嘘をつくのに適切な場合などない」と答えてきた。彼らはヒレルの提唱するような気配りのある言葉を容認しないばかりか、命が危険に晒《さら》されている場合でさえ嘘をつくのは間違いだとしている。

傑出した教父である四世紀の聖アウグスチヌス[※4]は、キリスト教徒の中でこの立場の最も強力な擁護者である。彼は、嘘をつくことは永遠の生命を犠牲にすることになるので、命を救うために嘘をつくことは愚かであり正当化することはできないと信じ、次のように述べた。「他人を生かすために自分の霊的生命を犠牲にすべきというのは、ひねくれた考えではないか。……嘘をつくことで永遠の生命は失われる。つかの間にすぎないこの世の命の保全のために、嘘をつくことがあってはならない[2]」

嘘を絶対に認めないアウグスチヌスの立場は、一部の英雄的なカトリック教徒に影響を与えた。彼らは嘘をついたために、自らの言動を非倫理的だと感じた。アッシジで偽造の身分証明書を三百人のユダヤ人に提供し、彼らを非ユダヤ人共同体の中に紛れ込ませ、ナチスの手から救った田舎司祭ルフィーノ・ニカッチ神父[※5]は、自分が関与した偽装工作に苦しみ、心の内をこう打ち明けた。「正当な理由のために、私は詐欺師にも嘘つきにもなった。ずっと以前、私は神と和解し、神は私の咎《とが》を赦されたと確信している。にもかかわらず、嘘をついた罪人という意識は私から消えることはなかった[3]」。私が理解しているように、明らかに聖人であるニカッチ神父は、このような嘘をつくこと（それによって無辜《むこ》の生命を救うこと）を拒んだ人たちを、彼よりも罪深くはないと見なした。

カントの嘘に対する哲学的視点

恐らく近代で最も影響力を持っていた十八世紀の哲学者イマヌエル・カント[※6]は、例外なしに真実を語ることは普遍的な絶対道徳と見なしていた。カントは「人間愛という動機から嘘をつく権利と想定

※4　三五四〜四三〇年。古代キリスト教の神学者、哲学者、説教者。
※5　一九一一〜七七年。アッシジの聖ダミアーノ修道院のイタリア人司祭。イスラエルのヤッド・バシェム記念館で「諸国民の中の正義の人」として顕彰されている。
※6　一七二四〜一八〇四年。プロイセン王国（ドイツ）の哲学者、ケーニヒスベルク大学の哲学教授。

されるものについて」というエッセイの中で、人殺しから追われている友人が自分の家で匿《かくま》われているかどうかを尋ねられても、嘘をついて追っ手をだますことは禁じられていると強く主張した。(4)カントは、追われている男の居場所を正しく答えた後に殺人が起きたとしても、道徳的な罪悪感を抱くことはないとまで述べている。「しかしながら、あなたが殺人者に友人は家にいないと嘘をつき、あなたの知らぬ間に友人が家を出て殺人者と鉢合わせて殺されたなら、彼の死を招いたとあなたは非難されるかも知れない。あなたが真実を語っていたなら、……殺人者が家の中を捜している間、近所の人たちによって殺人者を取り押さえることができたかも知れない。このように、真実を語ることで殺人を阻止できた可能性もあるのだ。従って、嘘をつく者は、たとえどのような善意からであっても、結果責任を負わなければならず、それが予期できない結果だったとしても、民事裁判でさえ起きた結果に対する罰を受けなければならない」(カントのこのエッセイを読んだ人は、カントが、殺人者自身と同様に、殺人者をだまそうとした男に対して、強い怒りにも似た感情を抱いているように感じるかも知れない)

哲学者シセラ・ボクは著作『嘘をつくこと』の中で、カントの倫理に従うなら、ナチス・ドイツからの亡命者を搬送する船長に、ユダヤ人が船内にいるかどうかを尋ねる臨検中のドイツ人指揮官に対しても嘘をつくことを禁じたであろうと指摘している。(5)ボクの例は適切である。カントの母国であるドイツ以上にその思想の影響が大きな国はなかったからである。ナチの極めて残忍な統治下でカントに道徳上の指針を求めていたドイツ人は、無辜の命を救う目的でナチ当局者に嘘をつくことは禁じられている、ということに気づいたであろう。

嘘に関する聖書とタルムードの視点

ヘブライ語聖書の見解は、アウグスチヌスやカントと明確に異なる。命の危険に晒される場合、神は嘘を許すだけではなく、嘘をつくよう命じさえすることを聖書は描いている。例えば、神が預言者サムエルに、サウルではなくダビデに油を注ぐ[※7]よう命じた時、サムエルは「どうして私が行けるでしょうか。サウルが聞くと私を殺すでしょう」と拒んだ（サムエル記上一六・二）。

神はサムエルを保護することを約束し、彼に正直に話してその結果に耐えるようにとは告げなかった。そうではなく、神は預言者サムエルに、旅の目的は新たな王に油を注ぐことではなく、犠牲を捧げに行くことであると、サウルに嘘をつくよう指示した。神は、殺人を企《くわだ》てる人間に対して事実を告げる義務がないことを、サムエルに（そしてすべての読者に）教えたいようだ。

命の危機に晒されるような状況ではなく、私たちの直面するより一般的な状況で、嘘をつかないとはどういうことなのか。結婚式でカントが花婿に語りかける場面を想像してみよう。

※7　頭に油を注いで聖別する儀式で、王に任命することを意味した。転じて「油注がれた者」という意のヘブライ語「マシアフ」（メシア）がギリシア語の「キリスト」となり、「救世主」の意味となった。

「私の花嫁をどう思われますか、教授？」

「そうだね、君は彼女が美人だから結婚したのでないことは、彼女を見れば分かる。話しぶりから、彼女が高い知性の持ち主でないことも分かる。しかし、彼女はとても心が優しいようだ。私は花嫁と数分過ごしただけなので、言うまでもなく、それが本当だとは明言はしかねるが」

「たいそう正直なご感想ありがとうございます。しかし教授、あなたのお話が私を傷つけたことを知っておいていただきたい」

これについて、カントは、先述のエッセイの言葉を用い、「発言における真実性は、……自分や他者にとって大きな不利益となるかも知れないが、万人にとって公的な義務である」という言葉で応じたことだろう。

「真実を貫く上で、いかなる犠牲も気にはしない」といった真実への忠節は、人を寄せつけない強い原動力を生み出している。

その他の言葉のやりとりに関して、ユダヤの教えは、真実を曲げることがいつ、どのように許されるのか、さらにどういう場合称賛に値するのか、またいつ禁じられるのかについて、豊富な助言を提供している。嘘をついてはいけない一例として、タルムードはラヴ[※8]の少々滑稽《こっけい》な例を提示する。ラヴの妻は、彼が食べたいものとは逆の料理を出して彼を悩ませた。彼がレンズ豆を求めると妻はエンドウ豆を出し、エンドウ豆をリクエストするとレンズ豆が出てきた。

息子のヒヤが長じて母親のしていることを理解すると、彼は母に父のリクエストの逆を伝えた。ラヴがレンズ豆を食べたいと息子に告げると、少年は父がエンドウ豆を食べたがっていると母に伝えた。ある日、ラヴは息子に「母さんは私のリクエストを聞くようになった」と言った。ヒヤは「それは僕が父さんの伝言を逆さに伝えているからですよ」と答えた。

息子の利口さに理解を示しながらも、ラヴは息子にそのようなことをこれ以上しないよう指示した。なぜなら、「嘘をつくのが習慣になるのは良くないことだ」と思ったからだ。(6)

ラヴは、息子が正直な大人に成長するよう、嘘によってもたらされた重宝さを潔《いさぎよ》く捨てることにした。この教えが今日に伝える教訓は、大人に代わって子供に嘘をつかせる習慣をつけさせるべきではないということである。面倒な相手から電話がかかってきた場合、子供に「パパは家にいないと言ってくれ」と言わせたり、映画の切符売り場で「自分は十一歳だと言うんだよ」と言わせる類いのことである。親の都合で嘘をついたり相手をだましたりするよう親に育てられた子供は、自分の都合で嘘をついたりだましたりすることをたちまち身につけるようになる（十八世紀の作家サミュエル・ジョンソンは、「私が自分の都合で嘘をつくのに召使いが慣れてしまったなら、召使いが彼の都合で多くの嘘をつくのを取り押さえる理由がなくなってしまうのではないか」と述べた）。

タルムードは、子供に嘘をつく親の悪影響を指摘している。「親が子供に約束したことを破るなら、

※8　一七五〜二四七年。バビロニアのスーラ学院の創設者。『ミシュナー』を編纂したラビ・ユダ・ハナスィの弟子。別称アバ・バル・イボ、もしくはアバ・アリハ。タルムードでは単にラヴ（師）という称号で登場する。

子供は嘘をついても構わないと学ぶからだ」[7]。親が子供に贈り物をすると約束したのにそれを果たさないなら、子供は最初ひどく落胆するが、やがて実際の世の中はこのようなものだと冷笑的に結論づけるだろう。

タルムードはさらに、個人的な優位性を確保しようと人に嘘をついたり誤解させたりすることがいかに間違っているかを強調する。例えば、相手が断ると分かっていながら、客人として招待することを禁じている。その狙いは、招くつもりもないのに、相手に恩を売って感謝するよう仕向けることだからである[8]。同様に、高価なワインのボトルを開けるとき、いずれにしてもそのワインを出そうと決めていたのに、「これはあなたへの敬意です」ともったいぶって客人に告げるのは許されない[9]。万が一、客人が勘違いして「私のために、このような素晴らしいワインを出してくれたことに心打たれた」と言ったとしても、客人に嫌な思いをさせてまでその勘違いを正す必要はない。

嘘が許容されるケース

確かに、他人に不当な感情的苦痛を与えることを避けようとする場合、ユダヤ律法は、驚くことに一部だけが真実の嘘や「罪のない嘘」をつくことに寛容である。例えば2章で述べたとおり、創世記一八章には、アブラハムが九十九歳、妻サラが八十九歳の時、三人の神のみ使いが彼らを訪ねたことが記されている。神のみ使いたちは、一年以内にサラが男の子を生むとアブラハムに告げる。そばで聞いていたサラは心の中で笑い、「私は萎えているのに、楽しみなどあるだろうか。それに私の主人も年老いている」と言った。

次節で神はアブラハムに問う。「いったいなぜサラは『私が本当に子を産むのか。私は年老いているのに』と言って笑ったのか」（創世記一八・一二～一三）。神の言葉をサラの言葉と比べてみると、神は彼女の言ったことをすべてアブラハムに伝えていないことに気づくだろう。サラがアブラハムについて「年老いている」と言ったことを、神は省略している。恐らく、そうした言葉が彼を傷つけるか怒らせるかも知れないという懸念からであろう。この一節を元に、タルムードは次のように結論している。「重要なのは平和である。そのために、神でさえ真実を変更したのだ」[10]

一般原則として、真実を告げることにメリットがなく、かつ苦しみだけをもたらす場合、嘘をつくことが許容されると考えられる。従って、あなたの配偶者がパーティーに出かける準備をし、見栄えのしないドレスやスーツを着て身支度をし、自分がどう見えるかと尋ねられたなら、あなたは正直に答えるべきである。そうすることで、配偶者は気恥ずかしい思いをせずに済むだろう。しかし、あなたがパーティー会場で見栄えのしない服装をした人と出会い、その人に同じことを問われたなら、「ひどい格好だ」と思ったとしても、そう答えるのは無意味であり無礼なだけである。

ユダヤの伝承にも、積極的に嘘をつくことを勧める特例がいくつかある。ユダヤ教の観点から見ると、命は真実以上に高い価値があるとされるため、前述のとおり、人を殺すために居場所を尋ねる犯罪者に「真実だけ」を伝える義務はない（泥棒が盗みたい物の在処《ありか》について尋ねるならば、嘘をついても構わない。とりわけ、無節操な人と取り引きする場合、資産を守ることは真実を語るよりも価値がある)。2章で論じたように、誰かがAさんの言ったことについてあなたに尋ねても、良くない意見を省くことは許されているばかりか、実際言わないことを義務づけている(稀なケースを除く。五五~五六頁参照)。その人が「Aさんは他に何を言ったのか?」と情報提供を強要し続けるなら、「何もありません。Aさんは否定的なことは何も言いませんでした」と必要ならば嘘で答えることを認めている(例外となるのは、その人の言った内容が腹立ちまぎれの思いつきの域を超えていて、Aが何を言ったのかを知る切実な理由が認められる場合である)。またユダヤ律法は、嘘を認める稀なケースでも一つだけ制限を設けている。それは虚偽の申し立てについて誓いを立ててはならないということで、偽証になるからである(十戒の第九戒で禁じられている)。特別に神の名によって誓う場合、真実でないことに誓うという行為は決して許されない(無辜の命が危機に晒されている場合を除く)。

従って、この観点から、真実には極めて重要な価値があるが、それは絶対的なものではないということが分かる。知られている限りでは恋愛に関与したことがなく、子供も持たず、ユダヤ教に敬意を払わなかったとされるイマヌエル・カントが違う感じ方をしたにせよ、である。

たいていの嘘は非難されるべきだが(信頼できない話をする人、あるいは自らの利益のために他人を欺く人と、あなたは友達になりたいと思うだろうか)、自分が常に裏表のないことを誇りに思っている人間は、言葉で相手に苦痛を与えて喜ぶサディストと化す口実としてこれを用いることがある。サマセット・モームの自伝『作家の手帖』の中で、話し手の利益のためだけに語られた残酷な真実が耐え難い結果をもたらしたことを伝えている。不倫の末に妊娠したある女性は、夫の溺愛している息子が彼の子でなかったと告げるのに、三十年の歳月を待った。告白された数日後、夫は自殺した。精神不安定に苦しんでいた妻には、夫は事故で亡くなったと告げられた。彼女は「ああ、助かった！私はいつ不倫したかを夫に告げた。告白していなければ、私の人生で心の安らぎを持つことは決してなかった」と言った。(11)

私はこのような人間を、悪意ある真実の語り手と呼びたい。彼女が不倫した時、すぐに夫に知らせなかったのは、金持ちの夫と暮らすことの利点を維持したかったからであろう。代わりに、夫が息子のことを自分の子であると自然に感じ極めて親密な絆を築くまで、彼女は数十年間待ち続けた。彼女は精神不安定に苦しめられ、自分の人生を楽しむことができなかったため、自分と同様に夫が苦しむのを見たかったのだ。そのような生き方を選んだ時点で真実を告げるのは、そもそもの不倫以上に悪い裏切り行為であった。

言葉によるサディズムは一般によくあることだが、とりわけ結婚生活においては有害である。例えば私の知人男性は、夫婦が緊張関係にあるとき、妻よりも魅力的な六人の知人女性とベッドを共にすることをどれほど夢想したかを妻に告げた。同様に、兄弟姉妹のうち一人を偏愛していると自分の子に明らかにする親は、こうした言葉によるサディズムの罪を犯している。

本章の始めに紹介したタルムードの論争で、ユダヤの伝承が、花嫁および花婿の感情を尊重して花嫁を称賛するとしたヒレルの判断を支持しているのは、驚くに値しない。グレアム・グリーン※9の小説

『事件の核心』の主人公が言うように、「人間関係において、思いやりと嘘は（不当な痛みのある）真実より一千倍の価値がある」(12)

巨大《マクロ》な嘘がもたらすもの

これまで私たちは「微小《ミクロ》な」嘘に焦点を当ててきた。それは、他人の感情や安全を守るためにつく些細《ささい》な虚偽のことである。私の友人であるデニス・プレガーは、倫理的な考察が一部の（決してすべてではないが）そうした虚偽を認めるものの、個人の次元を超える「巨大《マクロ》な」問題について嘘をつくことは許されないと主張する。

巨大な嘘は、とりわけ破滅的である。例えば、十九世紀末の捏造《ねつぞう》書『シオン長老の議定書』※10は、世界を征服し、諸国民を戦争と貧困に陥れようとする国際的なユダヤ人の陰謀があると主張した。歴史家ノーマン・コーン※11は、ユダヤ人に対する「集団殺戮《さつりく》の許可書」として、いかにナチスが議定書を引用したかを立証した。ホロコーストでは六百万人のユダヤ人が殺され、うち百万人以上が子供だった。この議定書の嘘が、ナチスによるユダヤ人絶滅のきっかけを作った(13)。

ナチスの巨大な嘘の利用と対照的に、巨大な嘘は、立派な大義名分のために多くの人々を動員しようとする意欲に駆り立てられた人たちによっても語られることがある。しかし、立派な目標を達成するために嘘を用いるのは、しばしば新たな形態の不道徳を生む結果となる。例えば、第一次世界大戦中、反ドイツの世論を結集させたいという渇望に駆られた連合国の宣伝機関は、ドイツ軍の占領部隊が実行した恐ろしい残虐行為の話を作り上げた。ドイツ兵が幼児を宙に投げて銃剣で突き刺し、子供たちの手を切り落とし、修道女たちを強姦していると非難した。これらの作り話は広く信じられ、中でも著名な歴史家アーノルド・トインビー[※12]も是認した。(14) こうした嘘が連合国市民を団結させ、軍隊の士気高揚に寄与したと同時に反ドイツ憎悪を煽《あお》り、時折ドイツ系アメリカ人に対する暴力行為を誘発した。

第一次世界大戦が終結した時、ドイツの統治は過酷で批判に値するものではあったものの、連合国の宣伝機関が糾弾してきたような残虐行為をドイツ兵が行なった例はなかったことが広く知られるようになった。

アドルフ・ヒトラーは、この種の巨大な嘘が効果的な戦略だと考えた数少ない一人だった。彼は政治的自叙伝『我が闘争』で次のように書いている。「イギリスとアメリカの戦争プロパガンダは、心理学的に正しかった。ドイツ人を野蛮人、文化破壊者として自国民に印象づけることで、個々の（連

※9　一九〇四～九一年。ジャーナリスト出身の英国人カトリック作家。
※10　一九〇〇年前後に、ユダヤ人を貶めるためにロシア人神秘思想家セルゲイ・ニルスが書いたとされる偽書。
※11　一九一五～二〇〇七年。ユダヤ系イギリス人の歴史学者。サセックス大学教授、集団精神病理学センター長。
※12　一八八九～一九七五年。英国人外交官、大学教授、著名な歴史家。

合軍）兵士に戦争の恐怖に立ち向かう準備をさせ、……極悪の敵（ドイツ）に対する怒りと憎悪を強めることに成功した[15]」

二十余年を経た第二次世界大戦の最中、ドイツ軍が犯した恐ろしい残虐行為の話が再び流布し始めたが、今度はそれらの話はすべて事実だった。しかし、多くの人は第一次世界大戦中に流された嘘を引き合いに出し、その報告を退けた。先の大戦と同様、反ドイツ宣伝工作が再び繰り返されていると論じられた。結果として、第一次世界大戦の最中に語られた不道徳な嘘は、第二次世界大戦におけるナチの残虐行為の真実の報告を人々が信じないようにする要因となった。より多くの人が、ナチの被害者の言うことを信じていたなら、彼らのためにもっと本気で取り組んでいたかも知れない。

第一次世界大戦での反ドイツ宣伝の立案者や工作員たちが、価値ある大義のために嘘をつくのは称賛に値する行為だと感じていたことに疑いはない。しかし彼らは間違っていた。二十余年の後、何百万人もの無辜の犠牲者は、彼らの道徳的な過失の対価を払わされたと言えるかも知れない。

虚偽を言ったり不合理に誇張して話をしたりと、事実確認が極めてずさんになる傾向が最も気がかりになるのは、高邁な大義を掲げるときである。その不幸な例は、一九八〇年代後半から一九九〇年代初頭にかけて起きた。アメリカ社会が女性は痩せていることが良いと不当に強調し、女性はこの歪曲された強調の結果として摂食障害の被害者になったと見なされた。残念なことに、視聴者や読者の注意を喚起してこの病に警鐘を鳴らそうと意気込むあまり、一部の主要な女権拡張論者の作家は、事実を確認するよりも聴衆を挑発して激昂《げきこう》させることが重要であると結論したようである。

グロリア・スタイネム[※13]は一九九二年の著書『ほんとうの自分を求めて――自尊心と愛の革命』の中で、「この国だけで……摂食障害のために毎年約十五万人の女性が死亡している[16]」と読者に訴えた。この数字が正確なら、過去七年間に百万人以上のアメリカ人女性が摂取障害で死亡したことになる。これは脳卒中で亡くなった人よりも多く、自動車事故で死亡した年間死者数のほぼ四倍ものアメリカ人が摂食障害で亡くなっていることを意味する（ちなみに、一九九二年に自動車事故で死亡したアメリカ人は三万二千五百人）。

スタイネムは統計の出典として、ナオミ・ウルフ[※14]のベストセラー書『美の陰謀――女たちの見えない敵』を引用した。摂食障害で死んだとされる人の数や被害者の苦しみにひどく衝撃を受けたウルフは、「ホロコーストとの比較は正当化されるものではないが、……本来の姿ではなく男性の欲望によって生み出された膨大な数の痩せ衰えた女性の体に向き合うとき、一定の類似があることに私たちは着目しなければならない[17]」と強調せずにはいられなかった。

ウルフは情報の出典として、コーネル大学の女性学研究の元ディレクターで歴史学者のジョアン・ブルンバーグ[※15]の著書『絶食する娘たち――神経性食欲障害という現代病の出現』（*Fasting Girls: The*

※13　一九三四年〜。アメリカのラディカル・フェミニズム運動の活動家で著述家、女性の権利の擁護者。
※14　一九六二年〜。アメリカ人作家、政治コンサルタント、フェミニズムの有力スポークス・パーソンの一人。
※15　一九四四年〜。社会史学者、コーネル大学名誉教授。

Emergence of Anorexia Nervosa as a Modern Disease）を引用している。四つの主要な賞を受賞し、「歴史と現代論点のすぐれた融合」と高く評価されている『ジャナール・オブ・ソーシャル・ヒストリー』が称賛したこの本の中で、ブルンバーグは、年間十五万人にも上る死者は、「女性の体を物体として捉《とら》えることによる……女性の品位を落とす女性差別社会」[18]が原因していると断じた。つまり、年間何十万人もの女性の死に関する責任は、女性の品位を卑しめる「女性の品位を落とす女性差別社会」の創造者である男性にあると主張しているのだ。ブルンバーグは、この統計の根拠は「アメリカ摂食障害協会」（ＡＡＢＡ）にあるとしている。

『誰がフェミニズムを盗んだか』（*Who Stole Feminism?*）の著者で、哲学教授クリスティーナ・ホフ・ソマーズ[※16]は、この統計に首を傾《かし》げた。過去七年間の合計で百万人以上の女性が摂食障害で死亡しているなら、専門家である彼女がなぜそれらの事例をほとんど知らないのか。同じ疑問を、なぜブルンバーグや彼女の本を引用した作家たちが感じなかったのか。これらの本が書かれた一九九四年の時点で、エイズ犠牲者の死亡記事が頻繁に新聞紙上を賑わせていたが、その数は三十万人にも満たない。仮に摂食障害で命を落とした女性の記事を読んだことがあったにせよ、ごくごく稀である（例外は、カーペンターズのリードボカール、カレン・カーペンター）。

ソマーズがＡＡＢＡの会長ダイアナ・ミッキー博士に連絡を取ったところ、注意深く調べられたはずの統計が大幅に変更されるか歪曲され、少なくともひどく曲解されていたことが分かった。協会の発行する一九八五年のニュースレターの中では、十五万から二十万のアメリカ人女性が摂食障害を患《わずら》っていると書かれていた。この数字は、摂食障害に苦しむアメリカ人女性の総数であって、この障害のために死んだ人の年間数ではないのだ。

国立健康統計センター（ＮＣＨＳ）の人口統計部門によると、一九八三年に摂食障害で死亡したアメリカ人女性は百一人、一九八八年は六十七人だった。ＮＣＨＳは、一九九一年に拒食で死亡した人の数は五十四人と報告している（過食による死者はゼロ）。つまり、ブルンバーグによって発表され、スタイネムとウルフが引用した数字のおよそ三千分の一ということになる。ソマーズ教授は、「これらの若い女性の死は確かに悲劇ではあるが、一億の成人女性がいる国で、こうした数字はホロコーストの証拠とは言い難い[19]」と結論している。

摂食障害連合会の創設者で最高経営責任者のジョアンナ・キャンデルによると、今日、毎年数千人の女性（推定八千五百人）が食事関連の要因で死亡していることが明らかになっている[20]。これは取り組む必要のあるとてつもない規模の悲劇であり、実際この連合会のような機関によって対処されている。しかし同様に明らかなことは、米国で年間十五万人が拒食により死亡しているという主張は、事実無根の話だったということである。

しかし残念なことに、かつてのベストセラー著者たちが、何百万人ではなくとも何十万もの読者に

※16　一九五〇年～。アメリカの哲学者、作家。男女の同権を目指す「エクイティ・フェミニズム」の提唱者。

間違った「事実」を紹介し、そのデータや導き出された結論が広く受け容れられてしまっている。一九九二年四月、アン・ランダース[※17]は、新聞の投書への回答に「毎年十五万人のアメリカ人女性が、摂食障害に関連した合併症で死亡している」と書いた。コロンビア大学の教員学部出版が発行する女性研究講座の教科書『知識爆発』(*Knowledge Explosion*)も、序文にこの数字を掲載している。

こうしたひどく誇張された統計の拡散は、実際の歪曲がとてつもなく巨大であるため、「誇張」という言葉では控え目に過ぎるだろう。これは、恐ろしい病気についての過度な警戒に繋がるだけではなく、男性への怒りをも引き起こしている。男性が女性に条件づけたとする美の基準、それこそが年間十五万人の女性の死(一日に換算すると四百人以上)に責任があるとしたからである。[21]

結論は、巨大な嘘と奇怪な誇張は不正であり、道徳的にも間違っているということ。こうした虚偽を語ることや統計が正しいかどうかの確認を怠ることが、あなたの主張を裏付ける唯一の根拠であるなら、それは真実の曲解に頼らざるを得ないほど不公正で説得力のない意見だということを理解してほしい。十九世紀のドイツの劇作家フリードリヒ・ヘッケル[※18]は、思慮深く所見を述べた。「一つの嘘があなたに失わせるものは、一つの真実ではなく、真実そのものである」

※17 一九一八〜二〇〇二年。米国各紙に配信された「人生相談」欄で約四十五年間、回答者を努めた。
※18 一八一三〜六三年。劇作家、詩人、小説家。十九世紀最大の悲劇小説家とも呼ばれる。

12章　思っていることすべてを口にすべきではない

賢明であることはとても単純なことだ。愚かなことが頭に浮かんだら、ただそれを言わなければいい。

――サム・レヴェンソン[※1]

人を傷つける発言は、すべてが痛みを与えようと意図されているわけではない。しかしそのことが分かったからといって、必ずしもその痛みが軽減しないのも事実である。数年前、ビィリーフネット・コムというウェブサイトのコラム記事を書いていた時、私はそのことを痛感した。以下は、私が最初に受け取った手紙の一つである。

※1　一九一一～八〇年。アメリカ系ユダヤ人、作家、ジャーナリスト、コメディアン。

親愛なるジョーゼフ

私には、重度の障碍《がい》を持って生まれてきた生後二カ月の赤ちゃんがいます。その現実に折り合いをつけようとしていた頃、あるパーティーに出席し、そこで出会った女性に自分の状況を話しました。すると彼女は私にこう答えたのです。「あなたはきっととても素敵な人ね。十分に面倒をみられないような人に、神がそのような赤ちゃんを授けることはないと私は信じているの」。私は驚いたのと同時に傷つき、愕然として腹が立ちました。私は心の中で、「それは違う、神はそんなことをなさらない。神が私にそのようなことをするはずがない」と思いました。彼女には人の身になって考えるよう望みますが、あまりに面食らって腹立たしい思いが消えません。とは言え、善意の人にこの腹立たしい感情を示すのはいかがなものかと思い悩んでいます。私は彼女にどんなことを言うべきだったのでしょうか。

「この女性は善意の人なのでしょうか」私はこう返事を書き出した。善意の人だと認めるにしても、残念ながら彼女には神と人への感情の良識が欠けていた。彼女の言ったことを正確に分析してみよう。まず最初に、彼女は神の意思を知っていると思っている。しかし、なぜ神が障碍のある赤ちゃんをこの母親に送ったのか、彼女はどうして知ることができるのか。「私が神を知っているなら、私は神になる」と中世のユダヤ格言は教えている。この女性は神を知らないし、神でもない。もし仮に彼女が神であるなら、障碍のある子供を善良な人に送る可能性が高いと知らせることで、善良な人間をひどく落胆させることになる。

善意はあっても衝動的な発言をする人がそうであるように、この女性は自分の言葉がどう受け取られるか、聞き手の感じる深い痛みへの気遣いもなく話したのだろう。あるいは沈黙で居心地が悪くなり、たとえ無意味で有害な発言だったとしても、何か言わなければならないと感じたのだろうか。この母親がそのコメントになぜ傷ついたのかを彼女に直接説明していれば、言った本人は間違いを認識して謝罪したかも知れない。そして最も重要なこととして、彼女は将来人を傷つけるこのようなコメントを控えるようになるだろう。こうしたことを踏まえ、手紙の送り主はどんなことを言うべきだったのか、次のように提案した。「私はあなたに悪気がないことは承知しています。でもあなたの言葉に私が傷ついたことを知ってほしいのです。一つ理由を挙げると、あなたの発言は、裏を返せば、仮に私が素敵な人間でなかったなら重度の障碍のない赤ちゃんが持てたということで、それはとても辛い考え方です。もしあなたが『あなたはとても素敵な女性なので、特別な介護が必要な赤ちゃんを神がたくさん与えて報いてくださるように祈るわ』と誰かに言われたなら、どう感じるでしょうか」

実際この女性は、「敬虔ぶった中味のない言葉」を口にした。彼女のコメントは、二十世紀のエルサレムの賢者ラビ・シェロモー・シェヴァドロン[※2]によって語られたある出来事を私に思い起こさせた。

※2　一九一二～九七年。イスラエルの超正統派ラビ。「エルサレムのマギッド（説教師）」と呼ばれ、イスラエルの精神的指導者の一人だった。

ある時、ラビ・シェヴァドロンは通りで遊んでいて怪我をした子供を見かけた。彼は血だらけになった少年を抱え、近くの病院に向かって走り出した。ラビの非常に当惑した顔を見たある老婦人が、「ラビ、心配なさらないで。神がすべてお守りくださいます」と呼びかけた。

しかし、ラビ・シェヴァドロンが彼女のそばを通り過ぎた時、彼の抱えている子供が彼女の孫息子だと分かった。彼女は「イツハク、イツハク！」とヒステリックに叫び始め、ラビの後を追って大声で「この子は大丈夫でしょうか？　この子は大丈夫でしょうか？」とわめき続けた。

この祖母のように、多くの人にとって敬虔に聞こえるような発言も、他人の苦しみに対しては何の意味もなさない。是が非でも金が必要な人に「神が与えてくださる」と安心させようとしたり、悲劇的な喪失に苦しむ人に「神がなさることは何であろうと最善である」と言うのに等しい。ありきたりのことを言いそうになった場合、それを口にするのではなく、「私の子や孫が怪我をしたり危険に直面したら、どんな言葉をかけてもらいたいか」と考えることだ。「私に手伝えることがあるでしょうか」と言う以外に、かけてほしい言葉はあるだろうか。

ロバート・ケネディ・ジュニア[※3]が、敬愛するエリック・ブレインデル[※4]の弔辞を述べた時のこと。ケネディの弟マイケルが亡くなる数カ月前にブレインデルがケネディの留守番電話に残したメッセージを思い出し、「どこに行くべきか、何をすべきか、私に教えてください。そうすれば私はそこにいます」(Tell me where to go, and what to do, and I will be there.) という、すべてが一音節の十四単語で構成されたメッセージを弔辞に選んだ。

要するに、最も基本となるもの以外の言葉は必ずしも必要ではないということだ。障碍のある子供を産んだ女性に理由づけをしたくなったあの女性の場合のように、余計な言葉は人を傷つける可能性がある。

最も含蓄のある言葉で、最も無視されている聖書の箇所の一つが、コヘレトの言葉三章の「黙するに時があり、語るに時がある」という言葉である。

「黙するに時がある」。ラビ・イスラエル・サランテルの言葉「思っていることすべてを口にすべきではない」が向けられているのは、神の意思を知っていると主張したあの女性のような人々である。私たちに必要なことは、人の話に耳を傾け、その人の思いに共感することである。沈黙こそが素晴らしいメッセージとなることがある。ユダヤの律法は、喪に服している人の家を訪問するときは、遺族が語り始めるまで黙して待つよう定めている。そして口を開くときも言葉を慎重に選ぶ。訪問者はその時点で、遺族が何を必要としているのか知らないからである。故人について何か話す必要があると感じるかも知れないが、もしかしたらもうすでに数時間にわたって故人について語られていたかも知れない。そんな後では気持ちが高ぶり、疲れ切っているかも知れない。逆に、遺族が故人について深く語り合うことを必要としているのに、弔問客が遺族を元気づけようとスポーツの話題など見当違い

※3　一九五四年〜。アメリカ人活動家、環境弁護士、作家。ジョン・F・ケネディ第三十五代米大統領の甥。
※4　一九五五〜九八年。ジャーリスト、ニューヨーク・ポスト紙編集委員、ニュース番組司会者。

なことを話してしまうかも知れない。あるいは、遺族はただ静かに座って何も話さないでほしいと望むかも知れない。

私の友人ラビ・ジャック・リーマーは、ラビ・アブラハム・ヨシュア・ヘシェルと一緒にいた時、共通の友人ラビ・ウォルフ・ケルマン[※5]の妹が亡くなったことを聞いた。ラビ・ヘシェルは、すぐにラビ・ケルマンと彼の家族を一緒に見舞いに行こうと言った。「私たちは空港に行き、ボストンに飛び、タクシーに乗り、彼の家に行きました」とラビ・リーマーは私に話してくれた。「ヘシェルは家に入り、遺族と抱擁し、一時間黙って座っていました。『彼女はいくつでしたか?』（何歳であろうとさほど問題ではないはず）とか、『お気持ち察しします』（相手の気持ちが分かることはないだろう）などの決まり文句を一言も口にしなかったのです。一言もです。彼はただ黙って一時間座っていました。そして彼は立ちあがり、彼らと抱擁し、私たちは暇乞《いとまご》いしました。軽々しく話す必要はない。ただ気遣うことだけが必要だということを学びました」

この話が教えてくれるのは、黙する時を知るということである。それは、個人の死や苦しみといった私的な出来事や悲劇に際して生かすことができる教訓である。聖職者の中には、自分が信じているものに合致するよう、曲解してでも、悲劇の起きた理由を説明しなければならないと感じている人が相当数いる。四機の航空機に乗ったイスラム教徒のテロリストが、ニューヨークとワシントンＤＣでおよそ三千人のアメリカ人を殺害した二〇〇一年の九・一一同時多発テロ事件の余波の中で、ジェリー・ファルウエル[※6]は、神がアメリカの保護を取り下げ、このような攻撃を許されたのだという解釈を匂わせた。米国が中絶や同性愛、および世俗的な学校を許したために起こったのだと。ファルウェルの解釈は、両親、子供、配偶者、友人の死を悼む人々に何の慰めも与えないばかりか、被害に遭った人々を罰したとする神に対して、多くの人が怒りを抱く結果になった（その後ほどなくして、ファルウェル牧師は自らの見解について謝罪した）。

これに匹敵する他の例は、ホロコーストの余波の中で、ユダヤ人が犠牲になったのを犠牲者自身のせいにした著名なラビ学者たちである。東ヨーロッパで非宗教的な生活を送るユダヤ人の数が増えていることについてコメントしたある著名なラビは、神は「ユダヤ人共同体が完全に堕落する前に、それらを終焉させるべくヒトラーという悪魔を送った①」と書いた。

ホロコーストは、彼らの罪深さの故にユダヤ人に向けられた罰、あるいはユダヤ人が非宗教的になるのを阻止する予防措置であるとするむごい主張について、現代正統派の著名なラビ・イツハク・グリンバーグ[※7]が激怒したことについて言及しておきたい。「（ホロコースト犠牲者は）残酷にも拷問されて殺され、石鹸にされ、髪は枕に、骨は肥料にされた。……彼らの死という紛れもない事実は（ホロコースト否定論者によって）否定され、神学者は彼らに屈辱だけを与えた。つまり、彼らの罪の故に

※5　一九二三〜九〇年。保守派ユダヤ教のラビ。ユダヤ教各派および他宗教との関係改善に尽力した。
※6　一九三三〜二〇〇七年。キリスト教福音派の牧師、南部バプテスト連盟所属。
※7　一九三三年〜。アメリカの学者、作家、現代正統派ラビ。ユダヤ教とキリスト教の相互理解を促進した。

生じたという主張である[2]」

肝心なのは、知らないのに知ったかぶりして話さないこと。重度の障碍を持つ子供が生まれたことについて折り合いをつけようとしている母親に、神がなぜ彼女にそのような赤ちゃんを送ったのかなどと話してはならない。悲劇的な喪失に苦しむ人に、なぜそのように苦しまなければならないか、その理由を知っているなどと話してはならない。

しばしば無視される「口を開く前に考えよ」という警句は常に当てはまる。あなたの言葉が人を癒さない限り、あるいは少なくとも役に立つものでないなら、人に何か言わないことだ。この問題に関して私が聞いた中で最も賢明だと思われる助言は、宗教書や哲学者の言葉ではなく、アメリカ人コメディアンのサム・レヴェンソンの次の言葉である。「賢明であることはとても単純なことだ。愚かなことが頭に浮かんだら、ただそれを言わなければいい」

第四部　癒しの言葉の持つ力

13章　癒しの言葉を理解するために最も大事な唯一のこと

友人があなたに小さな親切をしてくれたなら、大きな好意と受け止めること。
――アボット・デラビ・ナタン四一・一一

シンドラーの物語

癒しの言葉を理解する上で大切なのは、巧みな言葉を選ぶことではなく、声に出して相手に伝えることである。「ありがとう」と言うのが上手になるためには、まず感謝の心を育む必要がある。それはヘブライ語で「ハカラット・ハトヴ」（善の認知、一六一頁参照）と言い、文字どおり、人があなたに行なった親切を認識することを意味する。

感謝とは、単純に「ありがとう」の言葉で表されることもあれば、献身的な生涯によって表されることもある。

レオポルド・フェファーベルク[※1]は、オスカー・シンドラー[※2]がホロコーストから救った一千百人のユダヤ人の一人だった。一九四七年、フェファーベルクが妻とドイツから移住する直前、彼はシンドラーに「シンドラーの名を世界に知らしめる」と約束した。その後ほどなくシンドラーが貧困にあえいでいるのを聞いた彼は、一万五千ドルを彼のために工面して助けた。一九四〇年代後半当時としては、かなりの大金である。

一九五〇年、フェファーベルク（その後、姓を「ページ」に変更）はロサンゼルスに引っ越し、ビバリーヒルズで革製品の店を開いた。この店は、多くの著名なハリウッド俳優、脚本家、プロデューサーたちが贔屓《ひいき》にした。彼はシンドラーの物語を顧客に話し、興味を惹かせようとした。ある時、著名なプロデューサーの妻が、二つの高価なハンドバッグを修理のために持ち込んだ。彼は、「この物語をあなたのご主人に話させてもらえれば、バッグの修理代は一銭も要りません」と彼女に告げた。彼女の夫がやって来くると、フェファーベルクはシンドラーについて彼に話した。興味を抱いたこの男性は映画の脚本を書いてみたが、興味を示した映画会社はなかった。

フェファーベルクはひるまなかった。一九六〇年代から一九七〇年代にわたり、彼はオスカー・シンドラーについて、伝えることのできるすべての人に語り続けた。一九八〇年十月のある日、オース

※1　一九一三〜二〇〇一年。ポーランド出身のユダヤ系アメリカ人。
※2　一九〇八〜七四年。自身の工場で雇用していたユダヤ人を救ったドイツ人実業家。

トラリアの小説家トマス・キニーリー[※3]が、ブリーフケースを買いに来店した。フェファーベルクはキニーリーが作家であると知ると、すぐにシンドラーの物語を語り始め、それについての本を書くよう彼に勧めた。

　キニーリーは、フェファーベルクの語る話にじっと聞き入った。彼は、この物語は語り継ぐ価値があることに同意をしたが、執筆には難色を示した。「私はあなたの要望に応えてこの本を書ける人間ではありません。戦争が始まった時、私は三歳に過ぎず、戦争のことはよく知りません。そして私はカトリック信徒であり、ホロコーストでユダヤ人に起きたことをよく知りません」とつけ加えた。

　すでに他界してしまったシンドラーへの三十三年来の誓いを果たす好機が失われることを恐れたフェファーベルクは、思い留まらなかった。「私は教師でした」彼はキニーリーに言った。「ホロコーストを生き抜きました。私の知っていることすべてをあなたに話すつもりです。少し研究すれば、この時代の歴史についてすぐに理解できるようになります。アイルランド系カトリック信徒で著名な作家であるあなたなら、信頼を得ることができるでしょう」

　その場でキニーリーは本を書くことを約束した。そして一九八二年、『シンドラーズ・リスト』は出版され、国際的な称賛を浴びた。フェファーベルクはその後、スティーヴン・スピルバーグが監督した同じタイトルの映画、一九九四年アカデミー賞受賞映画で特別顧問を務めた。

　命を助けられた感謝を抱き続けたレオポルド・フェファーベルクは、オスカー・シンドラーとの一九四七年の約束を遂に果たした。感謝の意味を理解したキニーリーもまた、『シンドラーズ・リスト』

の冒頭にフェファーベルクへの献辞を載せた。さらにスティーヴン・スピルバーグも感謝の意を表明し、エルサレムのカトリック墓地の場面で映画を締めくくった。存命の「シンドラーのユダヤ人」が正義の人の記憶を顕彰するために集まるという、あのラストシーンである。

当たり前ではない人生の喜び

もちろん、感謝の意は目立たないやり方で表明されるのが通常である。ミシュナーは、「仲間から学ぶ者は、たとえそれが一つの章、一つの律法、一つの節、一つの表現、一つの文字であっても、彼に敬意を払わなければならない[1]」と教える。三世紀の賢者ラヴは、子供時代の教師が他界したと聞いた時、服喪の印として彼の衣を裂き、この教えを実行した[2]。この行動は大げさに思えるかも知れないが、感謝の意を正しく認識する者にとっては大きな意味を持つ。あなたが読書を楽しみ、人生で達成したことの多くが読み書きの能力から生まれたものであると認識するなら、あなたに読み書きを教えてくれた人に対し、生涯にわたって感謝の念を抱くのではないだろうか（ウィリアム・スタイガー牧師が何十年も前に彼を勇気づけ、励ましてくれた元教師の手紙については一四～一五頁参照）。

ユダヤの伝統は、ユダヤ人は毎日百回の祝福で神に感謝すべきだと定めている。このような数多い

※3　一九三五年～。オーストラリア生まれの小説家、脚本家、ノンフィクション作家。

祝福は「多過ぎる」と感じるかも知れないが、男性であれ女性であれ、祝福を唱えることを習慣にする人間は、人生の喜びが当たり前のことではないことを学ぶ。さらに神に感謝すべきだけでなく、他の人が自分にもたらしてくれた喜びを当然のことと考えてはならない。

タルムードは二世紀のラビ・ベン・ゾーマについて語っている。彼は、出会ったことはないが人生を豊かにしたくれた人々にも感謝した。ベン・ゾーマは次のように述べている。「最初の人間アダムは食べるパンを手に入れるのに、どのような労働をしなければならなかったか。彼は畑を耕し、種を蒔き、刈り入れ、穂を束ね、脱穀し、もみ殻をふるいにかけ、すりつぶして粉末にし、生地をこね、焼いた。そして初めて彼は食べることができた。しかし私はというと、朝起きたらこれらすべてが私の前に用意されているのだ[3]」

「ハカラット・ハトヴ」という言葉は、うまく運転してくれたタクシーの運転手に感謝し、手際よく快適に給仕してくれたウェイトレスに礼を言い、複雑な決済を快く処理してくれた銀行員に感謝を表明することを意味する。もちろん、感謝の気持ちを伝える相手は、見知らぬ人ばかりではない。配偶者、両親、子供などの身内または友人など、人生に意味を与えてくれた人たちに対して、どれほど感謝しなければならないだろうか。

ラビ・ジャック・リーマーは、彼のお気に入りの一つで作者不明の詩「あなたが思い留まってくれた多くのこと」を私に紹介してくれた。

あなたの真新しい車を借りて、それをぶつけてしまった日のことを覚えている？

あなたはひどく怒ると思った――でも、あなたは怒らなかった。

あなたは雨が降ると言ったのに、海岸に無理に連れ出して雨が降った時のことを覚えている？

「だから言ったじゃないか」とあなたは言うと思った――でも、あなたは言わなかった。

あなたを嫉妬させようと、私が男友達と遊んでいた時のことを覚えている？

あなたは嫉妬したでしょう？　あなたは私を捨てると思った――でも、あなたは捨てなかった。

あなたの真新しい敷物に、ブルベリーパイを丸ごと落としてしまった時のことを覚えている？

あなたは確実に私を見放すと思った――でも、あなたは見放さなかった。

そう、あなたが思い留まってくれた多くのことがある。

それなのに、あなたはそんな私にじっと耐え、私を愛し守ってくれた。

あなたが戦争から戻ったら、埋め合わせしようと思っていたことがたくさんあったのに――でも、
あなたは戻ってこなかった。

称賛が何よりの報酬

聖書の律法はこう定めている。「貧しく乏しい雇い人を、あなたは搾取しないように。その日のう

ちに、太陽が沈む前に彼の報酬を与えよ。彼は貧しいので、それを切望しているからである。彼があなたに敵対して主に訴え、あなたが罪を負うことがないように」（申命記二四・一四～一五）

日雇い労働者への支払い遅延は致命的である。貧しい者は、その日の賃金がなければ生活できないからである。ラビ・ダヴィッド・イングバー[※4]は、この律法の適用範囲の拡大を提案している。彼は、称賛や肯定的な言葉の出し惜しみも極めて悪質であると指摘する。もちろん、言葉は現実の支払いとは異なるが、称賛の言葉は有形であり精神的な支払いとも言える。多くの雇用者が、労働者に対して最も重要なのは給与だと考えているが、従業員にとってそれ以上に大切なのは、自分の存在が認められることであり、感謝されることであると報告されている。

聖書は、モーセがミディアン人[※5]の義父ホバブ（一般的にはエトロとして知られる）に、神がイスラエル民族に約束した場所に一緒に来てくれるよう誘ったと記録している。モーセは「どうか、私たちを見捨てないでください。私たちが荒野のどこで宿営したらいいか、あなたは知っています。あなたは私たちの目となるでしょう」と言った（民数記一〇・三一）。ホバブは、生まれ故郷に帰りたいと断った。しかしホバブは、当代最高の指導者との出会いを高く評価し、この出会いに心から感謝した彼の感情はいささかも変わっていないことに疑問はないであろう。

聖書の別の箇所では、人が間違ったことをするのを目にしたなら、それを戒《いまし》める義務があると定めている（レビ記一九・一七）。しかし、この律法の要旨はむしろ、人が良いことを目にしたなら、それを称賛すべきであるということではないか。ひどいサービスを受けたと感じたとき、あなたが苦情の手紙を書く人間であるなら、良くもてなしてくれた従業員を褒《ほ》める手紙を書くことも忘れてはならない。人を批判することに敏感であっても、好ましい言葉をかけるのに鈍感であるのは不誠実であり、不公正である。

称賛の言葉を出し惜しみすることには、破壊的な影響がある。ラビ・ハロルド・クシュナーは次のように書いている。

「ビジネスでより成功するために一日十二時間、週六日働いている経営幹部の友人がいる。財政的に手堅い彼の会社は当面、間違いなく成功し続けると思われ、彼がそこまでする必要はないはずだ。ではなぜ彼はそんなに懸命に働くのだろうか。彼の父は成功した実業家だった。その父親が彼に『お前を誇りに思う。私が成功したのと同じくらいお前はよくやった』と言ってくれるその日のために生きているのである。友人はその褒め言葉を獲得するために身を削って働いているが、もはやその言葉を聞くことはない。父親は十五年前に亡くなっているからである。友人は子供の頃、父がどれほど自分を愛しているか確信できずにいた。彼は父から『私を満足させるには、お前はもっと努力しなければならない』と言われ、愛は勝ち取るものだと教えられてきたからである」(4)

奇妙なことに、利己的な目的で惜しみない称賛を送る者がいる。「ある人物の言動に対して、感謝

※4　ユダヤ教再建派のラビ。二〇一三年、ニューズウィーク誌の米国で最も影響力のあるラビ五十人に選ばれた。
※5　アラビア半島北西部のアカバ湾西岸地帯に住んでいた民族。モーセの妻ツィポラがミディアン人だった。

や思いやりの言葉をかけると、その人物はその言動を繰り返すようになる」（原書注・この表現の様々なバリエーションを聞いたことがあるが、その出典を探し出すことができずにいる。）つまり、相手の特定の言動を目的として称賛しているのだ。

ある研究によると、注目されず認識もされない家庭で育った里子たちは、最終的に絵を書いたりレゴを組み立てたりする遊びを止めてしまうことが明らかになっている。ラビ・イングバーは言う。「植物には水と光が不可欠のように、子供には称賛が不可欠である」と。

出版に向けてこの原稿を準備していた時、イギリスの名誉チーフ・ラビであり、今日のユダヤ人共同体で最も見識ある創造的な思想家の一人、ジョナサン・サックス卿[※6]の非凡な考えが心をよぎった。その考えは、ラビ・サックスが言語聴覚療法士レーナ・ラスティン[※7]に学んだことから生まれた。

時折、結婚前のカップルが訪ねて来て、結婚を強固にする方法に関して私にアドバイスを求めることがある。彼らへの返事として、私は簡単な提案をする。それには魔法のような効果があると言っていい。……彼らには次のことを習慣にしてもらう。一日一回、たいていは一日の終わりに、互いがその日に行なったことに対し、親切、共感性、寛大、思慮深い言動について、どんな些細《ささい》なことでも褒め合うこと。総括的にではなく、一つひとつの言動に焦点を当てて称賛する。純粋に心から称賛すること。さらに聞く側は、称賛を素直に受け容れるようにする。これだけである。それを行なうには、せいぜい一、二分でできる。しかし必ず実行すること。時々ではない。毎日である。[5]

心に生き続ける祖父の言葉

冒頭に記したとおり、癒しの言葉で最も大切なことは、声に出して相手に伝えることである。

内気でやや不安定な子供だったレイチェル・ナオミ・リーメン※8の事例を見てみよう。リーメンの両親はいずれも立派な業績をあげた専門家で、彼女に愛情を注いできた。しかしその家庭は、彼女がテストで九十八点を取って家に戻ったとき、「あとの二点はどうしたのか？」と父親がコメントするような環境だった。

後に医師となったリーメン博士は、回顧録『祖父の恵み』に「私の子供時代は、この二点に絶えず悩まされた」と記している。しかし、この二点を気にしなかった人物が一人いた。彼女の祖父である。毎週金曜日、学校が終わると彼女は祖父の家に行き、午後を共に過ごした。二人は一緒にお茶を飲みながら会話をし、やがて日が沈むと、篤《とく》信な祖父は二本のローソクを灯し、安息日を始める祝祷を唱

※6　一九四八年～。イギリスの正統派ラビ、哲学者、神学者、作家。
※7　（生年不明）～二〇〇四年。イギリスの子供の吃音のための研究協会の創立者。
※8　一九三八年～。統合薬学の代替医療の教師、作家。健康と疾患研究協会の創立者。

えた。彼は神と沈黙の会話をするため、しばらく静かに椅子に座った。幼いレイチェルは忍耐強く待った。間もなく一週間で最高の瞬間が到来するのを知っていたからである。数分後、祖父は彼女を自分のところに手招きした。

祖父は私の頭の上に手を置きます。まず最初に、孫である私の祖父になったことを、神に感謝する祈りを捧げます。そして祖父は、この一週間私が頑張ったことを具体的に挙げ、それが真実であると神に告げます。この一週間私が何か失敗したとしても、祖父は私がどれだけ努力したかを評価してくれました。私が常夜灯を点けずにうたた寝をしたときでさえ、暗闇の中で眠る私の勇気を称えてくれました。それから私への祝福の言葉を唱え、古《いにしえ》の女族長サラ、リベカ、ラケル、レア[※9]——祖父から何度も話を聞いた女性たち——が私を見守ってくださるようにと祈りを捧げます[(6)]。

今日に至るまで、リーメンにとって、一週間の中でこの瞬間こそがすっかり安心できて安らぎを感じる唯一の時間だった。

リーメンの幼少期に起きた最も悲しい出来事は、七歳で祖父を亡くしたことだった。彼女にとって祖父を失った世界で生きるのは耐え難かった。「私は当初、祖父の理解なしに自分自身を見つめ、自分がどんな人間なのかを神に告げることを恐れ、消えてしまいそうでした。しかし時間をかけてゆっくりと、ある神秘的な方法で理解できるようになりました。祖父の目を通して自分自身を見つめることを身につけました。ひとたび祝福された者は、永遠に祝福された存在なのです」[7]

数十年後、リーメンにとって最大の驚きは、年老いた母が安息日にローソクを灯すことを始めたことだった。その折りにリーメンは、祖父が祝福してくれたことが彼女にとってどれほど意味があったかを母に話した。母親は悲しげに微笑み、「私はあなたの人生を毎日祝福していたのよ、レイチェル。ただそれを声に出して言う勇気がなかっただけなの」と言った。

癒しの言葉は、声に出して相手に伝えなければ意味がない。抱擁するのも結構なことだが、リーメンが祖父の言葉に意味を見出だしたほど有意義でないのは確かである。

人生を一変させる言葉の力

アラン・ダーショウィッツにとって、若き日のビジョンを変えてしまうほどの言葉をかけたのは、祖父や親族ではなかった。

ダーショウィッツは、アメリカで最も有名な弁護士の一人である。彼は国内でも有名な事件の多くを扱ってきた弁護士であり、ハーバード法科大学院の最も有名な教授であり、数十冊の本の著者であり、著名人であり、論争の的となるような意見も決して恐れずに発言する人物である。そんなダーシ

※9　聖書の創世記に登場する。サラはアブラハムの妻、リベカはイサクの妻、ラケルとレアはヤコブの妻。

ヨウィッツだが、彼は自分に自信が持てないという深刻な問題を抱えて育った。彼は変わったのである。「十五歳まで、私は利口だと言われたことがなかった」と、ダーショウィッツは著書『ある若き弁護士への手紙』(*Letters to a Young Lawyer*)で回顧している。

彼はいささか生意気な少年であり、スポーツと女の子に熱を上げ、友人と冗談を言い合うことに明け暮れていた。ダーショウィッツの両親は大学を出ていなかったし、彼は結局父親のように男性衣料を売るような仕事に就くことになるだろうと考えていた。「歴史を学んだり単語の正しい綴りを覚えることが、どうして優れたセールスマンになるのに役立つか分からなかった」という。だから、勉強するのは時間の無駄と考えた。「バスケットボールで得点したり女の子と遊んだりすると、即座に満足感を味わうことができる」ことを学んだ彼の通知表は、「C(ふつう)」が多かった。

高校に通っていた頃のある夏、ダーショウィッツは子供たちの集うサマー・キャンプでウェイターとして働いた。彼は、そのキャンプに演劇カウンセラーとして来ていた二十代前半のイツハク・グリンバーグと出会い、真面目な会話を交わすようになった。「私たちは宗教、哲学、文学、演劇、そしてもちろん女の子について、たくさん会話した。ある日、グリンバーグが「君は本当に頭がいいね」と何気なく言った。ダーショウィッツは面食らった。「彼は本気で言っていることが分かった。お世辞を言うタイプではないし、私にお世辞を言う必要もないからである。彼の言ったことは、私の人生を変えてしまった。疑念はなかなか消えなかったが、頭のいい人間として振る舞う自信を与えてくれた」。一年後、ダーショウィッツは高校を卒業し、ブルックリン大学に入学した。そこで「C(ふつう)

の学生からA（優秀）の学生になった」[8]

私がこの話を読んだ時、どれほど衝撃を受けたか覚えているし、何度も読み直した。私はイツハク・グリンバーグを知っている。私がイェシバー大学で学部生だった頃、彼は好きな先生の一人で最も影響を受けた教授だった。何年か後、デボラと私が結婚した時、司式をしてくれたラビでもある。彼は過去何十年にもわたり、ユダヤ人の生活の中で最も影響力のある思想家の一人である。

私はイツハク・グリンバーグについて多くのことを知っているが、この短い言葉は知らなかった。その会話から六十年以上も経った今も、ダーショウィッツは「彼の言ったことは、私の人生を変えてしまった」と言っているのだ。

私たちは皆、言葉が人々の人生を悪い方向に変えてしまった例を知っている。子供や配偶者に暴言を浴びせたり、若者のインターネット上のいじめ（自殺に追い込まれるケースもある）、残酷なあだ名でアフリカ系アメリカ人を愚弄する例などである。しかし、人類に与えられた最も貴重な資質の一つは、言葉を使って人生をより良い方向に変える力を持っていることである。

イェール大学ロー・スクールの法学教授スティーブン・カーター[※10]は、長い間アメリカの主要な有識者の一人だった。過去数十年にわたり、『誠実』(*Integrity*)、『礼節』(*Civility*)、『不信の文化』(*The*

※10　一九五四年～。イェール大学教授、社会政策の著述家、コラムニスト、小説家。

Culture of Disbelief』といった彼の著書は、米国が直面する最も差し迫った多くの問題について、国民の議論の形成に貢献してきた。

著名なアフリカ系アメリカ人学者であるカーターは、専門用語を使わずに人を惹きつける文章を書く。カーターが容易な文体を用いるのは、彼の人生をすっかり変えてしまった子供時代のある出来事が関係している。

カーターの幼い頃、家族はワシントンＤＣの黒人地区から白人地区に引っ越した。子供のカーターは、それなりの理由があって引っ越すのが嫌だった。引っ越した直後、彼は兄弟姉妹と一緒に新しい家の正面階段に座っていた。「誰かが僕たちに『ようこそ』と言ってくれるのを待っていたけれど、そう言ってくれる人はいなかった。僕たちがここで歓迎されないことは分かっている。ここでは好かれないことも知っている。ここには友達がいないことも分かっていた」

しかしカーターの恐れと不安は、一人の人物によって和らいだ。その人物は、後に宗教的なユダヤ人であることを知った。

私たちの向かいの家に住んでいる白人女性が、仕事から帰宅した際にこちらを向いて嬉しそうに微笑みを浮かべ手を振り、「ようこそ！」と自信に満ちた声をかけてくれたので、私はすっかり嬉しくなった。彼女は慌ただしく自宅に入り、数分後にはクリームチーズとジャムのサンドイッチを大皿に盛って現れた。それを我が家のポーチに運び、気さくな笑顔を浮かべると、初めて会った子供たちに、それも黒人家族に差し出して挨拶をしてくれた。

恐らく彼女にとっては、正しいことをしたという認識以外に得るものは何もなかっただろう。私たちは赤の他人、しかも見知らぬ黒人である。その女性の名はサラ・ケステンバウム。彼女はそれからすぐに亡くなってしまったが、私の中で彼女は、礼儀正しさにおける偉大な模範の一人であり続けている。……彼女はたった一日のうちに、私たちを他人から友人へと変えてしまった。彼女には、ほんの一握りの人にしかない驚くべき資質が備わっていた。……あの夏の日の午後に食べた、甘いクリームチーズとジャムのサンドイッチの洗練された口当たりの良さは、今も目を閉じれば感じることができる。純粋で気取らない礼儀正しさが、どれほど人生を変えてしまうのかを私は発見した。⑨

カーターがここまで繊細になるのも理解できる。ご近所には圧倒的に白人が多く、自分たちは歓迎されない黒人の子供なのである。私たちには誰しも繊細になる場合や時期があるのだ。

ラルフ・ブランカ※11は、ブルックリン・ドジャースの若いピッチャーだった。一九四七年、わずか二十一歳で二十一勝をあげた。野球のピッチャーが一シーズンに二十勝以上すればスターである。二

※11　一九二六〜二〇一六年。オールスター試合に三度選出されたアメリカの大リーグのピッチャー。

年後、ブランカの勝率は七割二分二厘という驚異的な数字となった。しかし一九五一年、ブランカはたった一回の投球によって、これまでにチームが経験した最も壊滅的な敗北と関連づけられるようになってしまった。

当時、ブルックリン・ドジャースとニューヨーク・ジャイアンツ（現在のロサンゼルス・ドジャースとサンフランシスコ・ジャイアンツ）は、ペナントレースを同率首位で終え、ナショナルリーグの覇者を決める三試合の優勝決定戦に臨んだ。両チーム一勝一敗で迎えた三戦目の九回裏、四対二でドジャースがリードしていた。ジャイアンツは二人が出塁し、ブランカ投手が迎えるのはジャイアンツの外野手ボビー・トムソン。ドジャースにとっては、このペナントレースを制するのにあと二人という場面だった。しかし、ブランカの投げた二球目をトムソンがスタンドまで運び、サヨナラのスリーラン・ホームーランとなった。「世界中に知れ渡った一打」で、トムソンはジャイアンツに勝利をもたらし、一夜にしてヒーローとなった。一方のブランカは、あの一球でドジャースに敗北をもたらし、一夜にして負け犬となった。

ブランカがドジャースのクラブハウスに戻ると、選手たちは茫然としていた。当時、野球選手の報酬はかなり低く、ワールドシリーズの収入はシーズン全体の報酬に匹敵した。倒れ込んで泣いているブランカに声をかける者はいなかった。そんな中、ドジャースで最も有名な最初のアフリカ系アメリカ人選手ジャッキー・ロビンソン※12が、ブランカのところに行って声をかけた。「自分を責めるんじゃないよ」。優しい言葉だが、真に受けるのは難しかった。ブランカは、この壊滅的な敗北に際してどうして自分を責めずにいられるというのか。それから、ロビンソンはさらにいくつかの言葉を添えた。ブランカがその後の人生で忘れることがないと言ったのは、次の言葉だった。「君がいなかったら、俺たちはここまで来られなかったよ」

君がいなかったら、俺たちはここまで来られなかった――この言葉がすべての痛みを取り去ることができたのかというと、もちろん違う。しかし、不運なあの一球で彼の全人生を総括などできないことを、ブランカに想起させた。ドジャースが決勝に進出できたのは、ブランカが何時間も素晴らしいピッチングをしてきたお陰であり、それは事実だった。

ロビンソンにはこうした言葉をかけられる思いやりがあっただけではなく、心の痛む時に相手を励ます言葉をかけられる智恵をも持ち合わせていた。善人になりたいと願うだけでは十分ではない。善意は重要だが、それだけでは不十分だ。善意はしばしば知恵を必要とする。ジャッキー・ロビンソンは豊かな知恵の持ち主だった。癒しの言葉とは、ブランカの並外れた投球に言及したロビンソンが行なったように、偉業を称賛するだけではなく、相手が最も必要とする言葉を適切なタイミングで提供することである。傷ついている人に話しかけるとき、その状況にふさわしい言葉が不可欠である。

※12　一九一九～七二年。黒人初のメジャーリーガー。様々な賞を獲得し輝かしい成績を残したことで、有色人種の大リーグ参加の道を開いた。

ベンジ・レヴィン※13は五十年以上前に起きたある出来事について語っている。そのメッセージは今も共感を呼ぶだろう。ジャージー・シティのシナゴーグに長年仕えていたラビ・C・Y・ブロフが亡くなった後、ラビ・ハイム・ヤコブ・レヴィンはその役職に応募した。審査委員会はレヴィンを選び、委員長がそれを彼に告げるため呼び出すと、ラビは感謝したが、明確な答えを出すには一週間かかると言った。委員長は困惑したが、ラビの要望を聞き入れた。週末になり、最終的にラビはその役職を受けると答えた。息子のベンジが、父の返答の遅れの理由を知ったのは何年も後のことだ。

ベンジ・レヴィンは回想している。「私たちがこのコミュニティに居を定めて以来、毎週金曜日の朝にラビ・ブロフの未亡人を見舞うのが父の習慣だった。父はたまに私を連れて行った」。二人はブロフ未亡人のアパートの階段を登り、そこでラビ・レヴィンは彼女と会話を交わし、コミュニティで起きた出来事を知らせた。一度、どうしても済まさなければならない用事ができたとき、一言断って息子を未亡人に預けて中座した。ブロフ夫人はベンジにクッキーとソーダ水を差し出すと、「今から決して忘れてほしくないお話をあなたにします」と言った。

「あなたのお父様がここのラビに選ばれた時、明確な答えを出すには数日間必要だと言われました。なぜそう言ったか分かりますか？　まず私に会いに来ることを望んだからです。彼が会いに来た時、こう言われました。『あなたが長年この共同体のファースト・レディだったことを承知しています。長い歳月の後、他の者がご主人の席に座るのを見るのは、あなたにとって辛いことであると理解しています。理事会は私を次のラビにすることを提案しましたが、私はまだ答えを出していません。私はあなたの承諾をいただくために、まずあなたにお会いしたかったのです。ここを私が引き継ぐことをお望みならば私はそうします。しかし、あなたが多少なりとも継いでほしくないとお感じになられるなら、直ちに辞退するつもりです』と」

その時彼女は涙を流し、「主人が亡くなってから、私を気遣ったり私が感じていることを大切にしようと考えてくれた人がいるでしょうか。私の承諾を求めて、あなたのお父様が私を訪ねてくれたことに、とても心打たれました」と言った。彼女は一呼吸置いて続けた。「そして私は彼にこう言ったんです。『あなたに留まってもらい、ラビの役目を引き受けてほしいだけではなく、今や自分の息子が講壇で話しているように感じています』と。その時初めてお父様は再考し、その役職を引き受けることにされました。そして最初の一年間、私の夫への思い出に配慮して、会堂の講壇のそばにあるラビの席に座らなかったのです。そして私が今あなたに話したことを、彼は決して誰にも話しませんでした」

後にベンジ・レヴィンは次のように述懐している。「父の取った行動は、私が読んだすべての倫理書に勝り、ラビとしてどう行動すべきかの模範を示してくれている。……そして実のところ、これはすべての人間が互いをどう扱うべきなのかの原形でもある」[10]

※13　一九四七年〜。アメリカ生まれのラビ。アリエ・レヴィン（一五四頁参照）の孫。

道徳的《モラル・イマジネーション》な創意とは

過去一世紀にわたり、医学、科学、産業技術において驚くほどの進歩を遂げてきた。これらの進歩がもたらされたのは、科学者たちが自らの知的な創意を活用し、解決不能と考えられた問題を解決してきたからである。しかし、道徳的向上という面では、進歩した部分としていない部分とがある。重大な進歩として着目すべきは女性の権利、アフリカ系アメリカ人や他の少数民族の権利、身体的・知的に恵まれない立場の人たちの権利が獲得されたことである。他方、二十世紀から二十一世紀にかけてはナチのホロコーストがあり、ロシアのスターリンや中国の毛沢東、カンボジアのポル・ポトといった血に飢えた共産党の独裁者によって数千万の人が殺害され、他にも約百万人が虐殺されたルワンダのツチ族など、史上最悪の大量殺戮《さつりく》が目撃されてきた。

私たちは、科学や医学における偉大な進歩と相反して、道徳的な進歩というはるかに不確かな足取りについてどう説明できるだろうか。その説明の一つとして、多くの科学者・発明家が知性や創意の力をすべてつぎ込んで科学問題の解決を求める一方で、人々が道徳的な諸問題の解決を見出だすために道徳的な創意をすべてつぎ込むことがほとんどないからではないか。

これを行なったのが、ラビ・シュロモー・ザルマン・アウェルバッハだった。[※14] エルサレムを拠点とするラビ・アウェルバッハは、二十世紀の偉大な律法学者の一人だった。あるジレンマに対する彼の独創的な解決策は、「状況を何も改善できないと考えるのは、懸命に考え抜いていないためかも知れない」と私たちに気づかせてくれる。

それは次のようなケースだった。精神的な障碍《がい》を抱えた子供を心配した両親が、息子を入れる生活施設についてラビ・アウエルバッハに相談を持ちかけた。彼らは二つの施設を候補に挙げていたが、他方にはない特定の利点が双方にあった。ラビ・アウエルバッハは両親の説明に注意深く耳を傾け、「子供はどこにいるのか？　このことについて彼は何と言っているのか？」と尋ねた。

両親は驚いて顔を見合わせた。そして、このことについて息子と話し合っていなかったことを認めた。父親は「実は話し合っても意味はありません。これは彼が理解できることではありませんから」と付け加えた。

ラビ・アウエルバッハは激怒し、「あなたたちは、この子の魂に対して罪を犯している！」と叫んだ。「あなたは彼を家から追い出し、厳重に管理された見知らぬ場所に預けようとしている。彼には励ましが必要だ。裏切られたと感じることを許してはいけない」。両親は言葉を失った。

「子供はどこにいるのか？」ラビ・アウエルバッハは追求した。「彼と会って、個人的にこの問題を話し合いたい」

夫婦は急いで家に行き、息子を連れて戻ってきた。

「あなたの名は何というのかね？」とラビ・アウエルバッハは尋ねた。

※14　一九一〇〜九五年。エルサレムで生まれ育った著名なイスラエルの正統派ラビ。

「アキバです」と子供は答えた。

「初めまして、アキバ君。私の名はシュロモー・ザルマンです。私は『ガドール・ハドール』、つまりこの時代におけるトーラーの最高権威で、皆が私の話に耳を傾ける。あなたはこれから特別な学校を選んで入学しようとしている。あなたは私の代理になって、新しい施設ですべての宗教問題の世話をしてもらいたい」（原書注・ラビ・シュロモー・ザルマンは並外れて謙虚な人間であり、普段は自分をこのような称号で呼ぶことは決してなかったし、人にそのように呼ばせることも許さなかった。）

少年の目はラビの顔に釘付けになった。ラビが話を続ける中、畏敬の念に打たれた両親はあっけにとられて座っていた。「私は今、あなたをラビにする『セミハー』（ラビの叙階）を授ける。だから、この名誉を賢く用いてほしい」ラビ・アウェルバッハは子供の頬を優しくなでた。この合意について、彼が自分の役割をこの上なく熱心に果たそうとしているのが見て取れた。

少年は長年にわたり、安息日には自分の家に帰って過ごすことになっていたが、施設を離れることを拒否した。彼はこの地域のラビとして、施設のメンバーに責任があると主張したからだった。彼はその時代の最も偉大なラビ「ガドール・ハドール」に託された責任を引き受け、それを果たしてきたのである。(11)

ラビ・アウェルバッハの道徳的な創意は、両親のしようとしていることが若くて非常に傷つきやすい少年に生涯の精神的外傷《トラウマ》を負わせる可能性があるということ（唯一だと思っていた家庭から追い出される感覚）を理解させた。さらに、この賢者に子供の人生を尊厳で満たす解決案を見出ださせたのも道徳的な創意なのである。

道徳的な創意は、大人に勝るとも劣らず、子供たちによっても発揮される。カリフォルニア州のオーシャンサイド※15に住む十二歳の少年イアン・オゴーマンは、癌と診断された。医師たちは十週間の化学療法を施し、治療期間中、頭髪はすべて抜け落ちると少年に知らせた。自分の髪の毛が徐々に抜け落ちる不安と苦痛を避けるために、少年は髪を剃《そ》った。

イアンが復学した数日後、五年生のクラスの男子十三名と担任教師までもが坊主頭になって彼を迎えた。この時のイアンの気持ちを想像することができるだろう。

何と見事な共感能力だろうか！　人の痛みを和らげたいという願いが十分に深いものであるとき、必ずと言っていいほど善意の波紋を引き起こす言動が見出だされる。

愛しているという感情を示すには多くの方法がある。デボラ・タネンは、影響力のあるベストセラー『わかり合えない理由――男と女が傷つけあわないための口のきき方10章』の中で、七十代にして恋愛中の未亡人の大叔母について語っている。大叔母は肥満気味で、関節炎で不格好な手足であったにもかかわらず、七十代の男性と恋愛関係にあった。

※15　州南西部サン・ディエゴの北にあるサンタ・カタリナ海岸の保養都市。

その関係が大叔母にとってどんな意味があるのか、次のように描写している。彼女が友人たちと夕食に出かけ、帰宅した後に恋愛中の彼に電話した。彼女は彼に夕食の様子を説明すると、彼は興味深く話を聞いてから、「ところで、君はどんな服を着て行ったのかい?」と尋ねた。

この質問を思い出すと、大叔母は泣き始めた。「私がどんな服を着たのかって誰かに尋ねられることがなくなってから、何年経ったかあなたには分かる?」

「誰も彼女に親密に関わってくれなくなってから、どれほどの年月が経ってしまったのかを、大叔母は言っていたのだ」とタネンは結んだ。大叔母の彼氏は彼女を深く気遣っていたので、彼女が愛されていると感じさせる言葉を見出だし、表現できたのである(12)。

第二次世界大戦前の偉大なバスケットボール選手の一人ジョー・ラプチック※16も同様である。彼はセルティックス※17というチームの伝説のセンターだった。幼い彼の息子が小児麻痺に襲われたとき、ラプチックの隣人たちはこの七歳の少年の身を案じた。バスケットボールのスター選手である彼もショックを隠せなかったが、隣人の一人が病気の子供のいる前で、「彼はまたバスケットボールができるようになるのか」と尋ねた。

翌日、ラプチックが病院に息子を見舞ったとき、バスケットボール選手になりたいかと尋ねた。少年は「なりたい」と答えた。するとラプチックは、父親として望んでいるのは息子が幸せに普通の生活を送り、何か社会に貢献することだけだと告げた。

やがて息子は健康を取り戻し、幸いにも長期的な後遺症に苦しむこともなかった。しかし何年経っても、あの日病院で父親が話してくれた言葉が思い起こされた。偉大なスポーツ選手の息子として、彼は父親の歩みを継ぐ必要があるといつも思い描いていた。父親の偉業を再現することが父の愛の条件ではないと伝える言葉は、スター選手にならなければいけないという思い込みから少年を解放した。

「私は実感した。……グラスランド病院でのあの朝、父は恐らく最高の贈り物を私にくれたのだ。父を喜ばせる必要があるという思い込みから私を解き放ち、自分らしく生きる機会を私に与えてくれたのである[13]」

同様に、コミック・ソングの作詞家アラン・シャーマンが子供の頃、勘違いをして母親に笑われ深く侮辱されたと感じた時、祖母が彼の心をなだめることができたのも道徳的な創意のお陰である。年月を経て、シャーマンが息子の感情を軽率にも傷つけてしまった時、子供時代のその出来事を思い出した。シャーマンの息子が書き終えた絵を見せびらかそうと部屋に入ったとき、彼は妻と激論の最中だった。会話を中断されて苛立《いらだ》ったシャーマンは、幼稚な落書きとばかりに一蹴した。父親の拒絶に傷ついた少年は絵を床に投げ捨て、自分の部屋に駆け込み、ぴしゃりとドアを閉めた。

※16　一九〇〇～七〇年。一九二〇～三〇年代にセルティックスで活躍した。

※17　一九四六年設立。ボストンを本拠地とするＮＢＡの名門プロ・バスケット・チーム。

我に返って恥じ入ったシャーマンは、二十五年前に彼自身がぴしゃりとドアを閉めた出来事を思い出した。ある朝、彼はイディッシュ語を話す祖母がその夜に主催する大きなパーティーに「フットボール」が必要だと話しているのを聞いた。子供の彼は、祖母がなぜフットボールが必要なのかと不思議に思いながらも、祖母のためにそれを調達しようとした。近所を回って、とうとうフットボールを持っている一人の男の子を見つけた。ところがその子はいじめっ子で、シャーマンの鼻にパンチを食らわし、一番の気に入りのおもちゃと引き換えにフットボールを譲ってくれることになった。

シャーマンはフットボールを家に持って帰り、ボールをピカかピカに磨き上げ、それを祖母に渡そうとした。しかしその様子を見ていた母親が、片付けをしていない彼を叱った。彼が祖母のパーティーのためだと説明すると、母親は吹き出した。「パーティーに『フットボール』が必要って？　あなたは全く理解していないのね。フットボールじゃなくフルーツボール。おばあちゃんが必要なのは、パーティーのフルーツボールなのよ」

恥ずかしくなった少年は部屋に駆け上がり、ぴしゃりとドアを閉め、パーティーに顔を出すことを拒絶した。しばらくして母親が彼を連れ出しに部屋に行った。彼が階下に降りてみると、テーブルには様々なフルーツでいっぱいの綺麗な大皿《ボール》と、磨き上げられたフットボールが中央に置かれていて、祖母は誇らしげに部屋を歩き回っていた。ある客がフルーツボールの置かれている中央になぜフットボールがあるのか尋ねると、祖母は孫息子からの贈り物であると話してから、こう言った。「子供からの贈り物はどんなものでも素晴らしいのよ」(14)

厳しい言葉が最高の祝福となるとき

私がこれまで出会った中で、言葉の持つ慰めの力や救う力についての突出した物語は、ラビ・ローレンス・クシュナー[※18]から聞いた話であろう。クシュナー自身がラビ学生シフラ・ペンツィアスから聞いたこの話は、若いユダヤ人の大叔母スージーのことだった。ナチが権力の座に就いた後の一九三〇年代、ミュンヘンに住んでいたスージーがバスに乗っていた時、ナチ親衛隊（ＳＳ）の突撃部隊がバスに乗り込んできて乗客の身分証明書を検査し始めた。ユダヤ人はバスを降りて、角に停まっているトラックに乗るように言われた。

スージーは、兵士たちが命令どおりにバスの中に入ってくるのを見ていた。彼女は震え始め、顔には涙が流れた。彼女の隣の男性は彼女が泣いているのを見、なぜ泣いているかと優しく尋ねた。

「私はあなたが持っている証明書を持っていません。ユダヤ人なんです。私は連行されるでしょう」

男は突然、嫌悪感を爆発させた。彼は彼女を罵《ののし》り、金切り声を上げ始めた。

「この馬鹿女。そばにいるだけで我慢できない」と彼はわめいた。

ＳＳの男たちがやって来て、彼に何事かと尋ねた。

※18　一九四三年～。改革派ラビ、作家、ニューヨークのヘブライ・ユニオン大学客員教授。

「どうしようもない女だ」腹立たしげに男は怒鳴った。「私の妻はまた証明書を忘れたんだ。もううんざりだ。あいつはいつもこうなんだから！」

兵士は笑って、その場を立ち去った。ペンツィアスは言った。「大叔母は二度とその男性を見ることはなかった。彼女は彼の名前さえ知らない(15)」

ほとんどの人は、適切な言葉が人の命を救ったり（自らを危険に晒《さら》しても）、取り返しのつかない痛みや苦しみから他人を救うといった状況に置かれることはないだろう。しかし、こうした物語を読むと、私たちは緊迫した状況やより平穏な状況で問題に遭遇した場合、人を助けるために知性や勇気をすべて用いて解決することで、より良い人間になるヒントを得ることができる。

一九三四年から一九五一年までナショナル・リーグの会長だった（さらに、その後大リーグのコミッショナーを務めた）フォード・フリック※19が一九四七年に直面した状況は、バスで若い女性が直面したような緊迫した事態ではなかったが、知恵と勇気を要する一触即発のケースだった。その年、ジャッキー・ロビンソンは大リーグ初の黒人選手としてデビューした。そしてフリックのもとに、セントルイス・カージナルスの選手団がチームメイトを募《つの》ってストライキを計画しているという知らせが届いた。その内容は、ドジャースのユニフォームを着たロビンソン選手が現れたなら、カージナルスの選手たちは試合を放棄するというものだった。フリックは、野球界の黒人選手たちの将来だけではなく、米国の道徳的信頼性も危機に瀕《ひん》していることを認識した。そこで、彼は可能な限り最も直接的な態度でカージナルスの選手に対峙することにし、対立も辞さない姿勢で選手たちに伝えた。

「諸君がこれを行なうなら、リーグの選手資格を一時停止する。報道席にいるはずの友人たちも諸君を支持せず、諸君は見放されることになる。リーグの半分がストを決行しても構わない。だが、ストに参加した選手はすぐに報復を受けるだろう。彼らが選手資格を一時停止され、ナショナル・リーグが五年間破綻しても私は気にしない。これがアメリカ合衆国なのである。他の市民と同様に一人の市民にもプレーする権利がある。

どのような結果になろうとも、ナショナル・リーグは全面的にロビンソンを支持する。諸君の意思をごり押しするなら、狂気の罪を犯したことに気づくことになる」

『夏の若者たち　青春篇』の著者ロジャー・カーン[※20]は、フリックの声明の後、「ロビンソンの歩む道は未だ険しいが、生い茂った藪から出て見通しのきく道になった」と記している。

この事例が明らかにしているとおり、癒しの言葉は対象者にとって必ずしも癒しにはならなくとも、虐待の犠牲者（ジャッキー・ロビンソンなど）にとっては大きな癒しである。時に癒しの言葉は、不道徳な行動を止めることで、虐待的な行動を取る人々のためにさえなるのだ（セントルイス・カージナルスの選手がストライキを実行したなら、彼らの選手生命は破綻していただろう）。

※19　一八九四～一九七八年。大リーグのナショナル・リーグ会長、第三代MLBコミッショナー。
※20　一九二七年～。アメリカ人作家、ジャーナリスト、編集者。

私が友人を通して知った次の出来事もその一例である。精神医学者スティーブン・マーマー博士には大学の医学生時代から大切にしてきた思い出がある。

「私が大学二年の時、ある特別講義の最中、一人の学生が立ちあがり極めて初歩的な質問をした。教授はにらみつけ、『それは馬鹿げた質問だ！』と答えた。顔を赤らめた学生は着席したが、クラスで最優秀の学生の一人が手を挙げた。より知的なコメントや質問を期待し、教授は彼を指名した。この学生はこう切り出した。『教授、このクラスに馬鹿な学生などいません。確かに私たちは無知かも知れません。しかしそれこそが、私たちがここで学ぶ理由です。あの学生とクラスに対して謝っていただきたいのです』。そう言った瞬間、他のすべての学生が拍手した。その結果、教授は授業を続ける前に謝罪した上、注意してくれた学生にも感謝した」

これはマーマー博士自身を成長させる出来事になった。後に「その学生にどれほど道徳的な勇気があったのか、私は片時も忘れたことがない」と述懐している。

「ごめんなさい」と謝ること

私たちは兄弟姉妹や親友との様々な確執、何年も続く言い争いを耳にするが、当事者の片方が「ごめんなさい」と言ったなら即座に終止符を打てたことだろう。けれども、多くの人にとってこの短い言葉を言うのが最も難しい。謝罪とは、自分が間違っていたこと、ひどい仕打ちをしたことを認めることである。

簡潔な謝罪がしばしば積年の争いさえも鎮めることができると言うと、誇張していると思われるかも知れない。そこであなたを怒らせた相手のことを考えてみよう。その人が突然あなたの家に来て、あなたに負わせた傷について心からの反省と後悔の意を表したなら、あなたの心は動かないだろうか。

古代のユダヤの教えによれば、ヨム・キプール[※21]（贖罪日）に心から悔い改める人は、神に対して犯したいかなる罪も赦される。しかし人に対して犯した罪は、傷つけた相手のところに出向いて謝罪しない限り、贖罪日といえども赦されることはない。

私自身の深い謝罪体験の一つは、少し恥ずかしい話になるが、私自身と娘の一人との間に生じた人生で最も滑稽《こっけい》な体験の一つである。私たち家族がコロラド州ボルダーに住んでいた頃、あるとき私はデンバーの近くで「スピーチの倫理」について講演するよう招かれた。娘のナオミとシーラは当時六歳と四歳で、私の講演に参加したいと言った。「パパが講演をするのを知っているわ。だから私たちも行きたいの」。実のところ、私の講演内容は彼女たちには難し過ぎて分からないだろうし、退屈してしまうだろうと心配した。だが彼女たちは行きたいと言い張ったので、私は連れて行くことにした。

※21　ユダヤ教の最も神聖な日で、一日中断食し、神の前に悔い改めと内省の時を過ごす。

私は娘を誇りに思う父親として、講演を始めるに当たって彼女たちを数百人の聴衆に紹介した。聴衆の大きな拍手に迎えられ、ナオミとシーラは最前列に座った。

講演を始めて十分くらいしたところで、私は聴衆に問いかけた。「皆さんの中で、自分は家族の誰かの短気な性格のせいで悪影響を被ったと感じている人は、どのくらいおられるでしょうか？」

私が奇妙な不快感を感じたのは、挙手した人たちの中にナオミの手があり、すぐにシーラの手も続いたことである。聴衆に笑いの渦が生じ、とうとう私は「残念ながら、私の妻は短気でして」とだけ言うのが精一杯だった。

実際のところはこうだ。私がナオミに読み方を教える役を引き受けたのは、彼女が小学一年生になって基本を教えるのにずいぶん時間がかかったからだった（学校はとにかく子供にプレッシャーをかけることを望まなかったし、ナオミは大半の時間、絵を描いていた）。妻によると、私は誰かに何かを説明するのにとても辛抱強いとのことである。一度目と二度目はとても辛抱強い。しかし三度目ともなると、説明してきたことを理解しているべきだと思い、厳しくなる。ナオミが読み間違いをしたときには、明らかにぶっきらぼうな調子できつい言葉をかけていた。

講演が終わってから、私はナオミのところに行き「ごめんね。君が間違えたとき、悪いことをしたわけでもないのに腹を立てたのは良くなかった。どうか赦してもらいたい」と彼女に言った。これから同じことをしたなら、「パパ、私が間違っても怒っちゃだめ」と言うべきだとも言った。そして彼女はそれを実行した（白状するが、私はそれからも時々多少いらいらしていた）。

不当な行動を取ったなら誰に対しても謝罪する義務があるのと同様、親が子供に不当な行動を取ったなら子供に謝罪する義務がある。この話を、私は親に対してしばしば強調してきた。子供に対して謝るべきときに謝らない親は、故意ではないにせよ、自分より強い人にだけ謝罪すればいいという恐ろしいメッセージを子供に伝えている。親が自分に対して間違った行動を取っても謝罪しないなら、子供は他にどんな教訓を導き出すことができるだろうか。心理療法士テリー・ウォルバーグは、謝罪は別の重要なメッセージを伝えていると指摘する。それは、間違いを犯したことを認めても大丈夫だということだ。親はそれを明らかにすることで、人間関係の中でどう行動しいつ謝罪すべきなのか、その模範を子供に示すことになる。謝罪はまた、怒りや対立が必ずしも人間関係を脅かすものではないことを伝える。

明らかに、謝罪する能力と意欲は、私たちのあらゆる関係性において極めて重要である。これは子供に関することだけではなく、問題を抱える人間関係に和解をもたらす唯一の方法である。「赦しを乞うこと」は、本質的なことである。人に何かを「乞う《ベッグ》」のは屈辱的な行為である。例えば、街頭で通りすがりの人に金を乞わなければならないという状況は、多くの人にとってひどく嫌なことだろう。私が子供の頃、強い抵抗感のある「物乞い《ベガー》」という言葉を、しばしば「浮浪者《バム》」と言い換えていたことを思い出す。

私たちが何らかの方法で誰かを傷つけてしまったとき、私たちの負わせた痛みが当事者を辱めることになる。従って、私たちが赦しを「乞う」こと、つまり小さいながらも屈辱を受けることは、ある意味で私たちが行なった悪行の報いを受けることなのである。

礼を失する行為をした人がある程度の屈辱を進んで受ける啓発的な一例が、数十年前に野球界で起きた。ニューヨーク・ヤンキースの名捕手だったヨギ・ベラ[※22]は、後にチームの監督になった。一九八五年、シーズンに入って十六試合しか消化していない時点で負けが続き、監督として厳しい局面に立たされた。ヤンキースのオーナー、ジョージ・スタインブレナー[※23]は、チーム幹部をベラのもとに送ってベラを解雇すると通達した。長年一貫して快活さや温和さで知られていたベラはひどく傷ついたが、それは解雇されたこと自体が原因ではなかった。実際、彼は以前にも解雇されたことがあった。ベラが傷ついた理由は、その知らせをスタインブレナー本人が直接伝えようとしなかったことにあった。ベラはこれに応じて、スタインブレナーがチームを所有している限り、二度とヤンキー・スタジアムに足を踏み入れないと誓った。

十四年後、精神医学者アーロン・ラザール博士[※24]は、著書『謝罪について』(*On Apology*)の中でその後の経緯を明らかにしている。スタインブレナーはベラの自宅を訪れ、彼の手を取り、彼の目をじっと見て言った。「私は、あなたに直接会ってお伝えしなかったという間違いを犯しました。これは、私がこれまでに野球で犯した最悪の間違いです」。ベラはスタインブレナーの前述の行動によって深く傷ついていたが、この心のこもった誠実な謝罪がベラの心を溶かした。ベラは「ジョージ、誰もが間違いを犯すものです」と格別な礼儀正しさで応答した。

その場で、スタインブレナーはベラに対し、ベラがもしヤンキー・スタジアムに来てくれるなら、人力車でジョージ・ワシントン橋を渡ってスタインブレナー自らスタジアムまで送り届ける用意があると伝えた⑯。

最終的に二人の男は完全に和解し、彼らはそれ以降固い友情で結ばれるようになった。これらすべては、スタインブレナーが、ベラを探し出して謝罪するという明らかに困難なステップを踏まなかったならば、決して起きなかっただろう。

この話や私の娘への謝罪が示すとおり、癒しの言葉や謝罪というのは長い言葉を要さない。ただ声に出して相手に伝えること、それも誠意をもって伝えることが必要である。さらに、間違いを犯した人が自ら行なったことを正確に認識し、具体的である必要がある⑰。

着目すべき謝罪例の収集と分析を行なったラザール博士の本の中で、積年の確執に終止符を打った簡潔な謝罪が記されている。ラザール博士がこのテーマについて講演した時、ある七十三歳の退職し

※22　一九二五～二〇一五年。現役引退の後、メッツやヤンキースなどの監督・コーチを歴任した。
※23　一九三〇～二〇一〇年。アメリカの実業家。三十年以上ヤンキースのオーナーを務めた。
※24　一九三五～二〇一五年。精神医学者。マサチューセッツ医科大学の学長も務めた。

た機械工が彼のところにやってきて、彼自身の経験を話した。「私は三十年間、機械工の仕事をしてきました。ある日、私と隣の同僚の間である事が起きたんです。何を言われたのか、誰に落ち度があったのかは思い出せないのですが、私たちは口をきかなくなりました。それから六年間、互いに会話をしませんでした。ある日、私は彼のほうを向いて『私は大馬鹿だったよ』と言って、握手しようと手を伸ばしました。私たちは握手をしました。それでわだかまりは消えました。近くにいた仕事仲間がやってきて、何があったのかを尋ねました。私はこう言いました。『私はこれ以上、大馬鹿にならずに済んだんだよ』と(18)」

多くの喧嘩と同様、二人の男の仲違いの理由はたいそう些細なことだったので、この機械工は最初の喧嘩の原因が何だったのかを思い出すことができないほどだった(それこそが「私は大馬鹿だったよ」と言えた理由だった)。謝罪を申し出た機械工が、これまでの確執と今後も続く敵意について全責任を負おうとしていたかどうかは明らかではない。しかし、謙虚に自らを大馬鹿と呼ぶことによって、彼は「相手に敬意を表し、尊重するという本来の態度に立ち帰った」のである。尊厳が回復されると、相手の男もまた対立と長い仲違いの責任を感じたのではないだろうか。

短い謝罪は、反感の理由が極めて重大な場合にも機能する。一九一六年、ウッドロウ・ウィルソン[※25]大統領が最高裁判事にルイス・ブランダイスを指名した時、前大統領ウィリアム・タフト[※26]は激怒した。彼は怒りを全く隠す様子もなく、ブランダイスの指名について、「一アメリカ人として、憲法を愛する人間として……ブランダイスのような人物が最高裁判事になるといった着想は、最も深く傷つけられたことの一つだ」と書いた。彼はブランダイスを「嫉妬や偽善を引き起こし……不謹慎極まりなく……計り知れず狡猾《こうかつ》な男……そして、私見では悪の大権力者」とまでこき下ろした。タフトは指名に反対する勢力を結集し、最終的にはアメリカ法曹協会の元会長ら六人と手を組み、ブランダイスを「米国の最高裁判事には不適切な人物」と宣言する書簡を、上院司法委員会に送った。

この激しい反対にもかかわらず、ブランダイスの指名は承認された。数年後、ブランダイスが夕食前の散歩をしていたときのことである。小太りの紳士が彼にぶつかり、突然立ち止まった。ブランダイスは顔を上げ、何か言おうとする前に、体格のいい男は手を差し出して言った。「ブランダイスさんじゃありませんか。私はタフトです。私はかつてあなたに対してひどく不当なことをしました。ブランダイスさん、申し訳ありません」。ブランダイスは「ありがとうございます、タフトさん」と応じた⑲。

タフトはその後、ブランダイス指名に対する手厳しい非難とアメリカ法曹協会の手紙について、より深い謝罪の意をブランダイスに示した。一九二一年にタフトが最高裁長官に任命された時、彼とブランダイスは政治や司法上の見解の相違にもかかわらず、真の友情を築いた。最高裁で共に働くよう

※25　一八五六〜一九三〇年。第二十七代米大統領（一九〇九〜一三年）。第十代最高裁長官（一九二一〜三〇年）。
※26　一八五六〜一九四一年。

になって二年後の一九二三年、タフトは娘ヘレンに宛てて「私は本当にブランダイスを好きになった」と書いた。

謝罪の原則

和解に至る簡潔な謝罪のいくつかの逸話に着目してきた私は、単純な謝罪では修正できない痛みや不公正があることも知っている（その点で、タフトがブランダイスを中傷することでその名声を永久に破壊し、彼を最高裁から遠ざけることに成功していたなら、ブランダイスがそれほど寛大でいられたかは分からない）。しかし私たちの多くが関与する対立の多くは、後悔の念を込めた嘘偽《うそいつわ》りのない短い言葉が役に立つ。多くの人にとって、恨みを抱き続けることは心地良いものではない。かつて誰かが述べたように、「恨みを抱き続けることは、あなたの最も嫌いな人が家賃も払わずにあなたの心の中に住むのを許すようなもの」なのである。何より、謝罪が受け容れられれば、謝罪した人とそれを受け容れた人の双方を感情的に満足させる。謝罪が受け容れられなかったとしても、前より悪くなることはない。

ただし、一つの原則を常に覚えておく必要がある。それは、謝罪する場合には片務的であること。つまり、負わせた傷の責任を一方的に引き受けなければならないということである。ジョージ・スタインブレナーがヨギ・ベラの家に行った時、「君の解雇の仕方は申し訳なかった、ヨギ。しかしあなたもこのシーズンのひどい結果を認めるべきだ。もうこれ以上は容認できない」と彼の言葉に条件を付けたなら、どうなったかを想像してほしい。ヨギ・ベラにとって、このような言葉が傷ついた尊厳を取り戻し、彼の人生にスタインブレナーを迎え入れることを可能にするだろうか。

あるいは、年老いた機械工が肩を並べて働いていた同僚に向かって、「これは馬鹿げている。私たち二人とも愚か者のように行動してきた。君が私と握手する気があるのなら、私はこの対立を終わったものと見なそう」と言ったなら、どうなっていたか想像してみてほしい。または、私が娘に向かって「君に辛く当たって申し訳ない。しかし同じ間違いを何度も繰り返されると、とってもイライラさせられることを君も認める必要がある」と言ったなら、どうなっていただろうか。

謝罪が必要なほぼすべてのケースにおいて、謝罪する側は全責任を引き受けなければならない。一方が責任を引き受けることによって、相手は防御的な反応をしなくなり、この対立を終息させるか継続させるかの自らの役割を適切に認識できるようになる。

責任を引き受けることに加えて、あなたは自分がやってしまったことを最小限に留めようと試みてはならない。人が「私が言ったことであなたを傷つけたならお詫びしたい」と言うとき、傷つけられた相手が過度に敏感になっているのは明らかである。傷ついた人の感情の尊厳を回復させるには、あなたが何を間違ったのかを明確にし、傷ついた人が再び健全になったと感じる必要がある。

要するに、「ごめんなさい」という言葉に続いてあなたが犯した間違いを表明すれば、ほとんどの場合はうまくいく。と同時に、心に負った傷は取り消せないものでもある。[20] 前述のとおり、あなたがどう反応すべきかをよく考えることだ。あなたを傷つけた人が赦しを乞いに来たなら、それはあなたの傷を和らげ、あなたの怒りを静めるためではないだろうか。

最終考察――今しばらく本書を置き、故意にせよ故意ではないにせよ、あなたが傷つけたかも知れない人のことを考えること。心の準備ができたらその人に電話し、「ごめんなさい」と言うこと。

あなたがこれを実行したくないと思うなら、その理由を自問すること。仲違いを続ける意味はあるのか。喧嘩の理由は最初の時と変わらず、今もとてつもなく大きいものに思えるのか。そうでないなら、謝罪のメールや手紙を書くこと。または電話をし、「私がしてしまったことについて、申し訳ありません。喧嘩してしまったこと、そして私たちの長年の友情が失われてしまったことについて、すみませんでした」と告げることだ。

子供が自分自身を愛し、他人を愛するようになるために

世界には、私たち自身では解決できない多くの不正がある。紛争地域に平和がもたらされ、腐敗した政府が刷新され、癌が治るのを見たいと私たちは願うが、そうしたことについて個人でやれることには限界がある。しかし私たちのほぼ全員が、地球上の善と幸福を飛躍的に増加させるために実行できることが一つある。

親を始めすべての大人が、子供が親切な行ないをしたとき、最大限に称賛することである。これは

現時点では実行されていない。一般的に、子供が最高の誉め言葉をもらえるのは、次の四つのいずれかの場合だけである。

- 学業成績（「息子のショーンは優秀だ！　近年稀に見る優等生だと先生が言っている」等）
- 運動能力
- 芸術的な成果（「サラは素晴らしいダンサーだ」等）
- 容姿（とりわけ女の子に関して）

褒められるのが嫌いな人はいない。こうした褒め言葉を親や他の大人からかけられれば、子供は喜ぶだろう。しかし、学業成績が優れない子供はどうなのか。あるいは運動やダンス、ピアノの才能がない場合はどうなのか。または容姿が魅力的でないならどうなるのか。

親はそういった子供たちの何を称賛するだろうか。可能性の高い最大の褒め言葉は、親が他の人に対して「でも、あの子は本当に良い子なんです」と言うことだろう。概して、「良い子である」というのは、大したことではないと憶測できる。つまり親の目から見れば、取り立てて自慢できるようなことが全くないことを意味するのだろう。

私がこう意見すると、それは違うと言う親もいる。「良い人間であることが親にとって最も重要なことだ」と子供たちによく伝えてきた、と彼らは信じて疑わない。概して、これらの親は自分自身をごまかしている。この言葉が本当かどうかを見分ける方法がある。

長年にわたり、デニス・プレガーはそうした親に対して子供に次のように尋ねるよう提案してきた。「私（母親または父親）があなたに一番望んでいることは何だと思う？　成功することか、頭が良くなることか、善良な人間になることか、幸せになることか？」。この実験を行なった多くの親は、「親にとって最も重要なのは良い人間になること」と子供たちが考えていないのを知り、大いに驚く。

自分で試してほしい。子供が何歳であれ、「私があなたに一番望んでいることは何だと思う？　あなたのどんな面を誇りに感じていると思う？」と質問してみることだ。

ここで明確にしておきたいのは、両親が子供の成し遂げた成果を褒めてはいけないと言っているのではない。すべての子供は、親が自分の努力した成果を尊重していることを知りたいものである。女の子は男の子よりも容姿が魅力的である必要性を感じるだろうが、男の子もまた例外ではない。

しかし――これは重要な「しかし」だ――、私が提言するのは次のことである。私たちがしばしば強調し称賛する特質はどれも重要だが、それは良い人間であることがリストの最上位に位置づけられたときにのみ有効である。

あなたはきっとこう言うだろう。「学業、運動、文化的な成功などの特質は、良い人間であることとは無関係に、それ自体に価値があるのではないか」と。この問いに関して、私ははっきりと「ノー」と言いたい。それ自体に価値はない、と。ドイツには知的または文化的な人々が欠如していたから、第二次世界大戦を起こし、ホロコーストを実行したというわけではない。ドイツにはそういった人が溢れるほど存在した。欠如していたのは、十分な数の善良な人だった。

さて、私が若い人たちに「良い人になる」ことについて話すとき、何を言おうとしているのか。いくつか例を挙げてみよう。

●学校のいじめっ子に対して直言し、立ち向かうこと
●学校で人気のない新しい生徒を助けること
●財布や携帯電話の落とし物を見つけたら、保持せず持ち主を探すのに全力を尽くすこと
●バスではお年寄りに席を譲ること
●自分の兄弟姉妹に礼儀正しく接すること、等々。

子供の善良さや誠実さに対して最高の称賛を送ることに、なぜ強い影響力があるのか。すべての親が、自分の子供が思いやりのある行動をするとき、最上級に褒めてあげることを始めるならば、子供は思いやりのある行動を取る度に最上級に愛されているのを感じ、それを誇りに思う。これにより私たちは、自分自身を愛する世代を育んでいくことができる。こうした家庭で育った子供の自尊心は、自分を良い人間と見なすことから生まれてくる。それは他の何よりも重要な自尊心である。別の言い方をすれば、「そのような子供の自尊心は、他でもない彼らの善良さから生まれている」のである。(21)このような子供が育っていくならば、どんな世界になることだろう！

（原書注・フレッド・ゴスマン著『幸せな親になる方法』（*How to be a Happy Parent*）から同類の考えを引用する。「子供が幼い頃、多くの親は幼少期の有意義な出来事を記録しようと、かわいい小さなベビーブックを買い求める。……しかし、私はしばしば第二の本があるべきだと思っている。そこには子供の人生において特筆すべき道徳的な出来事を記録するのである。初めて誰かと何かを分け合ったこと、思いやりを示したこと、新しい生徒と友達になったこと、祖母に見舞い状を出そうとしたこと、本当のことを話してくれたことなどを記録するのである」。自分の子供時代の出来事を記録したこのような本を持つことが、どれほど大きな宝になるか想像してほしい。）

簡単な一例を挙げよう。著名なスポーツ・ライターのフィル・アルヴィアの父親は、大げさに感情を表したり何かを大げさに言ったりする人ではなかった。アルヴィアは常に父の愛を信じていたし、よく抱擁をねだっていた彼を父親は「繊細な」子供と見なしていた。

アルヴィアの子供時代の最も良い思い出の一つは、兄と父親でシカゴ・ホワイトソックスの試合に出かけたことである。やはり子供の頃にホワイトソックスの試合を見に行っていた父親は、球場では少しくつろいだ様子で、より開放的に見えた。アルヴィアが父親と一緒にコミスキー球場[※27]で観戦したすべての試合の中で最も記憶に残っているのは、ものすごい数のファンが来る「バットの日」である。入場した子供は本物の野球バットがもらえる毎年恒例のイベントだった。

その年、アルヴィアは兄と父、さらに父の同僚と初めて野球観戦する彼の子供二人と一緒だった。スタジアムをよく知っていたアルヴィアは、その日のことを詳細に覚えている。

「兄と私はコミスキー球場を熟知しているベテランだった。私たちは、新人二人にコミスキー球場の素晴らしさを見せようと思っていた。涼風を浴びつつ球場を見下ろすことのできる外野スタンドの窓や、ブルペンをのぞき込むことのできる中央フィールドの斜面を知っていた。

しかし、試合の始まる前に問題が起きた。父の同僚の子供たちがトイレに行ったのだが、泣きべそをかいて戻ってきた。年上の子が彼らのもらったバットを奪ったのだ。

バットの日はいつもすごい人ごみで、バットが足りなくなることもあった。二人がしゃくり上げながら話してくれた話によると、大きな子にバットを見せてくれと呼び止められ、バットをつかむと彼らはそのまま人込みに走り去って行ったらしい。

兄と私は互いに顔を見つめ合い、父の顔を見つめた。私たちはしょげ返っていた二人の小さい子に自分たちのバットを渡した。

数イニングの後、同僚とその子たちがホットドッグか何かを買いに出かけたとき、父は『私はお前たちをこれほど誇りに思ったことはない』と言って私を驚かせた」

アルヴィアは、「私はその日、抱擁をねだった覚えはないが、父は私たちを抱きしめてくれた」と回顧している。(22)

※27　シカゴ・ホワイトソックスが一九一〇年から九〇年まで本拠地としていたスタジアム。

ポジティブ思考で言葉を発し、ネガティブな言葉を回避すること

過去に用いられてきた多くの言葉は、残酷で思いやりに欠けていた。私は、人種や民族、宗教についての中傷だけを問題にしているのではない。私の母ヘレン・テルシュキンは、一九一二年にニューヨーク市で生まれ一九二〇年代に子供時代を過ごしたが、ある病院を「不治の病の家」と呼んでいたという。そのように呼ばれていた病院には、ユダヤ系とカトリック系のものがあった。それ以外の病院もあっただろう。母は、そのような名前がどれほど患者の気持ちを落ち込ませるかを理解したのは大人になってからだった、とばつが悪そうに話してくれた。入院中の患者が、「明日、あなたを不治の病のためのモンテフィオーレ・ホームに移します」と告げられた状況を想像してみてほしい。

従って、話し方の倫理について過去に書かれたものの多くが、癒すことよりも傷つける言葉の力に着目していたのも理解できる。本書の至る所で指摘してきたとおり、他人についての悪口をヘブライ語で「ラション・ハラア」つまり「悪い舌」と呼ぶが、その逆の表現はヘブライ語にはない（ヘブライ語で「ラション・ハトヴ לָשׁוֹן הַטּוֹב（良い舌）」という表現は滅多に使用されない）。

激怒、容赦のない批判、人を蔑《さげす》む言葉など、人に対する不公正な発言については、「言葉で威圧する」ことを意味する「オナアット・デヴァリーム אוֹנָאַת דְּבָרִים」というヘブライ語がある。しかし、これもまた、反対の「言葉で癒す」というヘブライ語は広く用いられていない。

数年前、ルバヴィッチ派[※28]のレッベ[※29]として広く知られたラビ・メナヘム・メンデル・シュネルソン[※30]の経歴を調べていた時、彼が人を意気消沈させるあらゆる言葉の使用にどれほど反対してきたかを知り、深く感銘を受けた。例えば、レッベは伝統的に使われている「病院」に相当する唯一のヘブライ語「ベイト・ホリーム בית חולים（病人の家）」の使用を止めるよう、イスラエルの病院や医療従事者に働きかける運動を立ち上げた。代わりに「ベイト・レファアー בית רפואה（治癒の家）」と呼ぶよう、レッベは強く促した。彼は、医療倫理学者で後のイスラエル保健省の局長モルデハイ・シャニ博士に宛てて、こう書き送った。「言葉を変更するだけと思われるかも知れませんが、『治癒の家』という呼び方は病人を励まし、完全な治癒をもたらすという施設の目的をより正確に表しています。それなのに、なぜその意図にそぐわない言葉で呼ぶのでしょうか」と書いた。

（原書注・長い年月を要したが、レッベの努力は実を結んだ。今日、イスラエルの多くの病院は名前が変更されたか、「ベイト・レファアー」の変化形で一般的に呼ばれている。イスラエルの政府系の保険機関でさえ、名前を変えたものもある。例えば、クパット・ホリーム・マカビー〔マカビー病人基金〕は、マカビー・シェルート・ベリウート〔マカビー保健サービス〕に改められた。クパット・ホリーム・クラリート〔総合病人基金〕は、シェルテイ・ベリウ

※28　ユダヤ教超正統派の流れを汲むハバッド運動の一派。
※29　ハシディズム（ユダヤ教の敬虔主義運動）の指導的ラビの呼称。
※30　一九〇二〜九四年。ユダヤ教のハバッド運動ルバヴィッチ派の創始者。

ート・クラリート〔総合保健サービス〕になった。）

レッベは励ましの言葉（「病人の家」ではなく「治癒の家」と呼ぶこと）によって形成される心構えが、医師の意識を醸成し、患者の治癒に重要な役割を果たす可能性があると考えていた（「明日、あなたは不治の病の家に搬送される」よりも「明日、あなたは治癒の家に搬送される」と言われるほうが、どれほど良いだろうか。いずれにせよ、一九六〇年代、七〇年代には受け容れられなかったが、今日では患者の思考態度の重要性が広く受け容れられている）。

レッベは、他の人が否定的にしか物事を捉《とら》えられないような状況でも、肯定的なアプローチや肯定的な言葉を見出だすよう専心した。とは言え、それは楽天的な考え方ではない。例えば、戦争で回復不能のひどい傷を負ったイスラエル兵は、「ネヘイ・ツァハル（イスラエル軍の障碍者）」と呼ばれている。この呼び名は、車椅子生活を余儀なくされている人や容姿が損なわれたり手足を失った人に適用されるように、事実に基づいていて理に適っているように思われる。しかしレッベは、一九七三年のヨム・キプール戦争後の数年間にそのような兵士のグループと会った時、ひどい障碍を背負っても、精神的な成長を制限することはないと彼らに話した。障碍は確かに精神的な成長を促し、他の方法では決して到達し得ない技能を発達させる。

例えば、目の不自由な人は聴力が発達し、目の見える人が気づかないことに気づくことが立証されている。両腕がないのに足や口で絵筆を使って類い稀な絵を描く人は、グーグルやユーチューブの映像で見ることができる。つまり障碍を持った人は、しばしば見事な才能を開花させるのである。レッベは、障碍のある人々を不足しているものだけで定義するという、現在も広く行き渡っている風潮に挑戦してきた。レッベは彼らの精神力や並外れた遂行力、開発できる技能の可能性に注目すべきだと繰り返し強調した。レッベはその日、負傷したイスラエル兵にこう宣言した。「君たちはもはや『負傷した（あるいは障碍を負わされた）兵士』ではなく、他に類を見ない存在として『非凡な兵士』と的確な表現で呼ばれるべきであることを、私は提唱する」

レッベの印象的な言葉の本質を正しく評価するため、この出来事を歴史的背景に照らして理解する必要がある。この会合が行なわれた頃、さらにそれまでの何十年にもわたる間、身体やその他に障碍を持つ人のことを、容易に意気消沈させる言葉で表すのが一般的だった。第二次世界大戦で両腕を失ったあるアメリカ兵が回想録の中で、負傷して間もなく解放される兵士たちに対して、ある軍医が告げた言葉を記している。「今年、君たちは英雄だ。来年、君たちは負傷した退役兵士となる。そしてそれ以降、君たちは身体障碍者だ」

社会に送り出す言葉として、「君たちは身体障碍者だ」という言葉とレッベの「君たちは非凡だ」という言葉のどちらが効果的なのか、比べてみてほしい。

歴史的に見ても、意気消沈させる辛辣《しんらつ》な言葉で烙印を押されて苦しんできたのは、身体に障碍を持つ人たちだけではなかった。一九五〇年代、六〇年代には、「軽愚《モロン》」「精神薄弱者」「知恵遅れ」といった言葉の使用は当たり前だった。それらの言葉はそもそも医学の専門用語だったが、身体障碍者や他の人を嘲《あざけ》る言葉となった（遊び場で子供が「馬鹿《モロン》じゃないの」と叫んでいるのを聞いた覚えがある）。知的障碍のある子供は一般的に「知恵遅れ」と片付けられ、この言葉がすべてを表しているかのように定義されてきた。あの頃は、一部の領域で能力が劣っている子供のことを「援助を必要とする障碍《スペシャル・ニーズ》のある子供」と呼ぶ考えは、誰にもなかった。こうした子供を多少なりとも「特別な」子供だと考えた者はほとんどおらず、彼らは我慢すべきお荷物と見なされていた。

（原書注・レッベは「特別な人」という今日の肯定的で洗練された呼び方にどれほど満足するだろうと思う一方で、一般的となった「援助の必要性」という言葉に関しても賛成したかは疑わしい。もちろん「特別な」という言葉は肯定的な意味だが、レッベなら「可能性」よりも「必要性」に重点を置くことに疑問を呈したかも知れない。）

レッベは、実質的に定義され制限された言葉で人にレッテルを貼らないよう警告した。「ユダヤ人の知的障碍者の課題と必要性について」のメッセージをユダヤ人共同会議に送るよう求められた時、レッベは結びの言葉で次のように異議を唱えた。「私は『特別な人』という言葉を選ぶ。単なる婉《えん》曲《きょく》表現ということではなく、それが彼らの状況をより正確に反映しているからである。特に知的障碍は多くの場合、知識を吸収して自分のものにする能力に限界がある一方で、他の領域においては極めて正常であり、平均を上回ることすらある事実を考慮した考えである」

レッベは、精神的な問題を抱える子供をより適切に「特別」と見なすべきであると強調した。ユダヤ教の先唱者[※31]であるジョーゼフ・マロヴァニ[※32]という一人の父親が、施設で暮らしていた自閉症の息子についてレッベに話した。レッベは取り乱す父親に、対話する能力に限界があっても全く誰とも交流できないわけではないことを告げた。「それは容易ではないし、ほとんど無理かも知れない。人との関係はそうかも知れないが、神との関係においては皆と同様、（時に）それ以上の関係を築くことができる。人との関係は多忙でなくとも、神との関係は多忙なのである」

レッベがこの困難な状況に対して肯定的な意見を述べたことで、マロヴァニはかつて祝福を唱えるよう息子を訓練した成功体験を思い出した。さらに、息子がユダヤ教の他の儀式を学んだこと、そしてそれが彼にとって非常に意味があったことも思い出した。レッベはさらに踏み込んで、息子の部屋に献金箱（注・ユダヤ教における施しの戒律を実行するためのもの）を置くようマロヴァニに提案した。レッベは「施しを行なうことは息子さんのためになる。彼を訪ねてくる人は、施しを行なわなければならないことを思い出す」と言った。[23]施しの集金人として、社会に前向きな影響を与える使命を持たせ、病院環境に暮らす自閉症の子供に権限を与えようと考えたのである。

文筆家としての私の人生は、レッベの一つの教えによって言葉の使い方が大きく変わった。彼は、言外に否定的な意味合いがあったり否定的な内容を連想させる言葉を避けた。そのため、研究課題を

※31　ユダヤ教の礼拝で聖書や祈祷書を朗唱する人。
※32　一九四一年〜。アメリカ人テノール・ソリスト、世界的に著名な先唱者。

完了させる上でどれほど大きなプレッシャーがあろうと、彼は「デッドライン」（最終期限）という言葉を使わなかった。このことを知って、私自身も「デッドライン」という言葉の使用を止めた。それは、時間のプレッシャーと制約の下で常に働いている文筆家にとって、決して小さな事ではない。代わりに、今私が使用している「デュー・デート」（予定日）という言葉を思いついた。ささやかなことに思われるかも知れないが、大きな違いがある。「デュー・デート」は私の取り組んでいる課題についての高揚感に集中することを可能にし、「デッドライン」はプレッシャーと不安を呼び起こす。その根拠は明快である。「デッドライン」は死《デッド》を暗示しているが、「デュー・デート」は誕生と新しい生命を示唆しているのである。[24]

一九六〇年代、さらにそれ以前からの、レッペの体系的かつ持続的なポジティブ思考とポジティブな言葉を重視する考え方は、飛躍的な前進をもたらした。一部の心理学者、中でも最も著名なマーティン・セリグマン[※33]教授は、ポジティブな言葉とポジティブ心理学を重視することでアメリカ人の生き方に新境地を切り開いてきた。

（原書注・過去数十年にわたり、セリグマンは心理学の全体原理やポジティブ心理学を形成してきた。『世界でひとつだけの幸せ』『オプティミストはなぜ成功するか』といった本を通して、セリグマンは人間の心を扱う新しいアプローチの必要性を明確にしてきた。『世界でひとつだけの幸せ』では、「過去半世紀にわたり、心理学は精神病を唯一の課題とし、それに関心を奪われてきた」という見解を包み隠さず述べている。心理学の前進が、うつ病、統合失調症、アルコール依存症を軽減することにどれほど有意義な貢献をしてきたかを指摘した上で、精神疾患の治療に限定することが、いかに心理学の課題を制約してきたかを次のように指摘している。「人は、単に自分の弱点を克服する以上のことを願う。意味のある人生を望んでいるのだ」）

レッベは、ツエマフ・ツエデック[※34]の言葉「良い事を考えれば、良い結果になる」を引用することを好んだ。レッベはあらゆる否定的な表現を控えたため口にすることはなかったが、それは逆に言うと「悪い事を考えれば、悪い結果になる」ということである。それはなぜなのか。トーマス・フリードマン[※35]は、悲観主義者が正しくて楽観主義者が間違うこともしばしばあるが、「あらゆる偉大な変革は楽観主義者によって成し遂げられてきた」という事実は否定できないと指摘する。そして例外なく、楽観主義は言葉から始まるのである。

豊かな言葉が人生を変える

ここまで「癒しの言葉」で最も大事なのは、巧みな言葉を選ぶことではなく、声に出して伝えるこ

※33　一九四二年～。アメリカ人心理学者、うつ病・異常心理学の世界的な権威。
※34　一七八九～一八六六年。ハバッド運動の代表的ラビの一人。
※35　一九五三年～。ピューリッツァ賞を受賞したジャーナリスト、コラムニスト。

とだと強調してきた。もちろんそれは真実である。しかしそれでも独創的な言葉で表現された思考は、その言葉を受け取った人に、自身の生き方を新しく違った角度で見つめ直すきっかけを提供することがある。その結果、その人を根本的に変えてしまうのである。

ラビであり常習行為の専門家、精神科医のエイブラハム・ツワルスキーは、イスラエルの社会復帰訓練所で更生中の前科者たちの前で話した時のことを想起している。ツワルスキーが自尊心の重要性について話していると、アヴィという一人の男性が口を挟んだ。「よくそんな話を俺にできるな。俺は三十四年の人生の半分の間、刑務所を出たり入ったりしている。八歳からずっと泥棒だ。刑務所を出ても仕事を見つけることができず、家族も俺に会いたがらない」

今度はツワルスキーが口を挟み、アヴィにこれまで宝石店の前を通り過ぎたことがあったかと尋ねた。彼はアヴィに言った。「陳列された宝石について考えてみてほしい。鉱山から掘り出された時はどんな外見だったのか。土にまみれた鉱石の塊だよ。ゴツゴツした鉱山を掘り起こし、本来備わっている美を引き出すには、ダイヤモンドをよく理解している人の力が必要だ。私たちがここでやっているのは、それなんだ。私たちはすべての人の中にあるダイヤモンドを探している。そして人間の魂の美しさが浮かび上がってくるまで手を貸し、それが輝きを放つまで磨き上げるんだ」。ツワルスキーはアヴィを見つめた。ぼさぼさの髪で、自分の席に隠れるかのように身をかがめている。「アヴィ、あなたは土にまみれた鉱石のようなものだ。私たちの仕事は内なるダイヤモンドを見つけ、輝きを放つまで研磨することなんだよ」

数年後、アヴィは治療センターを卒業し、社会復帰訓練所を修了して建築関連の職を得、地域社会に移り住んだ。ある日、彼は卒業した社会復帰訓練所の所長アネットから依頼を受けた。ある母子家庭の母親が亡くなり、子供たちが彼女の家具を社会復帰訓練所に譲ることを望んでいるので、その家具を運んでほしいとのことだった。アヴィはその依頼を承諾した。

訓練所の階上にソファを運んでいる時、クッションの間から一通の封筒が落ちた。彼はそれを拾い、ソファを運び込んだ後に開けてみた。中には五千シェケル（約一千七百ドル）入っていた。強盗で薬物中毒者だったかつてのアヴィは、二十ドルのために家に押し入った。今、彼はアネットに電話し、その封筒のことを伝えた。彼女は家族にそのことを報告すると言った。

アヴィとアネットの誠実さに心を動かされた家族は、その金を訓練所に預けると申し出た。その金で訓練所に追加のベッドを購入し、ゲストの部屋を追加して社会復帰訓練生をもう一人迎えることができた。

アヴィは、ツワルスキー博士への手紙の中でこの出来事を知らせた。「薬物を使用すると短時間の高揚感を得ることができましたが、その高揚感が消えると前よりひどく惨めに感じました。私があの封筒の金を見つけて三カ月が過ぎました。自分が行なったことを考える度に、何度も良い気分になれます。一時的な高揚とは、全く違う感情です」

一年後、ツワルスキーは次のように回想している。「ある時、私は社会復帰訓練所に行った。アヴィの善行が追加ベッドの購入に繋がったあの施設に。その入り口には新たに表札が掛けられていた。

表札にはこう書かれていた。「ダイヤモンドはここで磨かれます[25]」

第五部　あなたの生活に活かす方法

14章　倫理的な話し方を日常生活に取り入れるには

学んだことを百回繰り返した人は、百一回繰り返した人にはかなわない。

――バビロニア・タルムード、ハギガー九b

（原書注・友人のデヴィッド・ソニィは次のように指摘している。「このタルムードの言葉は、あることを何度も何度も再学習することは退屈なことではなく、その知的体験が物事をより深くより新鮮な理解へと導くことを示唆している」）

アルコール依存症の元患者が依存症から立ち直るためには、不用意に酒に手を出してはいけない。彼らは酒の出るパーティーに呼ばれても、たった一口が壊滅的な結末をもたらすことを知っているので、一滴も口にしない。AA[※1]の会員になり、禁酒を保つために共通の諸問題を他の会員と話し合い、互いに励まし合う。彼らは、心の中やあるいは口に出して禁酒を誓約しただけでは、効果がないことを知っている。必要なのは、どんなときにも警戒心を持続させることであり、アルコールが出される場所を可能な限り避けることである。

倫理的に話をしようとする人も同様に、言葉で人を傷つけないよう決意する必要がある。有害なうわさ話に巻き込まれないようにし、可能であれば、他人についての卑劣な話を最小限に留めるか回避するよう努めなければならない。そもそも、あなたがそのような人たちと過ごしても巻き込まれることはないと考えるのは甘いだろう。少なくとも、あなたがその機会を提供したと見なされると、あなたの評価を落とす危険を犯すことになる。正統派ユダヤ教徒の中には、ユダヤの賢者ハフェツ・ハイームの肖像画を掲げている者がいる。彼は不公正な話を思い留まらせることに多大な努力を傾注し、倫理的な話し方の原則を提唱した第一人者だった。その肖像画を電話やコンピューターの近くに掲げることで、公正に話したり書いたりすることを心がけているのである。

多くの者にとって、倫理的な話し方を実践するための最良のアプローチは、ＡＡが行なっているように「一歩ずつ」目標に近づくことである。毎日二時間、誰の悪口も言わないよう格別に注意を払う時間を設けてみてはどうだろうか。嫌なうわさ話は食事時に取り沙汰されて詮索されることが多いので、昼食や夕食が理想的な時間かも知れない。もちろん、他人についてのすべての話が悪意に基づい

※1　アルコホーリクス・アノニマス（匿名のアルコール依存症者たち）の略。飲酒問題の解決を願う自助グループで、一九三五年にアメリカで発足した。

たものではない。良い友人というのは、共通の知人についての話題を知っておきたいものである。そこで、あなたが他人について話す際の一つの良い判断基準は、話の内容を自分に置き換えてみて、自分について同じことが話されていても気にならないかどうかを考えてみることだ。

倫理的な話し方をあなたの生活の一部にするもう一つの方法は、本書で議論されている原則を定期的に見直すことである。多くの読者は、本書で紹介したエピソードとその見解の多くにうなずいて同意されたことだろう。あなたは、他人についての否定的あるいは不快な事実をばらまき、評判を地に落とす残酷なうわさを流し、関連性のない恥ずかしい情報を知らせることで喧嘩を引き起こすのは悪いことだと認めておられることだろう。各章を読み終えたあなたは、些細《ささい》な挑発に応じて腹を立てて怒鳴ったりすることを控え、他人を侮辱しないよう決意されたかも知れない。

しかし、もしあなたが私と同じような人間なら、本書を一度読むだけで言葉を不適切に使う傾向が「治る」ことはあり得ないだろう。アルコール中毒者が、アルコール依存症の恐ろしさを力説する本を一度読むだけでは禁酒できないのと同様である。

多くの者にとって、うわさ話や他人に不公正な話を続けることは、飲酒を続けるうちにアルコール依存症になってしまうのと同じくらい中毒性があるということだ。従って、あなたが人について話す話し方、あるいは人に対して話す話し方を変えたいのであれば、以下に要約した原則を一貫して実践する必要がある。そして重要なのは、これらの原則を真剣に受け止めていない人と一緒にいる場合、会話がどの方向に流れていくかを強く意識することである。

公表を選択する権利

あなたが誰かについて肯定的なコメントをする場合でも、その会話はいとも簡単に否定的な方向に流されてしまうことを覚えておいてほしい。「チャックは素晴らしい人間だ。けれども彼には我慢できないことが一つある」といった論評が、チャックに関する素晴らしいことに会話が発展していくことはない。むしろ、その後の会話はその「一つ」に焦点が当てられるだろう。

あなたがある人についての当たり障《さわ》りのない会話に加わっているのに、否定的なコメントが割り込んできたなら、オリバー・シップルの辿った運命を思い出してほしい（四三〜四五頁参照）。彼は大統領の命を救って一夜にしてヒーローとなり、多くの肯定的なニュースで話題の的になった。しかしシップルは新しい立場に置かれ、彼が避けたかった類いの個人的な詮索を受け、それが終わる頃には彼の人生は取り返しのつかないダメージを負った。

明らかに同性愛や同性愛者に対する態度が大いに変わった現代社会では、シップルの人生にマイナスの影響はさほどなかっただろう。いや、全く影響がなかったかも知れない。しかし現代を生きる私たちも例外ではない。私たち全員に、世間には知られたくないプライベートな部分があるだろう。自分についての何かが公になることがあるならば、それをいつ誰に公表するかを選択できることを望む。

好ましくない真相（ラション・ハラア）

人生の黄金律と呼ばれるものの中で、私たちが最も頻繁に破っているのは、誰かの好ましくない真相を話すことだろう。あなたが部屋に入ろうとしたときに、中の人たちがあなたのことを話しているのを聞いてしまった場合、あなたが一番聞きたくない内容は何だろうか。あなたの性格上の欠点についてか、あなたの私生活の詳細についてではないだろうか。けれども、人のうわさ話で話題にする可能性の最も高いのは、まさにそのような話なのである。

他人の生活の最も醜《みにく》い部分、あるいは下品なうわさ話を避けるのは難しいだろうか。それは確かに難しい。今までも難しかったが、これからもずっと難しいだろう。人の欠点やプライベートな痛み、そしてスキャンダル以上に興味を惹く話題はないからである。

あなたが思いやりをもって人に接したいと願い、自分にもそうしてほしいと思うなら、何かを話す前に、2章のヨハン・K・ラヴァーターの次の助言を思い出すことだ（四六～四七頁参照）。「あなたが確実にそれを知らないのなら、人の悪事を決して話してはならない。そして、あなたが確実に知っているのなら、そこで『なぜ私がそれを話す必要があるのか』を自問せよ」

時に、あなたには他人について否定的なことを言う正当な理由があるかも知れない。例えば、あなたの知人Aが別の知人Bとビジネスの取り引きを検討していたとする。もしくは雇用したいと考えていたり、あるいはデートに誘いたいとする。その際、あなたはBがAには不適当であることが分かっていたとすれば、あなたの知っていることを、他の誰でもなく当事者Aに話すべきである。しかし、決して話を誇張してはならない。さらに、その情報が真実であるという確信が持てないなら、このように伝えるべきだ。「私は～ということを聞いたことがあります。しかし、それが事実であるという確証はありません。あなたはそのことについて調べるべきだと思います」

あなたはその人物がなぜ不適当だと思うのか、その理由を具体的に説明するべきだ。「あの人を雇ってはいけない確かな理由があります。具体的には言えませんが、私を信じてほしい。彼を雇ってはならない」という言い方は避けること。あなたには不適格だと思える要因が、相手にとってはそうではない可能性が常にある。しかしより重要なのは、この種の断定的な物言いは、ほとんどの場合、対象者への公平性を欠いているということだ。同様に、「理由は言えませんが、これ以上あなたとは何の関係も持ちたくありません」と言うのも間違っている。

私が子供の頃、母が子供のための詩文を私に読み聞かせていたのを、父が耳にしたことがあった。

私はあなたが嫌いです、フェル先生[※2]
なぜかという理由は言えません

※2　英国国教会の司教、オックスフォード大学クライスト・チャーチ校の学長を務めたジョン・フェル（一六二五～八六年）のこと。英語では「嫌われた先生」の代名詞として使用される。

だけど、私はよく分かっていいます
私はあなたが嫌いです、フェル先生

父は母の読むのを遮《さえぎ》り、「なんてひどい詩だ。フェル先生に対して非常に不公正じゃないか」と指摘した。

覚えておいてほしい。好ましくない真相を広めることが許される場合でさえ、具体的かつ正確に、そして公正に話すこと。

他の事例において、ネガティブな情報が何の問題にもならないようなら、古代イスラエルの共同体の賢者と言われたベン・シラの言葉を、あなたの手引きにすること。「あなたがうわさを聞いたら、腹の中に留めよ。恐れるな、それがあなたを引き裂くことはない」(1)

うわさ話と嘘《うそ》（モッツィ・シェム・ラア）

歴史を振り返ると、うわさ話や嘘が戦争と同じくらいひどい惨禍を引き起こしてきた。何千年にもわたるユダヤ人に関する嘘の数々――井戸に毒を入れてヨーロッパに黒死病を引き起こした、宗教祭儀で非ユダヤ人の血を飲んだ、あるいは世界を征服して異邦人を奴隷にする国際的陰謀に関与しているなどといった事実無根の話――が、無辜《むこ》の何百万もの人々を殺戮《さつりく》してきた。今日、イスラエルがパレスチナ人に対する殺戮を行なっていると主張する人たちは、ユダヤ人国家の破壊を意図している（一九四八年にイスラエルが建国されて以来、パレスチナ人口は建国時の七倍に増加した）。

同様に、嘘やうわさ話は個々の生活をも破壊する。これは文学において痛切に訴えられてきたテーマでもある。シェークスピアの戯曲『オセロ』では、イアーゴの作り話によってオセロがデズデモーナを殺害した。ヘルマンの戯曲『子供たちの時間』では、十二歳の少女が吹聴した嘘のうわさ話によって一人の女性を自殺に追いやった。

好ましくない情報を流す前に、次のタルムードの言葉を思い出すことだ。「あなたの妹が自分の性的パートナーとして禁じられているのと同じくらい明白な事実であると確信できたときに、はじめてそれを話せ」。そうした必要に迫られても、その情報を必要としている人だけに話すこと。うわさ話を伝えることが重要であると感じた場合（例えば、不誠実な人間であると聞いた人と一緒に投資することを検討している相手に対して）、この情報は伝聞に過ぎないので、さらなる調査が必要であることを強調すること。

怒りの感情

ボストンの心理学者で心理療法士のソロモン・シンメル博士は、「他のどの感情よりも、依頼者の怒りの感情に取り組むことに多くの時間を割いている(2)」と報告している。

怒りは強力な感情で、私たちの日常生活に溢れている。私たちを怒らせるものをコントロールするのは難しいが、私たちは自分の感情をどう表現するかをコントロールできる。腹を立てて発した言葉に自分で後悔したり、その言葉が人間関係を破綻させることもある。そのような場合、次の単純な原則を守れば同じ轍を踏むことはないだろう。それは、「あなたの怒りの表現を、怒りを引き起こした出来事に限定すること」である。

自分の怒りを他の人と分かち合うことを選択するにしても、感情を煽《あお》る人とは話さないこと。むしろあなたを落ち着かせ、より広い視点で助言してくれる人を選ぶことである。

とりわけ、話をしなければならない最も重要な相手は、あなたが腹を立てている当事者であることを覚えておくこと。敵対する相手が、自分の悪口をあなたが他人に話していることを聞いたなら、当人の怒りは増し、二人の和解はいっそう困難になるだろう。

公正に議論すること

アメリカンフットボールに関して、ヴィンス・ロンバルディ[※3]の「(スポーツで)唯一重要なことは勝つことだ」という発言は、一理あるかも知れない(私は同意しかねるが)。

しかし、人間同士の争いに関しては、これ以上有害なアドバイスはない。論争、とりわけ個人的な論争に勝つことが「唯一重要なこと」だと信じる人は、論争に公平性を欠く論点を持ち込み、関係を破綻させる可能性が高い。議論に関しては、相手の評判を落としたり窮地に陥れる情報を持ち込まないこと。それはラビ・ヨハナンが弟子のレシュ・ラキシュに行なったことで、ラキシュがかつて強盗だったことを、二人の論争に立ち会った全員に思い出させた。この不適切で不公正な情報は、二人の男の友情を修復不能で悲劇的な決裂へと導いた。

私は、多年にわたって講演の聴衆に繰り返し質問することで、三分の一以上の家族に言葉を交わさなくなった親族がいるらしいことを知った。人間関係の亀裂は、必ずと言っていいほど口論がエスカレートしたところから始まり、一方または双方がよりひどい言葉を浴びせることで決定的となる。見苦しい論争を避けるチャンスは、そうした言葉を発する前にある。相手がたとえ赦してくれたとしても、ひとたび発されたひどい言葉を言われた本人が忘れることはない。あなたはどうだろうか。

批判の仕方

誰かを批判する前に、次の三つの問いを自らに問うこと。

※3　一九一三〜七〇年。大学とプロのＮＦＬリーグのアメリカンフットボールの伝説的コーチ。

1．この批判を述べることで自分はどう感じるのか？　快感か、それとも苦痛か？

もしあなたが批判するのを楽しみにするような人ならば、批判してはならない。恐らくあなたの動機は不誠実で、本気で人を助ける気はない。そんな人が批判をしても相手は身構えるだけで、あなたの批判をはねつけるだろう。

他人を批判するという考えがあなたにとって苦痛であり、それでも言わずにはいられないなら、言うべきだ。恐らくあなたの動機は誠実で、あなたの気遣いは伝わるだろう。そしてあなたの批判は受け容れられるか、少なくとも聞いてもらえる可能性は高い。

2．この批判は、人が変わるための具体的な方法を提示しているか？

3．自分の言葉が相手を威嚇《いかく》することなく、元気づけているか？

批判する際には、「いつも」（「あなたはいつも自分に都合の良いことばかりを考えていて、他人の要求を考慮しない」）とか、「一度も～したことがない」（「あなたは行動する前に、一度も考えたことがない」）という言葉を避けること。批判された人はあなたの言葉を一面的に捉《とら》え、すべての言葉を拒むようになるだろう。そのように批判されて、「ええ、そのとおりです。私は利己的な人間で、他人の要求について考えたことは一度もありません」などと認める人がいるだろうか。あるいは、「私は本当に愚かなんです」と同意し、「行動する前に考えたことは一度もありません」と言う人もいないだろう。

子供に話すときは、「いつも」とか「一度も〜したことがない」といった言葉を使用しないよう特に注意しなければならない。子供は言われた言葉を額面通りに受け取ってしまう上、傷つきやすい。子供が嘘をついても嘘つき呼ばわりせず、子供自身の性格に対する自信を失わせないよう、単に「嘘をついたね」と告げる。このヨハン・パウル・フリードリヒの助言を肝に銘じること（子供に嘘をついたとはっきり言わず、事実を話すよう子供に働きかけるアイザック・ヘルシュコプフ博士が提案したソクラテス式の対話を参照のこと。一七四〜一七六頁）。

批判をする場合、戦略的に考えること。モーゼス・マイモニデスの、他人を非難する場合に注意すべき三つの提案を覚えておくこと。

1．内密に行なうこと。
2．優しく穏やかに話しかけること。
3．相手を利するためだけに語りかけていることを示すこと。

批判の受け容れ方

私たちには向上する力、成長する力がある。病気を正しく診断してくれる医者への感謝と同じ思いをもって、公正かつ建設的に自分を批判する人に敬意を払う必要がある。診断がなければ病気のままで、さらにこじらせてしまうかも知れない。批判の言葉を聞くことがなければ、倫理的に悪化するかも知れない。

誰かがあなたを批判するとき、相手にも同様もしくは別の欠点があったとしても、それを指摘しようとする誘惑に抵抗すること。代わりに、「相手の言っていることは真実か?」と自問すること。その批判が誇張と思えるのなら、「その批判には何らかの妥当性があるだろうか?　相手の言ったことを受け止め、自分を向上させることができるだろうか?」と自問すること。

公の場で人を侮辱しないために

ユダヤの律法は、公の場で人を辱めることを最も残酷なことの一つと見なしている。人前で恥をかされたことによる精神的外傷《トラウマ》から、多くの人は完全に立ち直れないでいる。教師がクラス全員の前で七歳の女子生徒を嘲笑した例（一九〇～一九一頁）、母親が親類や友人の前で思春期の娘を太っていると笑い物にした例（一九一～一九二頁）、加害者の弁護人が陪審員の前で強姦された被害者の看護師をパートタイムの売春婦だったとほのめかした例（一八六～一八八頁）などを見てきた。

公の場で人を侮辱する行為は、しばしば取り返しのつかないダメージを与えるため、許されるものではない。二度と他人に恥をかかせないために、次の二つのことを実行しなければならない。

人に恥をかかせる道徳的な悪について、何度も何度も内省すること。これは特に短気で鋭い機知《ウィット》の持ち主には重要なことである。この特性を合わせ持つ人は気の利いた言葉を発するが、時に辛辣《しんらつ》な言葉が人を傷つけ、周りの人間に迷惑をかけてしまうことがある（残念ながら、人を称賛する際に賢く振る舞うことはさらに難しい）。イディッシュ語の警句は教える。「英雄とは誰か？　辛辣な言葉を控える人である」

腹を立てて自己制御が困難になったとき、言葉を慎重に選ぶこと。あなたの怒りが完全に正当化できるものであっても、あなたに与えられた権利はその怒りを表明することだけである。人に恥をかかせる権利は与えられていない。

かつてある老齢のラビが、人をいさめている若者を目撃した。その叱責は気配りを欠きひどくきついものであったため、非難されている男の顔は赤くなった。

ラビはその若者を呼び止めて脇に連れて行き、あなたは他の誰よりもはるかに重大な罪を犯していると諭した。若者はラビの言葉に腹を立てた。「あの男がしたことはひどかったので、来世での私の分け前を犠牲にしてでも、彼は屈辱を受けて当然だ」

後日、老齢のラビはこう打ち明けた。「それを聞いた時、私はこの若者が来世を信じているということすら怪しいと思った。非難の言葉を浴びせるためには来世すら犠牲にすると言うが、怒りが収まったなら小指すら犠牲にするつもりはないだろう。人はいきり立つと、正気とは思えない大言壮語を口走る」

他人に恥をかかせる可能性が最も高いのは怒りに燃えている人だが、タルムードは私たち全員に対して次のように警告する。「家族の誰かが吊し首にされた人に向かって、『私の魚を吊してくれ』と言ってはいけない」。不用意な発言で、忌まわしい記憶を引き起こしたり、過去の恥ずべき出来事を思い出させないよう注意すること。

ウソをつくのは悪いことか？

対人関係において真実は非常に重要だが、常に最高の価値があるとは限らない。インマヌエル・カントは、命を狙われている人物を匿《かくま》うために人殺しに嘘をつくよりも、真実を話してその人を殺させるほうが望ましいと考えた。だが、あなたの友人が懇親会の場にふさわしくない服装を用意し、「この服装でいい？」と尋ねてきたら、正直に答えることだ。服を着替えるようその人に助言すれば、一瞬気まずい思いをするかも知れないが、その人に大きな恥をかかせなくて済む。

しかし倫理上の良識と人間愛は、真実を語ることが無益な痛みを負わせる場合、正当化される嘘があると規定する。あなたがパーティーの場にいるときに、場違いな服装の人に出会って感想を求められたら、「ひどい」とか「全く場違いだ」と言うのは無意味で残酷だろう。

あなたの目的が痛みを負わせるのを避けるためではなく個人的な優位性を確保するためなら、嘘をつくことはもちろん間違っている（多くの嘘はこの理由である）。例えば、断ると分かっている相手を、親友と見なされたいがために客人として招待するのは間違いだ。ユダヤの考えでは、これを一種の窃盗と見なす。偽りの口実で、自分への好印象を「盗む」からである。

「巨大《マクロ》な」問題に関して嘘をつくことは、常に間違っている。立派な大義名分のために嘘をついたとしても、予期せぬ不道徳な結果をもたらしてしまう。第一次世界大戦中に、ドイツ軍の残虐行為についてのうわさ話を流した連合国の宣伝機関は、連合諸国に反ドイツ感情を強化することに成功したかも知れない。しかし忘れてはならないのは、第二次世界大戦の前とその最中、彼らは不注意にもアドルフ・ヒトラーに大嘘をつかせることに手を貸し、さらにナチの残虐行為の報告は敵国の宣伝工作であると思わせてしまった。

最終的に、こうした嘘は不幸な結果を招く。嘘の情報に踊らされたことを知った人間は、かつて嘘をついた同じ人が真実を告げたとしても、信じなくなる可能性が高いからである。

フリードリヒ・ヘッベルの言葉、「一つの嘘があなたに失わせるものは、一つの真実ではなく、真実そのものである」を忘れてはならない。

思っていることすべてを口にすべきではない

筆者の言葉ではないが、次の二つの助言をここに提示する。

1．あなたがうわさを聞いたら、腹の中に留めよ。恐れるな、それがあなたを引き裂くことはない。（シラ書一九・一〇）

2．賢明であることはとても単純なことだ。愚かなことが頭に浮かんだら、ただそれを言わなければいい。（サム・レヴェンソン）

あなたがうわさ話を続けるつもりでも、本書を読む価値はあるか？

この問いに関しては、声を大にして「イエス」と言いたい。人間性を現実的に評価するタルムードは、大多数の人間は「好ましくない真相」（しばしばたちの悪い事実）を、少なくとも一日に一度は口にすると述べている。

倫理的な話し方の原則を定期的に見つめ直すことは、大きな効果を発揮するだろう。あなたがうわさ話を続けていたとしても、回数は減っていくだろう。他人のことをあれこれと話す際、不公正な発言は少なくなるだろう。

うわさ話をするにしても、それに費やす時間を厳しく制限し、話す相手を配偶者やパートナー、一人か二人の親友に留めることだ。これは、人間の性質に関する私の現実的な見方から生まれた意見である。しかしハフェツ・ハイームは、話し相手が必要としない限り、その情報を誰とも共有すべきではないと強調している。

私がうわさ話を制限する指針を知人に提示した時、彼はこう言った。「しかし、うわさ話を始めてしまえば、倫理的な話し方の原則に違反することに変わりはないではないか。うわさ話の量が多かろうと少なかろうと、それが重大なことだろうか?」

私はこう応じた。「今晩ドライブに行ってスピードを出して運転するつもりだ、とあなたが私に言ったなら、私は時速百六十キロではなく時速百キロで運転するように勧める。時速百六十キロは法定速度を大幅に超え、最悪の事態が発生する可能性が高い」

つまり、倫理的行動に関しては、あなたや他の人が完全を目指して努力するつもりがないことを知っていても、私たちはより好ましくなるよう努力すべきなのである。

最後に、興味をそそるようなうわさ話をまき散らしたり、辛辣な発言をしないよう自制に努めるとき、ラビ・ハロルド・クシュナーの言葉を思い出してほしい。「私たちが口にしなかった怒りの言葉は、神だけが正当に評価できる[3]」

癒しの言葉

感謝の気持ちを表すこと、傷つきやすい人に話しかけること、道徳的な創意を用いること、善や謝罪する心に基づいて子供たちが自尊心を育むことができるよう手を貸すこと、そして忘れてはならない最も重要なことは、癒しの言葉は声に出して相手に伝えることである。抱擁したり、背中をさすったり、温かく微笑んだりするのも助けとなるが、それだけでは十分でない。レイチェル・ナオミ・リーメン博士の自己概念《セルフ・イメージ》を形成したのは、祖父が声に出して伝えた言葉だった。優しかったけれども口にすることがなかった母親の思いではなかったのである（二三九〜二四一頁）。

15章 「有害なことを口にしない日」への取り組み

言葉の力という認識を、他の多くの人々、さらには全国的に共有できたらどうだろうか。何百万ものアメリカ国民は、地球の汚染を除去するための「アースデイ」[※1]（地球の日）を毎年開催している。それに対して、「有害なことを口にしない日」は、私たちが人と触れ合う上で、感情的な空気の汚染を除去するための日である。

私は、毎年（決められた日に）開催される「有害なことを口にしない日」に思いを巡らせる。数年前、フロリダ州選出のコニー・マック上院議員[※2]とコネティカット州選出のジョーゼフ・リーバーマン

※1　一九七〇年四月二十二日にアメリカの上院議員が環境問題の討論集会を呼びかけ、この活動がきっかけとなって四月二十二日がアースデイとして定着した。国連では三月二十一日に制定されている。

※2　一九四〇年〜。政治家、フロリダ州選出議員（一九八九〜二〇〇一年）。

上院議員[※3]が、この日の制定のために米国上院議会に決議案を導入する役割を担ってくれたことを、とても光栄に思った（決議案の内容は巻末付録を参照）。この決議案は当時、とても肯定的に見られて注目を浴びたが、承認のためには五十人以上の上院議員の共同発起人が必要であることを知った。私は、全国的に「有害なことを口にしない日」を制定する取り組みを再開する時が来ていると思う。

無礼という伝染病が政治的分断を先鋭化させ、時には政府を麻痺させるが、個人の会話やインターネット上の無作法は、人々の心に取り返しのつかない傷を与え（言葉によるいじめ、悪意あるうわさ話、怒りの感情爆発が原因）、自殺者を出す事態さえ引き起こしている（公の場で恥をかかされたことが原因）。

「有害なことを口にしない日」には短期的な目標と長期的な目標がある。二十四時間、すべての悪意ある不公正な話を排除する。それによって、私たちの意識に永続的な変化の種を植えるのである。

この日、人々は、たとえ事実であっても、他人についての不快な発言を一切口にしないよう努める。マイナスの情報は、絶対に必要な極めて稀な場合に限って伝える。定期的に体を浄化するために断食を行なう人のように、不公正で人を傷つける言葉を丸一日言わないようにする。

この日、人々は、他者に対してどのように話しているかを監視し規制する。皆が自分の怒りを制御するよう努める。怒りの感情を表すときには公正に、かつ発言の内容は怒りを引き起こした出来事に限定する。同様に、人々は公正に論じ合い、議論が誹謗中傷や他の暴言へと発展するのを許さない。正当な批判を述べる人がいても、誰も他者を侮辱することはない。

要するに「有害なことを口にしない日」には人々が黄金律の実現に努め、誰かが自分について話す際には思いやりと公正さを持ってほしいと願うように、他人について話すときには皆がその気持ちをもって話すよう努力するのである。

ジャーナリストや他のメディア専門家たちが、この日の精神に触れて心動かされることを私は願っている。彼らは公人についての妥当なマイナス情報を伝える権利を持っているが、あてこすりや辛辣《しんらつ》な陰口、うわさ話、個人的なスキャンダルの公表を控えるのである。「有害なことを口にしない日」には私たち全員が、うわさ話、特に好ましくないうわさ話を広めることを差し控える。

この日にはまた、個人だけでなくグループに対しても傷つけたり中傷しないよう努める。たった一日だけでも偏見のある不寛容な発言を避けることで、最終的には他者を個々の人間として見つめ、民族や宗教、人種および性別についてのマイナスの固定観念は、極めて有害であり不公正な誤りだと気づくことだろう。

あるラビが、彼の祖母がよく言っていたという言葉を私に教えてくれたことがある。「美貌というのは万人に備わっているわけではないが、口から発される言葉の美しさについては私たち全員に備わっている」

※3 一九四二年〜。政治家。二〇〇〇年大統領選挙で、民主党候補ゴアが副大統領候補に指名した人物。

「有害なことを口にしない日」では二十四時間、言葉の美を味わうことができる。

――同級生から頻繁にからかわれて馬鹿にされ、ひどいあだ名で呼ばれている子供にとって、誰からもひどい言葉を浴びせられず、自信を持って登校できる日となる。

――辛辣な言葉を口にする上司を持つ部下にとって、口汚く罵《ののし》られることを恐れずに職場に行ける日となる。

――「私には害毒が及ばない。人にそれを流しているから」と言って憚《はばか》らない辛辣な言葉を口にするタイプの上司にとって、そうした発言がどれだけ悪質であるかを理解し、痛みを引き起こす言葉を言わない日となる。

――肥満体型の思春期の若者にとって、親や仲間たちから体重について痛烈な言葉を浴びせられることを恐れる必要のない日となる。

――かつて懲役刑に服したが釈放されてからずっと模範的な生活を送ってきた人にとって、昔の行動がジャーナリストによって公表されることを恐れる必要のない日となる。

――神経症を患《わずら》ったことのある議員候補者にとって、政敵がこの痛みを伴うエピソードを利用して公の場で侮辱することを心配する必要のない日となる。

――アフリカ系やヒスパニック系のアメリカ人にとって、自分に関してや自分の人種グループに関する偏見的なコメントや不快な言葉を聞くことを恐れることなく、他のアメリカ人の中にいることができる日となる。

――いつも互いに不平を言い合っている夫婦にとって、愛していることを話し合い、とりわけ互いに感謝を言い合う日となる。

――人々にとって、他者を傷つける言葉ではなく、他者の心の傷を癒す言葉を発する日となる。

つまり「有害なことを口にしない日」とは、人類が共同で努力することを通じて、天国の味わいを地球上で体験する日となるのだ。

ユダヤの格言はこう教える。「もしあなたが願うなら、それは神話ではない」。私たちが強く願うなら、「有害なことを口にしない日」は実現可能だ。そしてそれは、私たちの手と口にかかっている。

謝辞（改訂版）

本書初版で感謝した人たちに加えて、改訂版で非常に世話になった方々に感謝する。その多くは友人や関係者であり、私の謝意は誇張し過ぎることはない。

ユダヤ書籍協議会の終身事務局長で、現在サミ・ロール賞の理事長キャロライン・ヘッセルは小さな論点を見逃すことなく大きな論点もしっかり捉え、二度にわたり拙稿を通読していただく厚遇を得た。キャロラインは激励と批評の双方にかけて稀な力量の持ち主であり、二つの力を見事に発揮した。

精神医学者アイザック・ヘルシュコプフ博士は、細心の注意を払って拙稿を通読し（これまでも拙著の数冊、中でも最大の作品である上下二巻の『ユダヤ倫理綱領』〔*A Code of Jewish Ethics*〕に目を通してくれたように）、倫理的な話し方の原則を日常生活の中に取り入れるための洞察と、貴重な逸話を提供してくれた。

加えて私はテリー・ウォルバーグの著書を注意深く読み、大いに役立った。精神医学者としての彼の物の見方は、とりわけ子供への接し方と癒しの言葉に関する章で、有益な洞察を提供してくれた。

さらに、患者の立場に寄り沿うことを特徴とするポール・アッペルバウム博士は、医師と患者間の守秘義務や医療倫理に関する疑問について、博士のやり方を私に分かりやすく説明してくれたことに感謝したい。

本書の初版が一九九六年に出版された時、娘のナオミとシーラは七歳と五歳だった。あれから二十二年の歳月を経た今、彼女たちが本書を熟読するだけではなく、言葉の悪用について多数の材料を集めてくれたことに感謝する。シーラはジャナーリズムからハーバード大学神学部に転身し、ナオミは映画シナリオを学び、ニュー・サウス・ウェールズ大学の博士課程を経てキャンベラ大学で教えている。二人とも、非常に多忙な中で時間を割いてくれたことに私は感動を覚えた。また、本書のテーマについてベン、ティフエレット、レベッカ、ラジエッシュと多くの議論ができたことにも、とても感謝している。

自らが才能豊かな研究者である作家のリザ・ウォルバーグは校正の終盤近くで関与してくれ、批判と注釈と共に非常に有益な行編集を提供してくれた。

デヴィッド・ウォルバーグは数章を精読してくれた。何度にもわたって、慎重かつ熱意溢れる言葉で批評してくれ、いくつかの点で私の所見を再考させてくれた。

ハバッドの理事長ラビ・ザルマン・シュモトキンは、拙稿に手を入れる過程で関わってくれた。とりわけ極めて貴重で必要な洞察と研ぎ澄まされた編集技術、そしてルバヴィッチ派のレッベに関する彼の膨大な知識を提供してくれた。ザルマン師と私は、著書『レッべ』(*Rebbe*)で私の研究助手を務めてくれたラビ・メンデル・アルパロヴィッツの幅広い知識に助けられた。メンデル師と彼の妻ハヤ・ムシュカが今、ハバッド・ハウスが開設された五十州最後の州でハバッドの使者を務めることは、サウス・ダコタにとっての非常に明るい未来と言える。

ジェイク・ゼベダイは、ハーパー・コリンズ・ハーパー・ウエーヴ社のカレン・リナルディと一緒に私の前作『レッベ』の編集をしてくれた時に友人となった。ジェイクは、タニアと結婚してわずか数週間後に拙稿の大半に目を通す時間を取ってくれ、大いに感激した。テクノロジーがどれほど人の忍耐力を弱め、個人攻撃に関わりやすくするかについて、彼には驚くほどの洞察力がある。「誰かと意見の合わない百四十字のツイートがあった場合、その相手を格好の標的にして侮辱を加える可能性がどれほど高いことか」という彼の分析には、全く同意できる。

過去数十年にわたって私が書いてきたすべての作品について、私はラビ・デヴィッド・ウォズニカから編集面で恩恵にあずかってきた。デヴィッドには多くの強みがあり、内容を適切に伝えるのに苦戦している私に、彼は常に正しい表現を見つける力になってくれた。良識の源泉であるビバリー・ウォズニカからも、同じく本書の編集面でのアドバイスと良い助言を得た。

ユダヤ全米基金（ＪＮＦ）の最高責任者ラッセル・ロビンソンと、講演者事務局の局長シェリー・レフランドに感謝したい。全米で開催されたＪＮＦのイベントで、こうしたアイデアについて話し、考えを発展させる機会を私に提供してくれた。ＪＮＦは今日、ユダヤ人の生活レベルを高めるために、敬意の念を起こさせる仕事に取り組んでいる。

また、ＪＮＦロサンゼルスのヌリエル・ショアーに感謝したい。私たちが共に深く関心を抱く公正な話し方というテーマについて、極めて有益な情報を提供してくれた。

隣人でコンピューター博士のハワード・ウィーナーは、私がしばしば頼りにしていて、彼自身の通読で得た洞察を私と共有してくれた。

タイピストで編集者、卓越したまとめ役のカレン・ワイルダーは、特筆すべき彼女の特徴である温かさと非凡さ、細部にも気配りする能力、手製のおいしいクッキーによって、時にまとまりの悪い拙稿を申し分なく整った形にする力になってくれた。

友人のピーター・ロドリゲスに心から感謝する。「重要なことは素晴らしいが、素晴らしいことはさらに重要である」という彼の口癖は、本書のテーマにぴったりである。

いつもながら、三十五年間、私のエージェントを務めてくれているインクウェル・マネージメント社のリチャード・パインには大変世話になった。二十余年前の初版で述べた謝意を再び表明したい。このような格別な人、格別な友人、格別なエージェントに感謝するのに、新たな方法を見つけるのは困難である。そして、素晴らしい編集判断力と思いやりのある女性エリザ・ロスタインが、インクウェル・マネージメントのリチャードのチームに加わってくれた今、私は二重に恵まれていると感じる。

ウィリアム・モロー社の担当編集者ニック・アンフェレットは本書を精読してくれ、本書に多くの改訂を加えてくれた。シンディ・バックは、文字通り数百に及ぶ改善を施し、読みやすさと明快さを向上させてくれた。厚く御礼申し上げる。

初版の謝辞を一読し、故バーナード・カプラン博士の妻ジーン・カプランが他界したことをここに記さなければならないことを残念に思う。彼らは敬愛する友人であっただけではなく、本書で論じた原則のまさに手本でもあった。

この間に、私は母ヘレン・テルシュキンを亡くした。今は亡き彼女の寛大な精神は、私の人生を、妻デボラの人生を、私たちの子供たち、レベッカ、ナオミ、シーラ、ベンジャミンの人生を常に祝福してくれた。あれから十五年が過ぎ、本書を献呈した今は亡き二人の素晴らしい舌の持ち主、父シュロモ・テルシュキンと叔父バーナード（バニー）・レズニックと同様、亡き母を深く恋しく思う。幸い、バニーの妻で私の知る最も優雅な人である敬愛する叔母レオノーラは、私たち家族の活力源になっている。

二〇〇九年から二〇一四年の間、私は国際的に著名なルバヴィッチ派の七代目レッベ、メナヒム・メンデル・シュネルソンの伝記『レッべ』に取り組んだ。多くのレッべの教え、とりわけ肯定的な言葉の使用を勧める教え（二七六〜二八三頁参照）は私の心を動かし、私を高めてくれた。レッべは、否定的な言葉の使用が、思いもよらない方法で私たちに影響を与えることを理解していた。レッべの影響下で大きく育ったハバッド運動が、ユダヤ人の生き方に、さらにユダヤ人の歴史に、一貫して楽観的な運動を生み出してきたことは驚くには当たらないだろう。

最後に、本書のテーマについて何十年も聞いてくれただけではなく、出版社に原稿を提案する前、何週間にもわたって注意深く校正してくれたデボラに深い感謝を表明したい。デボラは、私が自論を展開する中で間違っていると感じたとき、憶することなく意見し、実際何度も私の取り上げ方を変えるよう説得してくれた。『レッべ』の謝辞の中で、私は「ゴールできるよう私を助けてくれたのはデボラだった」と書いた。今回、彼女は再び助けてくれた（彼女が私の注意を喚起し、入稿の五日前に全く新しいアイデアを取り入れることになった）。デボラは非常に誠実な女性であり、優れた判断力の書き手であり、名文家である。そして、その他多くの理由で、私はその恩恵に与っている。

二〇一八年八月二十一日

ジョーゼフ・テルシュキン

謝辞（初版）

多くの友人や同僚そして私の家族は、寛容にも本書の草稿に目を通すことに時間を割いてくれた。彼らは追加材料の提案やとても重要なアドバイスを提供してくれ、さらに同様に重要な、改善するためのやる気を起こさせる熱意ある反応を示してくれた。スティーヴン・マーマー博士、デヴィッド・エレンソン教授、アントニオ・ウッド博士、ラビ・レオニード・フェルドマン、ラビ・デヴィッド・ヴォズニカ、ラビ・マイケル・パレー、ヘレン・テルシュキン、シャルバ・シーゲル、ハワード・シーゲル博士、ジェフ・ダヴィドヴィツ、エスター・ダヴィッドヴィツ、コリー・ダラシン、カーク・ダグラス、ジェフ・サガンスキーに御礼を申し上げる。同じく、あわただしい週末に拙稿をタイプし最終原稿を仕上げてくれたローレン・ジャニス、『ジューイッシュ・ウィーク』誌副編集長で私の友人ジョナサン・マークの諸氏に感謝する。

13章「癒しの言葉」は、この分野で先駆的な仕事をしてきた著名なラビ仲間、ラビ・ジャック・リーマーの著作と彼が編集した作品に深く影響を受けた。

妻デボラとは何時間も議論し、多くの着想を練り直すのを助けてくれた。彼女はまた、私がある重要な章を仕上げられずにいた際、その問題を解決するために関わってくれ、まさに私が必要としたことを示唆してくれた。その判断は申し分なく正しかった。その後も二週間にわたってますますフラストレーションが高まったが、本書を仕上げることができたのは彼女の提案のお陰だった。

万が一、お世話いただいた方の名を失念していたなら、深くお詫びしたい。

本書はデヴィッド・シュゾーニと作業をした四冊目の本である。いつものように、彼の編集と文体の校正は大いに役立った。しばしば私が述べてきたとおり、デヴィッドはどんな書き手にとっても有り難い存在である。

ウリエラ・オプストに深く感謝する。彼女の編集に関する提案、文体のアドバイスおよび新鮮な視点は、本書の手直しをする上で大いに力になった。

ウィリアム・モロー・アンド・カンパニーのアン・ブラムソンとガイル・キンという二人の素晴らしい編集者に恵まれた。彼女たちの非凡な能力、熱意、批判的知性は、どんな書き手にとっても喜ばしい贈り物である。彼女たちは、どこかしっくりこないと感じたとき、必要なものを正確に教えてくれた。それらの論評の一部に当初不安を感じたが、たいていは的を射ていたことに気づかされた。この本のメッセージに対する彼女たちの熱い思いは、インスピレーションの源であり続けた。本書をモロー社に紹介してくれたエリサ・ペトリーニに感謝する。本書の着想についてモロー社と話し合い、構成を形作ることができた。同じく、素晴らしい原稿整理編集者のソニア・グリンバーグに深謝する。

本書はリチャード・パインが私の代理人を務めてくれた九冊目の本である。このような格別な人、格別な友人、格別なエージェントに感謝するのに、新たな方法を見つけるのは困難である。

フロリダ州の上院議員コニー・マックとコネチカット州の上院議員ジョーゼフ・リーバーマン、ならびに両氏の補佐官、エレン・ボーク、ニーナ・バング＝ジェンセンの尽力のお陰で、五月十四日に全国で遵守された「有害なことを口にしない日」を制定するための支援立法措置ができた（巻末付録を参照）。彼らのアイデアに対する感性と、この日を確立するための継続的な努力に感銘を受けた。また、友人であるマックスとスザンヌ・シンガー夫妻の助力に深謝する。

親友のジーン・カプラン、今は亡きバーナード・カプラン博士には、ルイジアナ州アレクサンドリアでの二つの優れた倫理的な講話をはじめ、その他の範例を頂いたことに感謝したい。

今は亡き父シュロモ・テルシュキンと叔父バニー・レズニックの両名は、私が知る中で、最も思いやりと気品のある人だった。父は容易に共存できない二つの特性、熱い信念と他者に対する偏らない判断とを併せ持っていた。彼は素晴らしく寛大な心の持ち主で、異なった種類の人間に、すっかり受け容れられていると感じさせる能力があった。彼が脳卒中になって半身麻痺となり、しばしばひどい痛みに襲われた人生最後の十八カ月の間でさえ、彼にささやかな好意を示してくれた人への感謝を決して忘れなかった。デボラが初めて彼に会った時にはすでに病気だったが、彼がどれほど感謝し愛しているかを彼女に感じさせたことに、今なお驚嘆している。

叔父のバニーも立派な一流の人物だった。今は亡き祖父ラビ・ニッセン・テルシュキンは、法的な問題を抱えた貧しい婦人に会ってくれるよう彼に頼んだ。バニーは弁護士だった。彼は、事務所で待っていた二人の顧客より先にその婦人を事務所に招き入れ、彼女は、バニーが取った行動に驚いたと祖父に話した。バニーは祖父に、「金を払っている顧客たちは、急な知らせで極めて重要な問題がもち上がったためにこの婦人が招き入れられたと思い、結果として先に待っていた彼らが侮辱されたと感じることはなかっただろう。しかし、他のすべての顧客の相談を終えるまでこのご婦人を待たせてから相談に乗ったとしたなら、私が慈善行為として会っていると感じ、彼女は侮辱されたと感じたに違いない」と説明したという。

私は、彼ら二人がもういないことを寂しく感じる。彼らに敬意を表し、本書を献呈することを光栄に思う。

巻末付録 「有害なことを口にしない日」決議文

一九九五年七月十七日、フロリダ州選出コニー・マック上院議員とコネチカット州選出ジョーゼフ・リーバーマン上院議員を代表とし、第一〇四回米国議会の第一会期に、以下の議決文を提出した。

決　議

一九九六年五月十六日、および一九九七年五月十四日を「有害なことを口にしない日」に指定する。目的は以下のとおり。

度を越した怒り、不当な批判、公的・私的な侮辱、偏見のある主張、残忍なジョーク、悪意あるうわさ話などは、多くの人にトラウマを引き起こし、人生を破壊する。

多くの親は、怒ったときに言葉を制御しようとしない、あるいはできないために、しばしば子供たちに取り返しのつかないほど言葉によって虐待している。

偏見のある言葉は、あらゆる宗教、人種、民族グループの人間性を奪い、物理的な攻撃につながりかねない方法で敵意を煽っている。

ネガティブで、しばしば不公正で、真実ではなく誇張された、他人に関するうわさ話を触れ回ることは、しばしばうわさ話の被害者に取り返しのつかない傷を負わせ、そのダメージは「人格の暗殺」という表現に要約される。

思いやりのない残忍な言葉を口にするのを二十四時間控えられない人と、二十四時間飲酒を控えられない人は、コントロール力の欠如という点でひどく類似していることが実証されている。今こそ、これを解決すべきである。

米国上院議会は、一九九六年五月十六日、および一九九七年五月十四日を「有害なことを口にしない日」に指定することを決議した。上院議会は、大統領が教育上の努力を含む適切な行事や活動により、この日の原則と精神を守るようアメリカ国民に呼びかける宣言を公布することを求める。

第一部

序章

1. ユダヤ律法はそのような話を言葉の悪行（ana'at dvarim）と名付け、深刻な罪と見なしている。
2. 20 世紀初期のアフリカ系アメリカ人の詩人カウンティ・カレンの詩『出来事』（Incident）は、傷つける言葉の力の強力な詩的描写を提示している。その一節は以下のとおり。

   「かつてのボルチモアで列車に乗ったら、嬉しさで心も頭も一杯だった。私は見た。じっと私を見つめ続ける 1 人のボルチモアの子供を。／ 8 歳の私はとってもチビで、彼もさほど大きくはない。私はにっこり笑った。すると、その子は舌を出し、私を「黒んぼ」と呼んだ。／私は 5 月から 12 月までボルチモア中を見た。そこで起きたすべての出来事のうち、私が覚えているのはそれだけだ」
3. 詩編 120 編のミドラッシュ〔訳注：注解書〕。私は、アール・シュワルツ著『道徳の発達――ユダヤ人教師のための実践的手引き』（*Moral Development: A Practical Guide for Jewish Teachers*; Denver: Alternatives in Religious Education Publication, 1983）78 頁で引用されている若干の修正を加えた翻訳版に従っている。この本には、うわさ話、他人を中傷し恥をかかせるのを止めさせるには、子供にどう教えるかを記した貴重な章（71~82 頁）が含まれている。
4. スティーブン・R・コーヴェイ／デヴィッド・ハッチ著『ありふれた偉大さ』（*Everyday Greatness;* Nashville: Thomas Nelson, 2009）176 頁。

1 章

1. 歴史を通して、言葉は行為の父であることが証明されてきた。ナチとその協力者は、彼らが承継した何世紀にもわたる反ユダヤ的な言葉や表現、著作物がなかったなら、ホロコーストを実行するのに成功した可能性は低くかっただろう。その中には『シオン長老の議定書』があった。1879 年にドイツ人歴史家ハインリッヒ・フォン・トライチケによって「ユダヤ人は我々の災いである」という表現がナチスのスローガンとなった。そして言うまでもなく、悪名高い「キリスト殺し」という言葉は、キリスト教による反ユダヤ主義の負の遺産である。
2. ラッシュ・リンボー著『あるべき道、あるべき出来事』（*The Ways, Things Ought to Be*; New York: Pocket Books, Paperback, 1992）194､204 頁。
3. デニス・プレガーの論文「リベラルと対話の没落」（Liberals and the Decline of Dialogue; *Ultimate Issues*, Jan./Mar.1990）11 頁。
4. イーサン・ブローナー著『正義

のための闘い』(*Battle for Justice: How the Bork Nationalism Shook America*; New York: W.W. Norton, 1982) 98 頁。スティーブン・カーター著『混乱の確認』(*The Confirmation Mess*; New York: Basic Books, 1994) 45~50 頁のボークに関する攻撃の議論を参照。イェール大学法学部教授であり、彼自身リベラルであるカーターは、こう書いている。「ボークを敗北させる指名反対運動は、彼の学識の断片を持ち出し、司法上の彼の判断の脈絡をひどく逸脱させ、大衆の怒りを煽るよう歪曲し、誤解させているのは明かである」(45 頁)。エドワード・ケネディ上院議員の攻撃に関して、カーターは「間違いなく常軌を逸していた」(50 頁) と書いている。

5. 下院議員の発言直後、全米ユダヤ民主党評議会は「政治的意見を述べるためにホロコーストを引き合いに出すことは、決して受容できない」との声明を出した。一般原則として「言葉遣いに気をつけろ」「話す前に考えろ」の 2 つの表現が、あまりにも頻繁に侵害されていると感じている。2016 年の選挙運動において、民主党のヒラリー・クリントンは、民主党候補者同士の最初の討論会で「あなたの政治経歴が少数の人たちをかき乱してきました。あなたが最も誇りに思うのは、どの敵ですか」と質問された。ヒラリー・クリントンは、NRA (全米ライフル協会) と健康保険会社、製薬会社が真っ先に予想される敵であるとよどみなく答えた。それからクリントンは、「イラン人。それと多分、共和党員」と言った。彼女が「共和党員」と言った時に笑っていたが、明らかに彼女のコメントはジョークではなかった。(トランプの選挙運動が繰り返し彼女に個人攻撃をする何カ月も前に、彼女はこうした発言をしていた)。民主党の大統領候補者の指名を求める人のために、彼女はイランよりも共和党に嫌われていることを誇りに思うと言う。イランは長年アメリカを「大魔王」と非難し、何万もの人が「アメリカに死を」と叫ぶ示威行動を組織し、全世界のテロリズムを支援し、原爆を必ず手に入れてイスラエルに投下すると表明している国である。国の相当数である共和党員に対して、彼女は自らが彼らの敵であると宣言した。民主党の副大統領ジョー・バイデンはクリントンのこのコメントにひどく動揺し、「私は共和党員を敵とは考えない。彼らは友人だ」と応対した。

6. マイケル・メドヴェツ著『ハリウッド対アメリカ』(*Hollywood vs. America*; New York: HarperCollins/Zendervan, 1992) 194 頁。

7. マリアン・ライト・エーデルマン著『わが足の導き——子供のための愛と働きに関する祈りと

黙想』（*Guide My Feet: Prayer and Meditation on Loving and Working for Children*; Boston: Beacon Press, 1995）xxiv~xxv 頁。

8. メドヴェツ著『ハリウッド対アメリカ』150, 193 頁。
9. メドヴェツ著『ハリウッド対アメリカ』150 頁。
10. エミネムの暴力の妄想は女性のみならず、男性の同性愛者にも向けられた（「俺は今もあのクソ野郎を……机を壊し、ホモのカップルの背中越しに真っ二つにしてやる」といった歌詞）。そして彼自身の母親に対しても、「地獄の火で焼きたい」という願望を表明した（エミネムがその後、「俺のクローゼットを片付けろ」の歌詞について謝罪したことは喜ばしい）。

第二部

2章

1. バビロニア・タルムード、ベラホット 58a。
2. スティーブン・ベイツ著『ニュースがなければ、うわさ話を送れ——アメリカ・ジャーナリズムの秘話』（*If No News, Send Rumors: Anecdotes of American Journalism*; New York: Henry Holt, 1989）142~143 頁。『ロスアンゼルス・タイムズ』紙にこの情報を公表した記者の名を割愛する。シップルの兄は、数年後に和解したと強調した。
3. アメリカ法は、「プラバシー侵害」から市民を保護していることを特筆する必要がある。そのため、新聞は電話帳から無作為に名前を選び出し、ある人物に関するプライバシーの暴露記事を記者に書かせるよう指示することを禁じている。シップルは、記者たちがプライバシーを犯したと論争した新聞社を訴えた。大統領の命を救った事件の当事者になったことで、シップルは本質的に「公人」になったとの根拠で、結局この訴訟は却下された。そのため彼は、もはや自分のプライバシーが侵害されたと主張し続けることができなくなった。「正直者が馬鹿を見る」の警句は、何と言い得て妙な皮肉か。
4. こうした「塵」からできているものの例は、本書 48~49 頁を参照。
5. チャーチルが強く否定したにもかかわらず、名文選集には一般的に彼の言葉とされているこの不快な軽口が掲載されており、風の中にひとたびまき散らされた羽毛を回収することができないことを教える一例を提供している。
6. エド・コッチ著『市民コッチ—— 自叙伝』（*Citizen Koch: An Autobiography*; New York: St. Martin's Press, 1992）248~249 頁。
7. ブレット・スティーブンス、「ホワイトハウスがあなたについて嘘をつくとき」（ニューヨーク・タイムズ紙、2017 年、7 月 28 日号）
8. 『ワシントン・ポスト』紙、1989 年 3 月 2 日号。
9. ラリー・サバト著『報道合戦—

―いかに攻撃的ジャーナリズムがアメリカ政治を変容させたか』（*Feeding Frenzy: How Attack Journalism Has Transformed American Politics*; New York: Free Press, 1991）181 頁。

10. タワーの逸話に関する短い、洞察に満ちた概略と議論は、アドリアン・ハヴィル著『深い真実――ボブ・ウッドワードとカール・バーンスタインの人生』（*Deep Truth: The Lives of Bob Woodward and Carl Bernstein*; New York: Carol Publishing, 1993）209 頁。
11. バビロニア・タルムード、シャバット 145b。
12.『ＵＳＡトゥディ』紙、1994 年 5 月 18 日号、1 頁。
13. 実際、被害者は生き恥を晒すくらいなら死んだほうがましだと思うものだ。ニューヨークの前市長エド・コッチはいくぶん短気であったにせよ、理想的で正直な公僕として彼自身のイメージを作り上げようとしてきた。その上、彼の 3 期目の任期に、多くの記者がコッチの被任命者の不正行為をいくつか暴露した。同様に、ある記者は違法行為が市長職にまで及んだことを示唆し、コッチは深いうつ状態に陥った。彼の回想録『市民コッチ』の中で、自分はこそ泥のような人間ではないと記しているにもかかわらず、その記事を読んだ多くの読者は違った結論に至ることを実感した。その時の心境をこう綴っている。「誠実さは、私にとって最も重要なことであった。正直者であるという評判は、私が持っている他のどれよりも大事なものだった。……私の取った態度や言ったことで人々が私を嫌っても気にすることは決してなかったが、人が私を単なる不誠実な人間であると見なすことを受け容れることはできなかった。……とても辛い時期だった。真剣に自殺を考えた瞬間すらあった。自殺を戦術的な観点から考え、精神的な観点からも考えた。……銃さえあれば、と。私がその思いに走る前に、バスルームから私の銃を取り上げるよう警視総監ボブ・マグワイアを説得してくれた神に感謝する。私に銃があったなら、気弱になったところで本当に銃を使用したかも知れないと思っている。銃は見事にいともたやすくこの目的を素早く叶えてくれたことだろう。1986 年の春か夏に銃が手元にあったなら、今日私はここに存在していないことはあり得たと思う。……私の最も弱い瞬間、あの苦しい試練を自殺で片付けることを決意していたかも知れない」（前掲書 212~214 頁）。

　コッチは自殺衝動を克服したにもかかわらず、悪意ある攻撃によって生まれた不安が、1987 年の脳出血に影響があったと固く確信している。幸いにも、市長は不正な活動に携わっていなかったことが最終的に明らかとなり、正直な

人間であるという彼の名声は回復した。しかし、どれほど犠牲を払った末のことだろうか！

14. シーゲンソーラーの悪夢のような逸話については、ダニエル・ソロヴェ著『評判の未来――インターネットに関するゴシップ、うわさ、プライバシー』（*The Future of Reputation; Gossip, Rumor and Privacy on the Internet*; New Haven: Yale University Press, 2007）142~144頁に記述がある。この話から生まれた1つの良いことは、ウィキペディアが方針を変更し、書き手は新しい事項を作成する前に登録が必要になったことだ。
15. ヘルマンは、悪意ある話の危険性について、大げさに誇張された道徳的な作り話を作成しなかった。エジンバラで1809年に起きた事件と、イギリス人作家ウイリアム・ラフヘッドが1930年に書いた『悪い仲間たち』（*Bad Companions*）に準拠し、この物語を書き上げた。
16. 私はどこかで読んだのだが、あいにく誰の言葉であるのか思い出せない。この言葉の作者に関する情報を私に送ってくれる読者がいれば、有り難い。

3章

1. 皮肉なことに、シェークスピアはこの非常に繊細で洞察力に富んだ言葉を、『オセロ』の悪党であるイアーゴに言わせた。
2. 時に、事業主が競争相手の不都合な話を吹聴して相手を廃業に追い込みたいと望むように、うわさ話をまき散らすには金銭的な動機もあり得ることである。
3. 王室カップルに対する強い好奇心には、別の理由も考えられる。ダイアナ妃の苦境は、子供時代に読んだことのある不幸な王妃のおとぎ話を思い起こさせた。何百万もの男性は、王室の夫が注ぐことのできなかった愛をダイアナに注ぐことができたのに、と空想しただろうことは間違いない。
4. サミュエル・ウォーレンとルイス・ブランダイス共著論文「プライバシー権」（The Right to Privacy; *Harvard Law Review*, Dec.15, 1980）と、トム・ゴールドスタイン復刻版『殺しの使者――メディア批判の100年』（*Killing the messenger: 100 years of Media Criticism*; New York: Columbia University Press, 1989）9頁。
5. デボラ・タネン著『わかり合えない理由――男と女が傷つけあわないための口のきき方10章』107頁。
6. アラン・ダーショウィッツ著『ユダヤ人の世紀』15頁。このうわさ好きの婦人は、著名なユダヤ人が異教徒と結婚していなかったことを知り、本当に安心したとするダーショウィッツの仮定は正しいのか。単に彼女から興味深いうわさ話を取り上げてしまったということだろう。他方、彼女が著名な教授で弁護士のダーショウィッツ夫人と「親交」があり、その会話

の内容を語ることができるようになったと言う事実は、もはや嘘のうわさ話をまき散らすことができなくなったことへの十分な埋め合わせになったのかも知れない。

7. ジャック・レヴィン、アーノルド・アルルーク著『うわさ話——内部スクープ』(*Gossip: The Inside Scoop*; New York; Plenum Press, 1987) 14~16頁。レヴィンとアルルークは、なかった結婚式に出席したと主張した回答者の人格特性や動機について、それ以上の研究をしていない。しかし、無意識のうちにいい加減な嘘を広めた人について、彼らは別の研究を引用している。社会心理学者ラルフ・ロズナウとゲーリー・ファインは、ビートルズのスターであるポール・マッカートニーが亡くなった際にビートルズは彼の死を秘密にしていたという、大学キャンパス内に広まった1969年のうわさを調査した。この話を最初に流した学生は、うわさを流さなかった学生に比べて人気がなく、異性とデートする機会も少なく、友人も少なかったと報告されている。レヴィンとアルルークは、この研究の結論をこう要約する。「うわさ話はしばしば注目の的となるため、少なくとも一時的に自分の立場を強化できる。これは、うわさ好きの人が、最も孤立して人気のない人たちである理由を説明しているのかも知れない。結局、彼らが社会に受け容れられるためには、何かが必要なのである」(前掲書16頁)。ロズナウとファインの研究については、『人間行動』(*Human Behavior*, 1974) 65~68頁の「内部のうわさ」参照。
8. バビロニア・タルムード、バーバ・バトラ164b。タルムードで表現されている最初の見解は、誰もが毎日好ましくない真相(ラション・ハラア)を話しているということである。この見解に異議が唱えられたとき、ラビたちは、少なくとも、すべての人が毎日「ラション・ハラアの塵」を話していると述べている。

4章

1. ハフェッツ・ハイイーム著『自分の言葉を慎むこと』(*Shmirat ha-Lasshon*) 4:1。アルフレッド・S・コーエン編『ハラハーと現代社会』(*Haracha and Contemporary Society*; New York: Ktav, 1984) の「プライバシー——あるユダヤ視座」(234~235頁)。コーエンの若干の変更を加えた翻訳に準じた。
2. コーエンの前掲書213~218頁。
3. ラビ・コーエンの判断は、聖句「隣人の血が流されているのを、あなたは傍観しないように」(レビ記19:16) がユダヤ律法に与える幅広い適用に基づく。本書94頁参照。
4. ラビ・コーエンの論文「専門職上の秘密を維持すること」(On Maintaining a Professional Confidence,

Journal of Halacha and Contemporary Society 7, Spring 1984）73~87; 5, 78。

5. タラソフ事件のおおまかな要点と様々な司法見解は、リチャード・A・ワッサーストローム編『今日の道徳問題』の1章「タラソフ対カルフォルニア大学理事およびその他」（"Tarasoff vs. the Regents of the University of California et al.," in *Today's Moral Problems*, 3rd.ed, Richard A. Wasserman, New York: Macmillan, 1985）243~262頁に収録されている。多数決裁定をしたマシュー・トブリナー判事の次の推論は公正と思われる。「不必要な警告が与えられる危険性は、救われる可能性のある被害者の命に対して払われる正当な代償である。患者が米国大統領を暗殺しようとしていることに気づいているセラピストは、自分の患者が犯罪を犯すことを正確に予測できないため、当局に通告する義務はないと考えることに躊躇したのであろう」
6. 2人の博士が私の提起する指針に従っていたなら、タチアナ・タラソフは殺されなかった可能性が十分あったと思える。ポッダーが心理相談員の家族を殺す意図を相談員に打ち明けていたなら、医師は間違いなくポッダーの殺意を家族に警告しただろう。このような事例で相談員が上司の助言を求めていたら、上司は自分の家族を含めた誰にもその脅威を明かさないよう彼に指示したとは思えない。
7. この映画の結末では、町中が司祭を有罪と見なしていたにもかかわらず、陪審員は彼を無罪にする。町民が司祭に示した冷たい仕打ちに衝撃を受けた殺人者の妻は、司祭が無罪であることを知っていると口走る。この時点で彼女の夫は妻を殺し、司祭の評判は保たれた。残念ながらそれまでの、無辜の人間の命と台無しにされた評判という2つの代償は、極めて大きなものだった。
8. 告解の秘密への間接的言及に関し、殺人者はケスラー神父に「私は誰かに話さなければならない。他の誰にも口外できない人に」と言う。ウィリアム・X・キンツラー著『殺しのロザリオ』175頁を参照。ケスラー神父は告解中に得た情報を活用しないやり方で、この犯罪を自ら解決するべきだと感じる。あいにく、彼が犯人を突き止めるまでにさらに多くの無辜の人々が殺されてしまった。神父が告解中に知ったことを明らかにしたなら、これらの殺人は避けられただろう。
9. キンツラー著『殺しのロザリオ』176頁。

5章

1. スティーブン・ベイツ著『ニュースがなければ、うわさ話を送れ』150頁。ベイツの本には魅力的な数百の秘話が収録され、その多くが無責任で非道徳的なジャーナリズムの事例を詳述している。

2. デヴィッド・ナイバーグ著『消え失せた真実』129 頁。
3. 前掲書ラリー・サバト著『報道合戦』は、著者が「攻撃ジャーナリズム」と呼ぶアメリカの政治現場への影響に関する研究では、ギャラップによる 36 年間の民主党と共和党の大統領候補者に対するアメリカ人の世論調査を引用する。回答者が候補者を「非常に好ましい」と判断をした人の割合は以下のとおり（『ワシントン・ポスト』紙 2017 年 3 月 3 日号で引用された 2016 年データ）。
    - 1952 年 84%
    - 1956 年 94%
    - 1960 年 77%
    - 1964 年 76%
    - 1968 年 63%
    - 1972 年 63%
    - 1976 年 69%
    - 1980 年 51%
    - 1984 年 68%
    - 1988 年 42%
    - 2016 年 36%

    1952~1964 年の期間で「非常に好ましい」の平均値は 83% だったが、1968 年以降、59% に低下した。60 年代と 70 年代に起きた不幸な出来事（ベトナム戦争、ウォーターゲート事件、イラン人質危機）が冷笑主義を引き起こしたのは事実で、自由奔放な「何でもあり」のジャーナリズム新時代の期間とほぼ正確に一致する、とサバトは記している（207~208 頁）。

    過剰報道の一例として、メディア分析家スティーブン・ベイツは 1987 年に次のように報告している。「『ニューヨーク・タイムズ』紙は医療・精神医学の病歴、学業成績（高校を含む）、出生証明書、婚歴、運転免許証、職業歴、資産報告書、税の還付金記録、友人リストなどの記録の写しを各大統領候補に求めた……FBI と CIA が保管している大統領候補者についての機密ファイルのプライバシー権の放棄も求めた」（『ニュースがなければ、うわさ話を送れ』124 頁）

    当時、『シカゴ・トリビューン』紙コラムニストのマイク・ロイコは、『ニューヨーク・タイムズ』紙を大統領候補者の個人情報開示論の代弁者と呼び、同社の編集者に関する個人情報の開示を同様に求めた。新聞はその要求に応じなかった。『ニューヨーク・タイムズ』紙はその後、FBI と CIA のファイル、さらに大統領職に無関係の病歴の要求は引っ込めた。
4. 前掲書ラリー・サバト著『報道合戦』207~208 頁。本章の多くの事例は、アメリカ人の生活に立ち入りすぎるジャーナリズムの影響力という思慮に富んだこの研究から引用されている。
5. サバトが引用した前掲書 208 頁。
6. 『ニューヨーク・タイムズ』紙は、1973 年の最高裁判決の記事で「司法は告知した」とする内容を省略した。ベイツは「被告である『ニューヨーク・タイムズ』紙社主の父子関係確認訴訟は再審を行なわない」と述べている。前掲書ベイツ著『ニュースがなければ、うわさ話を送れ』54~55 頁。

7. サバトが引用した前掲書 212 頁。

第三部

6章

1. モーセの罪の性質に関するこの洞察については、友人の聖書学者であるヤコブ・ミルグロム教授に学んだ。
2. マイケル・ケイン著『映画の演技』。ケインは自著でかなりの倫理的感受性を持つ人間であることを明らかにしており、短気で不公正なことを言う可能性のある人に対して、「どんな状況でも、自分よりも立場の低い人に対して決して怒鳴ってはならない」という有益で確かな指針を提示する。言い換えれば、怒鳴り返す権利を持っていない人に怒鳴ってはいけないということである。ケインが説明するように、怒鳴るのは「極めて一方的な利点」を行使することである（117 頁）。
3. ゲレスは「飲酒が暴力の言い訳になる人もいる」と説得力のある推察をしている。彼は身体的な暴力だけを言っているのではないだろう。エドワード・アルビーの見事な演劇『ヴァージニア・ウルフなんか怖くない』の中で、夫婦がかなりの酒を飲んだ翌朝、「本当に悪かった。でも酔っ払っているときに言ったことについて、私に責任を負わせないでほしい」といった言い訳をすることを前提にして、互いに最大限のひどい発言をしたのは明らかである。

 配偶者の一方が相手に責任があると考えるかどうかは、暴言が被害をもたらした後では、結局無関係である。パートナーを求愛中、こうした激怒する言動を一方が演じたら、恋に落ちることはなかっただろう。配偶者の一方が自らの怒りを抑制したとしても、彼らの愛が持ちこたえることはないだろう。
4. 多くの人が自分で思う以上に怒りを制御する強い力があるということの常識的な証拠については、ラビ・ジーリグ・プリスキンに学んだ。
5. モーゼス・マイモニデスの『ミシュネー・トーラー』1:4「人格成長の原則」。
6. 現代の学者の中には、セネカは実際にはこのような完全な受動性を擁護したわけではないと注解する者もいる。『7 つの罪源』（*The Seven Deadly Sins*, 88 頁以下）で、この箇所を論じるソロモン・シモル教授は、ハルパゴスの応対の根拠は子供の死への無関心ではなく、子供の肉をもっと沢山食べるよう勧められることを恐れたからだと述べている。シモルによれば、「セネカは、私たちには強力な怒りでさえ胸の内に納めておく能力があることを実証したかったに過ぎない。実のところ、ハルパゴスにとって名誉ある応対は、……怪物のような王におもねるのではなく自殺することだとセネカは感じたのだ」（前掲書 222 頁、注 7）。セネ

カ自身の引用は、「怒りについて」（191~293）
7. モーゼス・マイモニデス著『ミシュネー・トーラー』1:4「人格成長の原則」。
8. アリストテレス著『ニコマコス倫理学』4:5「怒りを懸念する徳」。
9. アブラハム・ヘシェルはこの一文について「怒りと憐れみとは反対の概念ではない」と論評する。(『イスラエル預言者』283頁)。むしろ反対である必要はない。思いやりのない怒りはヒトラー、スターリン、自爆テロへの適切な対応ではあるものの、圧倒的多数の場合、相手に非難を浴びせ、結果後悔するよう導くことになる。
10. 怒りについては、ジョーゼフ・テルシュキン著『ユダヤ倫理綱領』第1巻「聖なるものとなれ」（*A Code of Jewish Ethics*, Vol.1, *You shall be Holy*; New York: Bell Tower /Crown Publishing, 2006）259~261頁を参照。
11. キャロル・タブリス著『怒り』（*Anger*; New York: Touchstone, 1989）152頁。

7章

1. バビロニア・タルムード、バーバ・メツィア 84b。
2. この物語には大きな難問が含まれている。ラビ・ヨハナンはレシュ・ラキシュの教師であり偉大な賢者であったにもかかわらず、非難に値すると思われるのはレシュ・ラキシュではなくヨハナンの行動であった。結局のところ、剣闘士で山賊であったレシュ・ラキシュの経歴を嘲ることで、知的議論に個人攻撃を持ち込んだのは他ならぬ彼だった。そのようなことを行なうことは、残酷であるばかりでなく（ユダヤ律法は、悔悛者に過去の過ちを思い出させることは重大な罪と考える〔バビロニア・タルムード、バーバ・メツィア 58b〕）、ラビ・ヨハナンの立場を少しも高めるものでもなかった。従って、痛ましく嫌みのあるレシュ・ラキシュの応対は理解可能であり、筋が通るものであると感じてきた。さらにタルムードは、ラビ・ヨハナンの論評がレシュ・ラキシュの感情を傷つけたために、彼は致命的な病に悩まされたことを示唆しているようである。彼の病と死は極めて不当なものであったので、私はそれらに対する「自然論的」説明の提案に心動かされている。レシュ・ラキシュが宗教的な人間になったのは、もっぱらラビ・ヨハナンの影響力のお陰である。それゆえ、彼の師が公衆の面前で彼を侮辱した時、レシュ・ラキシュは意気消沈し、生きる意欲を失った。私たちは、大きな感情ストレスが免疫体系を抑制し、深刻な病に対して身体を極端に脆弱にしてしまうことを知っている。レシュ・ラキシュの病とラビ・ヨハナンのその後の衰弱とは並行してい

た。どちらの場合も、極度の精神的なうつが著しい身体能力の低下と死をもたらした。

3. ミシュナー、アヴォット 2:10。

8章

1. アイザック・アシモフ著『アシモフ自伝』49 頁。
2. 同上 51 頁。
3. 同上 52 頁。
4. 同上 50 頁。
5. 『ベレシート・ラバー』(Genesis Rabbah) 54:3。
6. 思いやりのある論調が、アシモフとN教師の出会いに欠落していていた。教師のあからさまな敵意は、彼の酷評と同じくらい若い書き手の心を傷つけた。
7. モーゼス・マイモニデス著『人格成長の法則』(*Hilkhot De'ot*) 6:7。
8. Nの動機を知るのは難しい。アシモフの書いたものを卑猥な言葉を使って一刀両断するのは、他の生徒にうけると思ったのかも知れない。彼が個人的な批判を浴びせる動機は、恐らくサディスティックなものだった。彼は、自分の好まない随筆を学内の文学誌に掲載するのを不快に感じた。他の随筆が真面目な調子だったため、全体のバランスを取るためにアシモフの軽い内容の作文を入れただけだ、と彼の随筆の掲載を喜ばず、アシモフには文才がないことを保証したかった。露骨に批判したのはアシモフの表現力を伸ばすためだとして最初の行動は正当化されたとしても、2つ目の悪意ある不当な攻撃は正当化できない。
9. ジリグ・プレスキン著『汝の隣人を愛せよ』(*Love Your Neighbor*; Jerusalem: Aish Ha Torah Publication, 1977) 287~288 頁からの引用。
10. バビロニア・タルムード、イェバモット 65b。
11. ラビ・シュロモ・ヨセフ・ゼヴィン著『トーラーについての珠玉のハシド派の物語』(*A Treasury of Chassidic Tales on the Torah*; Jerusalem and New York: Mesorah Publications / Hillel Press, 1980) 189~191 頁。物語の抜粋は、ウリ・カプロンの翻訳に基づく。
12. バビロニア・タルムード、アラヒン 16b。
13. ラビ・クックは他にも2つの理由を提供している。「彼は、私を侮辱して絶えず名誉を毀損していた私の猛烈な反対者が言ったことを私に告げたことはなかった。そして彼が私に頼みごとをするときはいつも、自分のためではなく他者のためだった」。シムハ・ラズ著『私たちの時代の正義の人』(*A Tzaddik in Our Time*; Jerusalem and New York: Feldheim, 1976) 85~86 頁。
14. ドヴ・カッツ著『ムサル運動』(*T'nuat Ha-Mussar*; 5 vols, Tel Aviv: 1945-1952) 1:315~316。

9章

1. バビロニア・タルムード、タアニ

ート 20a-b。

2. ミリアム・アダハン著『子供たちを気遣って育てる——子育てのユダヤ式手引き』(*Raising Children to Care: A Jewish Guide to Childrearing*; Spring Valley, New York: Feldheim, 1988) 161 頁。
3. ドリス・カーンズ・グッドウィン著『フランクリン・ローズヴェルト』93 頁からの引用。「非難めいた愛情のないエレノアの母親からの影響は非常に深いものだったので、エレノアが 8 歳の誕生日を迎えた 1 カ月後に母親が死んだ時、「私にとって死は何の意味もなかった。1 つの事実が他のすべてのことを拭い去ってくれた。長い間不在だった父親が戻ってくる。私はもうすぐ父と会うことになるのだ」(94 頁)
4. バビロニア・タルムード、バーバ・カマ 86a-b。
5. マイモニデス著『人格成長の法則』6:8。
6. ラビ・エイブラハム・ツワルスキー医学博士とウルスラ・シュワルツ博士著『積極的な子育て——子供の可能性を伸ばす』(*Positive Parenting: Developing Your Child's Potential*; Brooklyn, NY: ArtScroll/Mesorah, 1996) 223 頁。
7. ゴットフリート・フォン・クロネンベルガー著『時代のしるし』。
8. バビロニア・タルムード、シャバット 10b。
9. ルイス・グリザード著『ボクの親父は切れ者でボクはどうしようもないろくでなし』11 頁。

10 章

1. バビロニア・タルムード、バーバ・メツィア 58b。
2. バビロニア・タルムード、バーバ・メツィア』58b およびマイモニデス著『人格成長の法則』、『ミシュネー・トーラー』6:8。前出テルシュキン著「聖なるものとなれ」285 ~287 頁を参照。
3. 50 万ドルの寄付事件は、スティーブン・ベイツ著『ニュースがなければ、うわさ話を送れ』で詳述されている。私はこの逸話やその他を引用し、関係者にこれ以上恥をかかせることを意図していない。しかし仮に関係者が不快に感じたのであれば、ここに謝罪する。こうした具体例を示すことなく、人前で他人を侮辱することがどれほどひどいことであるかを人々に認識させるのは、不可能ではないにせよ非常に困難である。私はすでに広く公表されているか、関係者の身元を伏せることができる事件だけを引用するよう努めてきた。『醜聞——アメリカ政治の疑惑の文化』(*Scandals: The Culture of Mistrust in American Politic*;, New York: Times Books, 1991) の中で、スザンヌ・ガーメントは 1988 年 4 月にレーガン政権の司法副長官のポストを提示されたジョン・C・シェパードの事例を報じてい

る。シェパードは、セントルイスの弁護士でアメリカ弁護士協会の元会長であり、広く尊敬されていた。彼が司法副長官職の候補に挙げられた翌日、例の『ディスパッチ』紙は、シェパードが彼の法律事務所の元簿記係と不倫をし、彼女の告発を含む彼についての記事を公表した。事実、彼女は事務所から14万7千ドルを横領していた。最近終わった彼女の裁判では、弁護士が彼らの不倫の口止め料としてその金を盗むのを許したのだと主張していた。陪審員は、本当とは思えないこの答弁を却下し、彼女を有罪と評決した。『ディスパッチ』紙は、まだ判決が下されていない元簿記係が、目下シェパードの公聴会で証言したがっていると報じた。数日内に、完全に根拠のない彼女の告発はその州のいくつかの地区で大見出し付きで報じられた（例えば、『ニューヨーク・デイリー・ニュース』の1面）。2週間後、この新聞社は記者たちが集中的に元簿記係の身元を洗い、経歴について彼女が提供した重要な情報のほとんどの内容が嘘だったことに気づいた。倫理的視点から、彼女の当該候補者についての名誉棄損を含む記事が出る前に、この調査を終えるべきだった。新聞が訂正記事を出すまで、シェパードは彼と家族に堪えがたい圧力であるという理由を挙げ、司法副長官の指名受諾を取り下げていた。10日後、元簿記係に有罪判決を下した判事は彼女を「虚言症」と呼んだ。前掲書289~290頁。

4. バビロニア・タルムード、バーバ・メツィア58b。
5. 前出ラリー・サバト著『報道合戦』161頁。アットウォーターのタニップシードへの謝罪については、271頁の注65。人前で他人を侮辱するときに生じた悪は、時間と共に大きくなる。アットウォーターに対して恨みを持っていたタニップシードは、共和党の副大統領候補ダン・クエールの不倫のうわさを流す手助けをした（タニップシードは真実だと思っていた）。タニップシードの抗議はクエールに対してではなく、彼の選挙運動担当部長リー・アットウォーターへのものだった（161頁）。
6. 『ニューヨーク・タイムズ』紙2008年9月19日のエレノア・ランドルフによる記事「悪がき、アットウォーターの政治的遺産」。
7. アットウォーターはまたジョージ・H・W・ブッシュのための卑劣な選挙運動を仕切っていたため、1988年の民主党大統領候補マイケル・デュカキスにも謝罪した。晩年、アットウォーターはまた別の記憶を呼び起こした。「(1988年の)選挙の際、ロン・ブラウン(民主党全米委員会代表）に鉢合わせ、私が挨拶をすると彼は私の側近の1人を無視した。実際、彼に話しかけることは自分を弱々しく見せ

ると思ったのだ。私が病に倒れた（今）、ロンはたいそう優しくなった。……彼は定期的に手紙を書いて電話をしてくれる。私は1つの教訓を学んだ。政治と人間関係とは別ものである。私はロン・ブラウンのメッセージに同意できないかも知れないが、彼を人間として愛することはできる」。『ワシントン・ポスト』紙1991年4月16日号のトム・タニップシードによる記事「リー・アットウォーターが学んだこと」。

8. 強姦事件の原告に対するセイモア・ウィッシュマンの虐待的な反対尋問と後の罪意識の苦悶は、『刑事弁護士の告白』（*Confessions of a Criminal Lawyer*; New York: Viking Penguin, 1982）3~18頁。ウィッシュマンによれば、刑事弁護士が「私は自分に課された仕事をしているだけ」と正当化し、残忍で暴力的な犯罪を犯し続ける人間を無罪にするために弁護するのは、ナチを肯定する論法のようだ。しかし、彼は「私たちの法体系は、私が知る他のどの体系よりも優れていると今も信じている」述べている（151頁）。
9. ジョージ・バーナード・ショー著『聖女ジャンヌ・ダルク』154頁。
10. マール・ミラー著『率直に語る──ハリー・S・トルーマンの口述自叙伝』（*Plain Speaking: An Oral Biography of Harry S. Truman*; New York: Berkey Publishing, distributed by G. P. Putnam, 1974）401~402頁。
11. ミラーの前掲書401~402頁。
12. ラビ・チャールズ・B・シャヴァルの翻訳と注解をつけた『トーラー思想百科事典』（*Encyclopedia of Torah Thoughts*; New York: Shilo Press, 1980）210頁ラベーヌ・バヒエからの引用。ラベーヌ・バヒエは、この教えを3世紀のラビ・ユダ・ハナスィによって書かれた「マアセイ・トーラー」（*Ma'asei Torah*）と呼ばれる本に起因するとしている。しかし最近の学術調査では、この作品は数百年後に編集されたとしている。
13. ロバート・ウィルソン編『何よりも人格』（*Character Above All*; New York: Simon & Schuster, 1996）61頁。人を軽蔑しないことについての感受性に加え、アイゼンハワーは学術的および知的共同体内でしばしば過小評価された良識ある知性を発揮した。1945年、アイゼンハワーはドイツのオールトーフのナチスの強制収容所を視察した後、直ちにジョージ・マーシャル参謀総長に手紙を書き、こう評した。「飢餓と残虐のこの目に見える証拠に……あまりにも打ちのめされた気分で、吐き気が収まらないほどだ。ある部屋には、飢餓で死んだ20~30人の裸の男の死体が山積みにされていた。パットン将軍はその部屋に入ろうとしなかった。彼はそれを見たら、吐き気を催すと言った。私は単に『宣

伝活動』だとするこれらの申し立てを非難する傾向を強め、将来これらの出来事について直に得た証拠を伝えようと丹念に視察した」。早くも1945年に直感されたアイゼンハワーの先見性ある所見を比べてみよう。ホロコーストの否定論者が出てきた頃、大いに称賛されたMITの言語学者、反イスラエルで反アメリカ、左翼論者であるノーム・チョムスキー教授の記録がある。チョムスキーはホロコーストはなかったと教えるフランスの大学教授ロベール・フォリソンの権利を積極的に弁護していた。『ニューヨーク・タイムズ』紙のハーバート・ミットガングは、そのフランス人教授の見解についてチョムスキーに論評を求めたところ、チョムスキーは特に言いたいことはないと答え、長年『ニュー・リパブリック』誌の編集に携わっていたマーティン・ペレッツに意見を言わせた。「つまり、600万のユダヤ人が殺害されたかどうかについて、ノーム・チョムスキーは明らかに不可知論者だったということだ」。チョムスキーはホロコーストは確かに起きたと信じていると私は思うが、ホロコースト否定派で彼の情熱的擁護者フォリソンの権利を守ろうとしたことや、しばしばイスラエルをナチスになぞらえて語られることから、彼の性格と良識にあまり向き合っていない。

14. バビロニア・タルムード、バーバ・メツィア 59b。

11章

1. バビロニア・タルムード、ケトゥボット 16b~17a。
2. R.J. デフェラーリが編集した「多様な論題に関する学術論文」（*Treatises on Various Subjects*; New York: Catholic University of American Press, 1952, Vol.14）の「嘘について」（On Lying）66頁。アウグスチヌスの嘘を禁じることに応えて、カトリックの伝統は「精神的留保」という概念を導入し、例えば高熱の患者が体温を医師に尋ねたなら、患者の正確な身体条件を告げないことが医学的な立場から望ましいと考える限り、医師は「あなたの体温は今日は平熱です」と答えることが許される。シセラ・ボク著『嘘をつくこと』を引用したチャールズ・マクファデン著『医師の倫理』（*Medical Ethics*）。

聖アウグスチヌスの最も献身的な信奉者の一人は恐らく19世紀の最も有名なカトリシズムの改宗者で、その世紀の最も著名な神学者のジョン・ヘンリー・ニューマンだった。彼の著書『英国国教会の諸困難』（*Anglican Difficulties*）の中でニューマンは、あらゆる嘘に対して、アウグスチヌスによって使用された以上の徹底した言葉で反論した。「カトリック教会は誰も傷つけないからと言って軽微

な罪を犯し、意図的な嘘を話すのは……、そうしたことで魂を汚すことより天から太陽や月が落ち、地球が崩壊し、過激論者が苦悶して何百万もの人がことごとく餓死するほうがましと考える」

3. マイケル・バレンバウム著『世界は知るべきだ』（*The World Must Know*; Boston: Little Brown,1993）169 頁からの引用。
4. ルイス・ホワイト・ベック編・翻訳、イマヌエル・カント著『実践的理性批判』の 346~350 頁「善意の動機から嘘をつく想定された権利について」
5. ボク著『嘘をつくこと』44 頁。カントによって擁護された真実への潜在的に致命的な肩入れの類について、トーマス・ジェファーソンは友人宛ての手紙で注意するよう促した。「農夫と教授に道徳的事例を述べよ。農夫は教授よりも好ましい判断をする。農夫は人為的原則に惑わされないからである」。ナイバーグ著『消え失せた真実』205~206 頁。
6. エレミア書 9 章 4 節に基づくバビロニア・タルムード、イェバモット 63a。
7. バビロニア・タルムード、スカー 46b。
8. バビロニア・タルムード、フリン 94a。
9. バビロニア・タルムード、フリン 94a。
10. バビロニア・タルムード、イェバモット 65b。
11. サマセット・モーム著『作家の手帖』286 頁。
12. グレアム・グリーン著『事件の核心』59 頁。
13. ノーマン・コーン著『ユダヤ人世界征服陰謀の神話――シオン長老の議定書』。
14. 20 世紀半ばの世界で最も偉大な歴史家の 1 人として名声を得たにもかかわらず、トインビーは真実を語ることに奇妙な制限つきの基本姿勢を持ち続けてきたと思われる。晩年、彼は歴史研究でシオニズムとナチスを比較し、最後の審判の日に、ドイツの国家主義者たちは、西欧のユダヤ人の大半を根絶させたことではなく、彼らが生き残ったユダヤ人を躓かせ、パレスチナのアラブ人に対してナチスまがいの行動を取らせてきた、と論じた（『歴史の研究』8:290n）。同書 12 巻で、彼は「ユダヤ人のシオニストの中に、私はナチスの使徒たちを見る」と書いた（627~628 頁）。アラブとイスラエルの対立に関する立場がどうであれ、ユダヤ人へのナチスの行動とパレスチナ人へのユダヤ人の行動の間に何らかの対称性が存在すると主張するのは偽りである。トインビーにはシオニズムに反対するあらゆる権利がある。しかし彼にはそれについて嘘をつく権利はない。ダニエル・パトリック・モイニハン上院議員が、「いかな

る人も自分の意見を述べる権利があるが、作り出した事実を述べる権利はない」と述べたとおりである。この至言を、この歴史家につけ加えても差し支えないであろう。

15. アドルフ・ヒトラーの『我が闘争』はフィリップ・カー編『嘘のペンギン・ブックス』（*The Penguin Books of Lies*; New York: Viking, 1990）の525頁を抜粋した内容である。ヒトラーは、連合国の効果的な宣伝活動をドイツの効果のない宣伝活動と対比した。彼によれば、ドイツの報道機関は連合軍ほど効果がなく、馬鹿げていると描写した。ドイツ軍が連合軍と対峙したとき、ドイツ軍について言われていたことが嘘であることを認識し、彼らは戦意喪失した。カーの非凡で有用な論説集の他に、彼は「第一次世界大戦中、我々はひどく嘘をついた」と英国議会議員ハロルド・ニコルソンが断じた1938年の演説文を再現した。他の議員が「見事に嘘をついたのだ」と叫んだとき、ニコルソンはこう応対した。「『我が闘争』を精読すると、ヒトラーは連合国の宣伝活動と嘘からいくつかのアイデアを得たことに気づいた。ヒトラーはそれを『とてつもないものと思い、非常に賞賛した』のだ」（前掲書353~354頁）。カーはまた、ブライス・レポートの一部を転載している。このレポートは、ベルギーとフランスにおけるドイツの残虐行為の申し立てを含む1915年の英国の公文書である。彼はこの報告書の「大半がでっちあげだった」と述べた。命令の下に行動するドイツ軍が民間人の手を切り落とし、家族を生きたまま焼き殺し、幼児を銃剣で突き刺して殺したなどの誹謗を繰り返していたことを指摘した（前掲書294~297頁）。

16. グロリア・スタイネム著『ほんとうの自分を求めて——自尊心と愛の革命』222頁。

17. ナオミ・ウルフ著『美の陰謀——女たちの見えない敵』180~182、207頁。

18. ブルンバーグ著『絶食する娘たち』19~20頁、ソマーズ著『誰がフェミニズムを盗んだか』11頁。

19. 拒食症による死亡者に関して広まった虚偽についての議論は、ソマーズの前掲書11~12頁に引用されている。

20. キャンデルが私に説明したとおり、平均して62分に1人が摂食障害で死んでいることになる。

21. 彼女の本がペーパーバックで発売された時、ブルンバーグは神経性食欲不振が原因の死者について、間違った数字を削除した。しかし私が突き止めた限りでは、ハードカバー版でのひどい間違いを認めず、毎年15万人ものアメリカ人女性が神経性食欲不振で死亡していると書いた理由を説明すらしなかった。

12章

1. アヴィグドール・ミラー著『若者よ、歓喜せよ』(*Rejoice O Youth*; New York: 1961) 279頁。
2. エヴァ・フライシュナー編『アウシュヴィッツ——新時代の始まり』(*Auschwitz: Beginning of New Eran*; New York: KTAV Publishing, 1977) の中の、イツハク・グリンバーグの論文「煙の雲、火の柱——ホロコースト以降のユダヤ教、キリスト教、現代性」(Cloud of Smoke, Pillar of Fire: Judaism, Christianity and Modernity after the Holocaust)。

第四部

13章

1. ミシュナー、アヴォット6:3。
2. エルサレム・タルムード、バーバ・メツィア2:11。
3. バビロニア・タルムード、ベラホット58a。
4. クシュナー著『現代のアダムとエバへのメッセージ』79~80頁。
5. 『アルゲマイナー』(*Algemeiner*) 2018年4月20日号 (A10) に収録されているラビ・ジョナサン・サックスの「称賛の力」。
6. リーメン著『祖父の恵み』22~24頁。
7. 同上22~24頁。
8. ダーショウィッツ著『ある若き弁護士への手紙』74~75頁。
9. カーター著『礼節』60、62、75頁。
10. ラビ・ジャック・リーマー、ジャック・キャンフィエルド、マーク・ヴィクター・ハンセン、ラビ・タヴ・ペレッツ・エルキンスによって再編集されたベンジ・レヴィン著『ユダヤ魂のチキンスープ』(*Chicken Soup for the Jewish Soul*; Deerfield Beach, FL: Health Communications, 2001) 91~94頁。
11. ラビ・ハノフ・テラー著『そしてユダヤ教からの彼の言葉』(*And from Judaism His Word*; New York: New York City Publishing, 1990) 120~122頁。
12. タネン著『わかり合えない理由』113~114頁。
13. リチャード・E・ラプチック著、ラルフ・キーズ編『父祖たちの息子たち』(*Sons on Fathers*; New York: Collins,1992) 32~33頁。
14. ジェイ・デービッド編随筆集『ユダヤ人の大人になること』(*Growing Up Jewish; An Anthology*; New York: William Morrow, 1996) 中のアラン・シャーマンの「笑いという才能」(A Gift of Laughter) 63~66頁。
15. ラビ・ローレンス・クシュナー著『見えない接続線』(*Invisible Lines of Connection*; Woodstock, VT: Jewish Rights, 1998) 81頁。
16. アーロン・ラザール著『謝罪について』(*On Apology*; New York: Oxford University Press, 2004) 187~188頁。
17. 人前で誰かを傷つけたなら、謝罪は人前でなされるべきである。有名な英国紙の発行者ビーヴァー

ブルック卿は、後の英国首相になるエドワード・ヒースについての侮辱的な論説を掲載した数日後、あるロンドンのクラブの洗面所でヒースに出くわした。彼の出した社説のためにばつの悪さを感じたビーヴァーブルックは、ヒースに「ねえ君、よく考え直してみたんだが、私が間違っていた。今この場で私は謝罪したい」と言った。ヒースは「よく言ってくれた。しかし次回は、洗面所で私を侮辱し、新聞で謝罪してほしい」と言った。クリフトン・ダイデマン著『バートレットの逸話の本』(*Bartlett's Book of Anecdotes*; Boston: Little Brown, 1985) 47 頁。

18. ラザール著『謝罪について』142 頁。
19. デヴィッド・G・ダーリン、アルフレッド・J・コラチ著『米国大統領とユダヤ人』(*The Presidents of the United States and the Jews*; NY: Jonathan David Publishers, 2000) 136 頁。
20. 誰かの評判を傷つけるうわさ話を流したり、運転中に事故を起こして歩行者や別の運転手を不随の身にさせたり、被害を取り消せない場合、謝罪して可能な限りのことをするべきだ。残念ながら、できることはあまり多くないかも知れない。従って、取り返しのつかない言動をする前に注意する必要がある。

人の評判を台無しにしてしまった場合、あなたのできる唯一のことは、自分の言動が間違っていたということをできるだけ多くの人に知らせることである。この結論は極めて明快で、これに反対する人を想像するのが難しいほどだが、ギャリー・ニッチという男性に強姦の濡れ衣を着せたことで有罪になったネブラスカ州レキシントンのエリザベス・リチャードソンの場合、実際に米国人権協会(ACLU)によって反対された。裁判官はリチャードソンに対して、自分のしたことの過ちを認め、男性の汚名を晴らすために地元新聞 4 紙に謝罪広告を出し、その費用を負担するよう命じた。ACLU は、ニッチが告発された結果として失職し、彼の子供たちが学校で嫌がらせを受けたことをよく知っていたが、裁判官がその女性にいかなる行動をも命じる権利はないと主張した。幸い ACLU の主張は却下され、リチャードソンはニッチへの偽証に対する謝罪広告を出した(彼女は夫の注意を惹くことを狙った偽証をした)。この事件については、アラン・ダーショウィッツ著『世論に反して』(*Contrary to Public Opinion*; New York: Pharos Books, 1992) 296~298 頁を参照。

21. この段落の前半は、私がプレガー大学で行なった「親があなたに最も望んでいるのは何か?」というビデオに基づいている。ユーチューブで閲覧可能(https://www.

youtube.com/watch?v=5adJxEWLFKU）。このビデオ制作に関して、プレガー大学のデニス・プレガーとアレン・エストリンに感謝する。

22. フィル・アルヴィア著、ジャック・キャンフィールド他編『野球ファンのためのチキンスープ』（*Chicken Soup for the Baseball Fan's Soul*; Cos Cob, CT: Blacklist, 2012）中のエッセイ「誇らしい父」（A Proud Father）71-72 頁。
23. 先唱者のマロヴァニは、レッベのアドバイスと、それがどう影響を及ぼし、息子との人間関係がどう変容したかを論じるビデオテープに加わった。1989 年 12 月 10 日の「スーパーコネクテッド」（https:chabad.org/1744438）参照。
24. ポジティブな言葉の使用に関するこのセクションは、私の前作『レッベ――現代史で最も影響力のあったラビ・メナヘム・M・シュネルソンの教え』（*Rebbe: The Life and Teachings of Menachem M. Schneerson, the Most Influential Rabbi in Modern History*; New York: Harper Wave, 2014）の 7 章「楽観主義と慎重な言葉の選択」109~ 117 頁に基づいている。
25. 医学博士ラビ・エイブラハム・ツワルスキー著『他者に施せ――善行がいかに人生を変えるか』（*Do Unto Others: How Good Deeds Can Change Your Life*; Kansas City: Andrew McMeel Publishing, 1997）3~5 頁。

第五部

14 章

1. 聖書外典「シラ書」19 章 10 節。
2. ソロモン・シンメル著『7 つの罪源』83 頁。
3. ハロルド・クシュナー著『私の生きた証はどこにあるのか――大人のための人生論』187 頁。

訳者あとがき

本書の著者ラビ・ジョーゼフ・テルシュキンは、ユダヤ教正統派のラビでありながら二十数冊の著作がある。作家、講演家として、アメリカで最も影響力のあるラビ五十人、また最も影響力のある講演家五十人のいずれにもランクインされており、とりわけ、ユダヤ教をベースにした倫理的テーマを取り上げることで知られている。

訳者がテルシュキン作品を翻訳するのは本書で三冊目となる。『現代人のためのユダヤ教入門』『ユダヤ人はなぜ迫害されたか』（いずれもミルトス刊）の二冊はデニス・プレガーとの共著であったが、著者単独の書き下ろし作品の邦訳は本書が初めてである。本書を一読されるなら、聖書やユダヤ教についての著者の豊富な知識を垣間見ることは言うまでもないが、言葉の倫理性についての議論を心理学、教育学、歴史、文学、政治・社会学などの幅広い見識ある視座から深く論及していることに、読者は気づくことだろう。

この本に初めて出会ったのは二〇〇八年だった。原書を読んで感銘を受け、翻訳を思い立っていくつかの出版社に打診した。言葉の倫理性というテーマに関心がない版元は言うまでもないが、発刊年度が古い（十年前の当時で、発刊からすでに十年余が経っていた）とか、言葉の問題は日本人の著者でなければ意義がないなどという理由で、長らく邦訳出版が実現しなかった。しかし昨年の夏、幸いにも株式会社ミルトスの谷内意咲社長のご理解をいただき、出版の運びに至ったことをここに心から感謝したい。振り返れば、思い立ってから十年余の年月が流れ、元号も平成から令和に変わる長い道のりであっただけに、格別な感慨がある。

本書の出版を準備していた昨秋、著者ラビ・テルシュキンが一九九六年に出した初版本の内容を大幅に改訂・増補し、二〇一九年改訂版として出版することを知った。今後の翻訳版は改訂版でお願いしたいとの著者の意向が提示され、改めて翻訳のし直しに取りかかることになった。アメリカでの改訂版の出版は本年一月末で、原書の改訂版と同じ年に邦訳版が出版されることとなり、期せずして時宜に適った本となった。「古い」と言われた本書は新刊書に生まれ変わった。

著者が改訂版を出す必要性を感じたのは、恐らく二〇一六年のアメリカの大統領選挙において、史上稀に見る品位を欠いた中傷合戦が展開されたことが大きいだろう。またこの二十余年の間に、世界はインターネットという巨大サイバー空間を共有するようになり、利便性を享受すると共に様々な問題が噴出してきた。我が国も例外ではない。ネット空間では心ない誹謗中傷が横行し、他人の人格を否定する無責任なコメントが横溢している。さらにマスメディアでは「フェイクニュース」と呼ばれる虚偽報道が頻繁に取り沙汰され、あらゆる局面で言葉の劣化、倫理性の後退が顕在化している。

こうした現状を憂い、著者が日頃から取り組んでいる言葉の大切さを訴えるため、改めて本書の改訂版を出す決意をしたのではないかと推察している。

英語の原書名は、『傷つける言葉、癒す言葉』(*Words That Hurt, Words That Heel*) である。人に話していい言葉といけない言葉、人との円滑なコミニケーションを図るために選択すべき言葉、そしてなぜそれが必要なのかを問う「言葉の倫理性」を説いている。さらに言うと、言葉の人間学とも言うべき内容も含んでいる。

その上で、先述の「言葉の問題は日本人の著者でなければ意義がない」という意見に異を唱えたい。確かに本書は「美しく正しい日本語」を身につけるための本ではない。しかし何語であっても、人が発する言葉の内容について、その重要性は同じである。本書は一貫して「言葉の持つ力」を訴えている。私たちは、日々発する言葉によっていかに他人を傷つけているか、本書で紹介されている豊富な事例の中には、思い当たる物のある読者もおられるだろう。意図的に野卑な言葉で脅したりだましたりするのは論外だが、たとえ丁寧な言葉遣いであったとしても、あるいは善意からの発言だったとしても、受け取る相手にとっては体裁の良い中傷や恫喝にもなり得るのである。

日本語には、表面は丁寧で礼儀正しいように見えても実は尊大で無礼なことを指す「慇懃無礼《いんぎんぶれい》」という四字熟語がある。また、言葉が人柄や品位を表すという意の「言葉は身の文《あや》」、心の中で思っていることは自然と言葉に表れるという「言葉は心の使い」といった諺《ことわざ》がある。

言葉は、人間の善し悪しの行動規範とも言えるものであり、それを律するのが倫理である。著者はラビであるため、しばしば『ヘブライ語聖書』(キリスト教徒が「旧約聖書」と呼ぶもの)や、ユダヤ教の法規に関する議論や解釈を成文化した『ミシュナー』『タルムード』などを引用している。それは単なる「〜すべし」「〜すべからず」論ではなく、具体的な事例を元に合理的な論議が展開されており、ユダヤの教典に馴染みのない日本人にとってもその意図するところは明快である。ユダヤ教というと、遠く異質な世界と思われるかも知れないが、本書を読めば、決してそうではなく、私たちの日常問題に関する提案が数多くなされているのを知られることだろう。

日常の喫緊の課題としては、学校でのいじめ問題がある。平成二十九年度（二〇一七年）に認知されたいじめの件数は、小・中・高合わせて約四十一万四千件と報告されており（文部科学省調べ）、その多くがうわさ話や悪口による言葉のいじめである。「暴力は絶対にダメ」と認識している両親や教師、クラブ活動の指導者は多い。しかしながら、物理的な暴力に比べると、言葉による暴力は子供同士の戯《ざれ》言《ごと》として片付けられがちである。本書一一二頁で紹介されている英語の言い回しがある。

「棒きれや石ころなら骨を砕くことがあるかも知れないが、言葉では何も傷つけることはない」

(Sticks and stones may break my bones, but words will never hurt me.)

これは子供の強がりを示すもので、決して正しい認識ではない。言葉の暴力は外傷を残さなくとも心に深い傷を負わせ、その傷は目に見えないが心の中にずっと居座る。専門家は、言葉の暴力によって作られた傷は、人によっては生涯のトラウマとなることがあると指摘する。

とりわけ、人の上に立つ人間が発する言葉の影響力は極めて甚大である。子供を育てる親、学生を教育する教師や指導者、部下を指導する上司、政治家、権力を持った人の中には、言葉での威圧によってその権威を守ろうとする人がいる。昨今、それはパワーハラスメントという言葉で認識されている。

さらに、マスメディアの世界に生きるジャーナリスト、あるいは社会的に地位の高い公的な立場にいる人も、「結論ありき」で自らの所見やイデオロギーに合致するよう偏向した印象操作や統計の恣意的な引用をしてはいないだろうか。本書の中にはそうした事例も数多く示されており、公平さを欠く点で倫理にもとる行為とされている。

本書の最終ゴールは、読者が倫理的な話し方を学び、それを実践することにある。ネット社会においては、誰もが知らないうちに加害者にも被害者にもなり得る。しかし同時に、その気になれば、誰もが声を上げて訴えることもできる。今や世界中どこにいても、それは可能である。

著者が本書の最後に提案する「有害なことを口にしない日」(Speak No Evil Day)は、いささかユートピア的発想だと思われるかも知れないが、人間が人間らしく生きるための試みである。倫理に適う言葉を話すよう努めることは、人間の果たすべき使命であり責任である。その意味からも、本書の意義は決して小さいものではないと信じている。

ヘブライ語の解釈および表記については、谷内意咲氏に助力いただいた。さらに「障害者」を「障碍《がい》者」とする修正を求められた。彼らを「害」という負のイメージではなく、機能を妨げられた存在として「碍」と表記することは、とりもなおさず原著者の意向に添うことでもある。訳者として「目からウロコ」であった。丁寧かつ適切な校閲をしてくださった同社スタッフの方々にも心から感謝したい。
また、英文解釈をめぐる議論に応じ、色々とご教示いただいたフィリップ・アイゼンスタット氏にも感謝する。言葉にまつわる次の二つの至言を紹介して、結びとさせていただく。

樹木の手入れの善し悪しは、その実を見れば明らかなように、
人間の心の思いは、その言葉で分かる。
話を聞く前から人を褒めてはいけない。
言葉こそ人間を判断する試金石である。

（シラ書二七・六〜七）

思考には気をつけなさい、それはいつか言葉になるから。
言葉には気をつけなさい、それはいつか行動になるから。
行動には気をつけなさい、それはいつか習慣になるから。
習慣には気をつけなさい、それはいつか性格になるから。
性格には気をつけなさい、それはいつか運命になるから。

（マザー・テレサ）

二〇一九年　冬至

松宮克昌

装幀　久保和正デザイン室

● 著者紹介　ジョーゼフ・テルシュキン（Joseph Telushkin）

1948 年生まれ、正統派ラビ、作家、講演家。イェシバー大学、コロンビア大学卒。全米で最も影響力のある 50 人のラビの 1 人に選ばれた。全米ユダヤ学習・指導センター元所長、ユダヤ書協議会理事、テルアビブの「世界ユダヤ・ミュージアム」設立の諮問学識委員。国連の難民高等弁務官事務所で講演者として招聘されたり、活動は多岐に渡る。著書 20 数冊の中で邦訳書は『現代人のためのユダヤ教入門』、『ユダヤ人はなぜ迫害されたか』（共著、いずれもミルトス刊）。

● 訳者紹介　松宮克昌（まつみや かつよし）

上智大学文学部卒（心理学専攻）。卒業後、主に外資系企業で 2002 年までマーケティング業務に従事。退職後、翻訳に専従し今日に至る。主な訳書は、上述のテルシュキン 2 作品、H. S. クシュナー『ユダヤ人の生き方』（創元社）、『私の生きた証はどこにあるのか』（岩波書店）、M. パルディール『キリスト教とホロコースト』（柏書房）、エーリッヒ・フロム『聴くということ』（共訳、第三文明社）、J. コーンウェル『ヒトラーの科学者たち』（作品社）など。

言葉で癒す人になる　ユダヤの知恵に学ぶ 言葉の賢い使い方

2019 年 12 月 23 日 初版発行

著　者　ジョーゼフ・テルシュキン
訳　者　松　宮　克　昌
発行者　谷　内　意　咲
発行所　株式会社　ミ　ル　ト　ス

〒103-0014 東京都中央区日本橋蛎殻町
1-13-4 第 1 テイケイビル 4F
TEL 03-3288-2200　FAX 03-3288-2225
振　替　口　座　00140-0-134058
http://myrtos.co.jp　pub@myrtos.co.jp

印刷・製本 中央精版印刷株式会社　Printed in Japan　ISBN 978-4-89586-164-9
定価はカバーに表示してあります。